U0960237

国家精品课程
普通高等教育“十一五”国家级规划教材

管理统计学

刘金兰 编著

天津大学出版社
TIANJIN UNIVERSITY PRESS

内容提要

本教材在课程内容上突出管理特色，将统计学的理论方法与经济管理中的具体问题相结合，注重专业统计软件的应用，并结合管理案例专门介绍了 SPSS、Excel 等常用统计工具的使用方法。教材共 11 章，内容包括：统计资料、统计资料的整理、统计资料的综合、统计抽样与抽样分布、参数估计、假设检验、抽样方法、方差分析、一元线性回归、多元线性回归、时间序列和指数。

本书可作为高等院校经济管理类专业本科生和研究生的教材，也可作为其他对于统计理论和应用方法感兴趣的企业界、学术界人士的自学参考书。

图书在版编目（CIP）数据

管理统计学 / 刘金兰编著. -天津：天津大学出版社，2007.1（2022.1重印）

978-7-5618-2417-7

Ⅰ.管… Ⅱ.刘… Ⅲ.经济统计学 Ⅳ.F222

中国版本图书馆 CIP 数据核字(2006)第138236号

出版发行 天津大学出版社
地　　址 天津市卫津路92号天津大学内(邮编:300072)
电　　话 发行部:022-27403647
网　　址 publish.tju.edu.cn
印　　刷 廊坊市海涛印刷有限公司
经　　济 全国各地新华书店
开　　本 170mm×240mm
印　　张 14.25
字　　数 296千
版　　次 2007年 1 月第 1 版
印　　次 2022年 1 月第 13 次
定　　价 28.00元

前　　言

管理统计学是经济管理类学科的核心课程。基本内容包括描述性统计学与推断性统计学两大分支。描述性统计学重点培养统计人员进行统计资料收集、整理等综合能力；推断性统计学重点培养统计研究人员进行统计抽样，运用样本信息对总体进行参数估计、假设检验、方差分析以及统计回归等能力。

随着管理现代化和科学化进程的不断加快，管理统计学正在发挥着更大的作用并得到更广泛的重视。自20世纪80年代管理统计学引入我国以来，我国各高等院校的经济管理类专业均先后开设了这门课程。进入21世纪，信息与计算机技术的迅猛发展，为管理统计学发展提供了新的机遇与挑战，教学理念、内容和方法都发生了巨大变化。在此背景下，为了满足实践发展和教学的新需求，本书编者吸取统计理论和方法最新的研究成果，同时结合多年的教学经验编写了《管理统计学》一书。本教材在教学内容上突出管理特色，将统计学的理论方法与经济管理中的具体问题相结合；同时更注重专业统计软件的应用，专门介绍了常用统计工具的使用方法。

本教材为国家精品课程建设成果。现已建成的管理统计学课程网站 http://course.tju.edu.cn/gltjx 特色性地设立了在线课堂、实验教学、交流空间、统计前沿、统计资源等栏目，可以全方位提供管理统计学教学支持。

本教材共11章，在编写中按照统计理论、描述性统计学、推断性统计学等几部分构成学科体系，并结合案例详细介绍了统计软件的应用。通过对本教材的学习，可以培养学生扎实的定量分析能力，使之系统掌握统计学的基本思想、基本理论和基本方法以及运用统计软件的能力。

本教材在编写与出版过程中，得到了天津大学管理学院的大力支持。天津大学博士康键、安珣、安娜、白寅等也做了大量工作，编者在此一并表示衷心感谢！

由于编者水平和能力所限，书中难免有不足之处，敬请读者指正。

刘金兰

2006年10月于天津大学

目　　录

绪　论

目前,统计方法已被应用到管理学科的众多领域,统计学也已发展成为由若干分支学科组成的学科体系。根据统计方法的构成,可将统计学分为描述统计学和推断统计学两部分。

描述统计学研究如何取得反映客观现象的数据,并通过图表形式对所收集的数据进行加工处理和显示,进而通过综合、概括与分析得出反映客观现象的规律性数量特征。其内容包括统计数据的收集方法、数据的加工处理方法、数据的显示方法、数据分布特征的概括与分析方法等。

推断统计学则是研究如何根据样本数据去推断总体特征的方法,是在对样本数据进行描述的基础上,对统计总体的未知数量特征做出以概率形式表述的推断。其内容包括参数估计、假设检验、方差分析、回归分析、时间序列分析等。

描述统计学和推断统计学的划分反映了统计方法发展的前后两个阶段,同时也反映了应用统计方法探索客观事物数量规律性的不同过程。统计研究过程的起点是统计数据,终点是探索出客观现象内在的数量规律性。在这一过程中,如果收集到的是总体数据(如普查数据),经过描述统计之后就可以达到认识总体数量规律性的目的;如果所获得的只是研究总体的一部分数据(样本数据),要找到总体的数量规律性,则必须应用概率论的理论并根据样本信息对总体进行科学的推断。

显然,描述统计和推断统计是统计方法的两个组成部分。描述统计是整个统计学的基础,推断统计则是现代统计学的主要内容。在对现实问题的研究中,由于我们所获得的数据主要是样本数据,因此推断统计在现代统计学中的地位和作用越来越重要,已成为统计学的核心内容。

第 1 章 统计资料

本章系统介绍统计资料的基本概念、组成要素、统计资料的搜集与统计调查相关理论。

1.1 统计资料的基本概念

统计资料(statistical data)是指可用以推导出某项结论的一些事实或数字。

统计资料一般由元素、变量和观测三部分组成。

1.元素(element)

我们所研究的对象由各元素组成。统计资料就是关于各元素的有关特征的信息。表 1-1 中的元素就是各员工。

2.变量(variable)

变量是关于元素的一种属性或特征。

例如:表 1-1 中年龄是各员工的一个特征,这些特征对于不同元素取不同的结果,所以称为变量。其中结果可用数字表示的,称为定量变量(quantitative variable);不可用数字表示的,称为定性变量(qualitative variable)。

表 1-1 员工个人资料表

姓名	性别	年龄	身高(m)	体重(kg)	民族	公司服务年限	受教育年限
甲	男	33	1.85	65	汉	3	18
乙	女	25	1.65	55	回	2	16
丙	男	26	1.72	60	满	1	15
丁	女	35	1.60	53	回	4	16
戊	男	32	1.83	68	汉	2	19

表中年龄、身高、体重、公司服务年限、受教育年限是定量变量,性别、民族为定性变量。

3.观测(observation)

一次观测的结果是指资料中关于某一元素所有各变量的信息。在表 1-1 中,每行都表示一次观测的结果。

1.2 统计资料的收集

当一项统计研究工作开始时，首先要明确所研究的问题以及为此必须收集哪些资料，随后就要考虑如何收集以及到哪里收集这些资料（是间接引用现成的资料呢，还是直接自己动手收集）。

若有现成资料可以引用，当然应尽量引用。这不仅为了节省费用和时间，而且因为某些资料（如历史性的、地域广或专业性很强的）靠自己直接收集常常是不可能的。因此，要求统计工作者必须了解现成的统计资料的情况，如各级政府公报、年鉴、期刊、各种专业数据库等，以便及时引用。同时还应掌握现代的检索方法。

当没有适当的现成资料可以引用时，就需要自己动手直接收集，进行调查。在调查之前先要明确为了获得所需要资料打算采取怎样的研究方式。有两种取得统计资料的研究方式：实验式和非实验式（或称观察式）。

实验式收集资料的方式，就是设计一种统计实验（试验），根据某些可以控制的因素的变化得到关于这些因素对研究变量的影响信息，而令那些控制因素以外的条件保持不变，或将控制因素以外的其他因素的影响用随机化的方法加以平衡抵消。例如 F.W.Taylor 在科学管理理论中所提及的工作定额原理，就是用实验式的方法获得工人合理的日工作量的资料。关于实验式收集资料的方法和结果分析，在本书第 8 章将详细讨论。

非实验式（或称观察式）的收集资料方式是对影响所研究的变量的任何因素都不加限制或控制，直接观察变量的取值。例如在收集气象资料时，一般是用非实验式的方法；在研究商品价格的变化对商品需求量的影响时，显然任意改变价格的方法是不可行的；政府在研究国民收入对政府财政收入的影响时，也不能考虑采取实验式的方法。这类问题只能从现有现象中去收集资料，然后分析人员根据分析目的选出有用的结果。

1.3 统计调查

直接收集统计资料，无论是实验式的还是非实验式的，都称为统计调查。

统计调查按调查范围可以分为全面调查和非全面调查两种。全面调查所需时间、人力和费用都很多，只能在研究非常重要的问题时才使用。人口普查就属于全面调查。非全面调查分重点调查和抽样调查。抽样调查方法中，简单随机抽样调查在推断统计中起着重要作用，关于抽样方法将在第 4 章做详细介绍。

统计调查按工作方式，可分为如下三种。

1.直接观察法

通常在科学实验中根据仪表读出所需数据。各种产品检验、体格检查都是直接观察。

2.向被调查人面对面进行口头询问或电话调查

访问人事先要做好访问提纲。因为是访问人和被调查人直接接触,被调查人将很认真地回答,所以用这种方法所获资料的可信度是很高的。

3.发调查表或调查问卷

通过信件、电子邮件、网页等方式发调查表或调查问卷,请被调查人自行填写后返回。

因为调查表是直接获得统计资料的主要工具,调查表设计的好坏将影响所获资料的可用性与可信性。这里简明地提出几点设计问卷调查表应注意的事项,以供设计调查表时参考。

(1)提问的种类

在调查表中所提问题按回答方式可分为选择式和自由式两种。选择式的提问是让回答人在几个事先指定的备选答案中选择回答。原则上,备选答案应当包括所有可能发生的情形,但如果列举的备选答案过多,也会使回答人分辨不清,因而做不出合乎本意的选择。另外,提问的措辞和语气不要引导回答人选择某些答案,因为那并非本人意愿。

自由式的回答必须用自己的语言,所以表达了本人的意愿,可以避免上述缺点。但自由回答式的调查表,所填答案会是多种多样的,在进行统计分析之前,还必须进行适当的归并和分类,这时必须仔细琢磨答案的词句,所以将答案分类也是一项比较困难的工作。因此,自由回答的提问法常常只用于小规模的调查研究或大规模调查的预备阶段(即先提出自由回答式的问题,将得到的答案进行归并和分类,构成选择式提问的备选答案,然后再以选择式提问进行正式的调查)。

选择式和自由式有时可以结合在一个问题中,例如在备选答案中增添“其他”一项,就可使回答人用自己的语言回答,这时表中常注明要求回答人给以必要的解释。

另外,在涉及与回答人的活动、成就或声誉等有关的问题时,注意提问的方式,以避免可能由于回答人的掩饰或夸大造成的偏差。同时,问题必须提得简单明确,应使所有回答人都有相同(或相似)的理解。

(2)安排好问题的次序

在设计调查问卷时,内容有关的问题要排得相近。所有的调查最开始都应该有介绍性的语言,而且第一个问题就应该切中主题。以下是一个电话访问的引言和第一个问题。

例 1.1 一个电话访问的引言和第一个问题。

你好！我是××大学的访问员。我们正在调查居住在学生公寓的人是否对生活条件感到满意。您的名字是从住宿登记簿中随机选取的，我们的调查只会占用您至多四分钟的时间。您可以在任何时候打断我。我现在可以开始访问了吗？

第一个问题是关于您对学生公寓的总体感觉的。

您认为(读选项)：

①确实满意

②大体满意

③大体不满意

④确实不满意

⑤(沉默)没想法或者不知道/错误答案

该例中访问员首先说明调查的问题是关于学生对住宿情况的满意程度，然后第一个问题就需要受访者说出满意等级。当第一个问题是关于客观事实时，人们最好回答。一旦他们习惯于这个调查，并且对于调查的目的更加确定时，他们通常就会回答出相对主观一些的问题。

问题应该由熟悉到陌生进行提问，回忆性问题也应该按照自然顺序进行组织，不要询问太一般化的问题，如“你什么时候第一次对慢跑产生兴趣”或者“为什么你选择慢跑而不是其他的体育活动”。相反，应该提示被访问者：“当你在高中学习时，你对慢跑有兴趣吗？在大学呢？”

要注意，不要因为前面的问题吸引了回答人的注意力而影响到后面有关问题的答案。当这种情况发生时，问卷的价值就被大大降低了。

例 1.2 调查问题的顺序化。

A.你对这届政府的经济政策满意程度如何？

B.这届政府的领导才能如何？

回答：应该先问问题 B。因为如果一个人对于政府的经济政策不满意的话(可能没有其他理由)，他就会给政府的领导才能评定一个较低的级别。

把相对容易回答的问题放在最后。当问卷长而且难回答时，被访者可能会感到疲倦，从而导致不认真回答最后的问题，甚至根本不回答。你可以把人口统计性问题(年龄、收入、性别、其他背景特征)放在后面，因为这些问题都能很快做出回答。

另外，问卷中还要避免出现许多看起来很相似的问题。如果 20 个问题都是让受访者对陈述表示同意或不同意的话，就会让他们感到疲劳和无趣，然后就会放弃回答。为了使兴趣流失最小化，应该给问题分组，并且提供过渡性陈述来说明问题的构成和主题。

(3)试点调查的作用

当一个调查表设计完毕后,通常应在一小范围内进行试点调查。回答人数虽较少,但可发现一些预先未料到的问题,如调查表的格式和提问的次序还不尽合理,有些词句含义不够明确,填表说明还需补充等等。如发现不恰当的问题,可以在大规模调查之前予以改正。当进行试点调查时,要尽量在真实的环境中进行,并且为此制定计划;要选择那些与最终进行调查的被访者相近的人,并且列出一定数量的人的名单。为了保证调查表的可信度,应该注意问题的清晰性和调查的形式。同时,试点调查也应保持效度,因为它能帮助你检查调查是否包括所有的主题,而且答案的种类是否充足。如果被访者真有不同的答案,那么调查表中就应该包括这些不同的答案。

(4)等级评价量表的选择

利用等级评价量表,可以为受访者在一个连续区间的一些点上或者一个类型序列上设定选项,并且为每个级别赋一个量化值。根据实际调查的需要,可以选择不同类型的等级评价量表。等级评价量表共有四种。

1)类别型　被访者属于哪个组,就选择哪个选项,如性别、宗教信仰、学校、最高学历等。

2)定序型　它要求受访者按照等级顺序回答。例如,一个人的经济地位(高、中、低)能够使用定序型测量。

3)定距型　使用这种方法,数值之间的差距是有意义的。例如,年收入 2 万元和 3 万元之间 1 万元的差距,与年收入 5 万元和 6 万元之间 1 万元的差距,表示的意思是相同的。然而,收入 2 万元并不意味着你的富裕程度是那些收入 1 万元的人的两倍,因为富裕程度还需要考虑许多其他因素,比如家庭人员数、医疗保障、存款、家庭关系等等。

例 1.3　定距型等级评价量表。

你愿意花多少钱购置一套三室两厅,总面积 158 m^2,位于市中心的房子呢?

①100 万元到 150 万元之间。

②150 万元到 200 万元之间。

③200 万元到 250 万元之间。

④不确定。

---

4)定比型　在测定身高和体重时可以选用这种方法。如果你的体重是 50 kg,我的体重是 65 kg,那么我的体重就是你的 1.3 倍。定比型量表像定距型量表一样,表上的邻接单元是等距的。而且,定比型量表有零值。若把定比型量表比作一把尺子,7 m 和 8 m 之间的差距与 9 m 和 10 m 之间的差别是一样的,其中 0 代表长度为 0。运用定比型量表,你可以说 6 m 是 3 m 的 2 倍。

类别型、定序型、定距型和定比型之间的差别还决定了你所能使用的统计方法。举例来说，集中趋势的统计需要使用类别型量表，需要计算中间值时使用定序型，需要计算平均值时使用定距型或者定比型。一般情况下，调查很少使用定比型方法，而通常使用定序型和定距型。

下面将以对员工满意度调查为例，介绍调查问卷的具体设计。对于满意度的测量通常可以选择李科特量表。该量表是一种定距量表，在现代态度调查研究中被广泛采用。它的基本形式是给出一组陈述，这些陈述都与某人对某个单独事物的态度有关，要求调查对象表明他是"强烈赞同"、"赞同"、"反对"、"强烈反对"或"未决定"。根据需要，答案中的用词可以更换。李科特量表的陈述方式包括积极性陈述和消极性陈述两种类型。比如在积极性陈述的答案中，"完全同意"赋值为5；而在消极性陈述的答案中，"完全不同意"赋值为5。使用李科特量表做答后，把各个陈述的分数相加就可以得到总分。应该注意的是，在正式使用该量表之前，应该将它在被试样本中试用，计算对每个陈述所做的回答与量表总分之间的相关值，并删去在统计上与量表总分相关性不显著的陈述。在量表最终定稿中的每个陈述都必须与量表总分显著相关，这是内部一致性的李科特准则(Likert's criterion of internal consistency)。下面是一份应用李科特量表设计的关于员工满意度的调查问卷。

例 1.4 员工满意度调查问卷。

员工满意度问卷调查

尊敬的员工：

每年我们都对员工进行调查以有助于我们为您提供最好的工作环境。请花费一点时间填写如下简短的调查表。对您的回答内容我们会绝对保密。提前谢谢您对本研究的参与！

首先请您考虑一下对目前工作整体感觉如何。

a_1.我目前的工作有很大的晋升空间。

非常同意___，同意___，很难说___，不同意___，极不同意___。

a_2.我很满意公司提供给我的培训机会。

非常同意___，同意___，很难说___，不同意___，极不同意___。

a_3.目前的工作给我一种成就感。

非常同意___，同意___，很难说___，不同意___，极不同意___。

接下来，请您回忆一下在公司工作的过程中，对公司与员工之间的关系是否感到满意？

b_1.我对公司对员工工作的关心程度感到：

非常满意___，满意___，很难说___，不满意___，极不满意___。

b_2.我对公司对员工生活的关心程度感到：

非常满意___,满意___,很难说___,不满意___,极不满意___。

b_3.我对管理层与员工之间的沟通渠道感到:

非常满意___,满意___,很难说___,不满意___,极不满意___。

接下来,请您回忆一下在公司工作过程中,对员工之间的关系是否感到满意?

c_1.我对同事之间在工作上的合作关系感到:

非常满意___,满意___,很难说___,不满意___,极不满意___。

c_2.我对团队合作的决策效率感到:

非常满意___,满意___,很难说___,不满意___,极不满意___。

c_3.我对公司各部门之间的合作关系感到:

非常满意___,满意___,很难说___,不满意___,极不满意___。

最后,请您就在公司工作获得的报酬情况做出评价。

d_1.就我的工作付出而言,所得报酬是公平的。

非常同意___,同意___,很难说___,不同意___,极不同意___。

d_2.我每年从公司得到的薪酬总额令人满意。

非常同意___,同意___,很难说___,不同意___,极不同意___。

d_3.公司的福利待遇令人满意。

非常同意___,同意___,很难说___,不同意___,极不同意___。

个人基本信息

性别:男___、女___。

婚姻:已婚___、未婚___。

年龄:25岁以下___,25~29岁___,30~34岁___,35~39岁___,40岁以上____。

学历:职业学校___,大专___,本科___,硕士___,博士及以上___。

工龄:0~3年___,4~6年___,6~10年___,10年以上___。

接下来,再看一个餐厅服务调查表的例子。

例 1.5　餐厅服务调查表。

餐厅服务调查表

■填写要求:

1.字迹工整,容易辨认;

2.对有可选项的项目,须依据其后可选项内所提供的可选内容进行选择或填写;

3.分数值在1~5之间;不填,视为弃权。

■说明:

分数填写标准:1—很差,2—差,3—一般,4—好,5—很好。

■食品质量（请在相应分数框内打√，并只选一项）

主菜

	1	2	3	4	5
色香味					
种类变换					
菜量					
价格					

副菜

	1	2	3	4	5
色香味					
种类变换					
菜量					
价格					

米饭

	1	2	3	4	5
色香味					
种类变换					
饭量					
价格					

面食

	1	2	3	4	5
色香味					
种类变换					
面食量					
价格					

汤

	1	2	3	4	5
色香味					
种类变换					
汤量					
价格					

零点食品(包括零点、小吃及西餐)

	1	2	3	4	5
色香味					
种类变换					
饭菜量					
价格					

■服务质量(请在相应分数框内打√,并只选一项)

	1	2	3	4	5
服务员态度					
清洁效率					
服务经理处理问题效率					
服务员发餐效率					
服务员是否按标准菜样量分发					
售卖部服务质量					

■卫生状况(请在相应分数框内打√,并只选一项)

	1	2	3	4	5
食品卫生					
餐厅整洁程度					
餐具卫生					
地面卫生					
桌面卫生					
发餐中的操作卫生					

■食品搭配质量(请在相应分数框内打√,并只选一项)

	1	2	3	4	5
早便餐的质量					
早加餐的质量					
正餐的质量					
晚便餐的质量					
夜正加餐的质量					

■建议性数据（以下部分仅为参考数据，将不列入满意度计算中）

（请在下面您认可的某一项后打√）

您最喜欢的味道		您最喜欢的风味		您最喜欢的肉类	
甜		京		牛	
酸		粤		羊	
辣		鲁		猪	
咸		沪		鸡	
偏淡		川		鱼	

（请在下面您认可的项目后打√）

您用餐后有没有经历过肠胃不适：有____，无____。

在食品中有无发现过有异物存在：有____，无____。

它们是：____（可选项：石头、头发、塑料、树叶、清洁用具、草、玻璃、苍蝇、蟑螂。选择其中的某一项），有多少次：____。

您对目前的零点是否满意：是____，否____。

您对目前的小吃是否满意：是____，否____。

您对目前的西餐是否满意：是____，否____。

以下几点，请排出您心目中的轻重次序：口味（　）、风味（　）、种类变换（　）、价格（　）、搭配和营养（　）、就餐环境（　）、卫生状况（　）、服务质量（　）（请在各项后的括号内填写轻重次序数字，最重要为1）。

如果您认为零点食品（包括零点、小吃、西餐）的价格不合理，请具体指出至少一种和您认为的价格不符的食品。食品名称：__________；您认为的合理价格：__________。

■您的建议（请不要超过50字）

1.4 调查误差

进行抽样调查可能产生两类误差。一类是抽样误差,是所得到的样本点估计值与总体参数之间的数量差异。换句话说,抽样误差是由于没有对总体的所有单位进行调查而产生的误差。另一类是非抽样误差,包括进行一次抽样调查可能出现的所有其他类型的误差,如测量误差、采访者误差及数据处理误差等。抽样误差仅出现在抽样调查中;而非抽样误差则既可以出现在普查中,也可以出现在抽样调查中。

1.非抽样误差

我们不能准确地测量要研究问题的特征,这是最常见的非抽样误差形式之一。

当不能得到或只能部分得到某些被调查单位的资料时,就会产生这类非抽样误差。例如,对妇女外出工作的看法进行调查,若只在白天做家庭采访,就会出现明显的偏差,因为外出工作的妇女没有包含在样本中。

另外两种类型的非抽样误差是选择误差和数据处理误差。当调查中包含不恰当的项目时,就会产生选择误差。如果研究者没有将调查表中的资料正确输入计算机时,就会产生输入错误;而如果调查人员将被调查者所选择的信息填写错误时,便产生登记错误。当有登记错误或输入错误时,就会出现数据处理误差。

尽管在大多数的调查中,会出现一些非抽样误差,但一般可通过周密的计划使它们达到最小,这些计划包括诸如注意保证抽样总体与目标总体的一致、遵循良好调查表的设计原则、培训采访人员等。在调查结论中,研究者应对非抽样误差所可能产生的影响予以讨论。

2.抽样误差

由于调查的只是一个样本,而不是整个总体,因此抽样误差必然存在。在实际调查中,由于总体均值是未知的,因此不可能知道抽样误差的大小,但可以对其进行概率说明。尽管抽样误差不可避免,但却是可以控制的。选择合适的抽样方法是控制这类误差的关键。

习　　题

1.一项有关对中国移动通信公司用户满意度的调查中,询问了 2 500 名成年人:"您对中国移动通信公司提供服务的满意程度如何?"回答分类为不满意、满意和不清楚。

a.这一调查的规模多大?

b.数据是定性的还是定量的?

c.用平均数或百分比作为对这一问题的数据汇总,哪一个将会更有意义?

d.回答中,28%的人说他们对中国移动通信公司提供的服务不满意,给出这种答复的人是多少?

2.最近一项“中国新锐企业奖”的申报企业中,23家来自于制造业,18家来自服务业,30家来自建筑业。

a.企业类型是定性变量还是定量变量?

b.来自建筑业的申报的百分比是多少?

3.说明下列每个变量是定性变量还是定量变量。

a.年龄;

b.性别;

c.社会等级;

d.制造汽车数。

4.说明下列每个变量是定性变量还是定量变量。

a.年销售额;

b.软饮料价格(小、中、大);

c.员工类别;

d.每股盈余;

e.支付方式(现金、支票、信用卡)。

5.在最近一项对60岁及以上男性死亡原因的研究中,一项抽取120人的调查表明48人死于某种类型的心脏疾病。

a.建立可用于估计60岁及以上死于某种心脏疾病的男性的百分比的一个描述统计;

b.死亡原因数据是定性的还是定量的?

c.讨论推断统计在这类医学研究中的作用。

第 2 章　统计资料的整理

调查收集到的统计资料常常是大量的。按照一般情形,如有上百个原始的数字和事项,人们就很难比较并发现它们的相互关系或规律。所以统计资料必须经过整理。统计资料的整理是统计方法中的关键环节,是以后进行统计分析的基础。

2.1　统计表

调查得到的原始统计资料必须加工整理,如分类归并汇总、按时间前后或按数值大小重新排列等,这样才容易发现数据的规律性,并便于做进一步的统计分析。表 2-1 为一份原始的统计资料。

表 2-1　某校 200 名学生高等数学考试成绩

98	54	79	73	99	78	55	65	65	72
52	65	96	72	70	84	77	62	63	88
83	60	78	88	76	67	94	86	85	72
65	73	80	72	100	60	58	63	76	63
76	66	83	63	60	69	68	56	85	87
84	62	75	87	86	70	82	85	65	72
69	81	100	72	71	85	70	75	72	55
92	65	56	55	60	45	75	65	76	70
65	82	85	70	62	75	70	62	75	57
72	82	65	57	71	80	88	91	81	60
64	75	78	60	58	76	60	65	72	78
65	53	62	85	75	71	65	84	76	80
75	60	61	86	86	78	81	76	62	83
72	73	67	61	85	91	86	92	86	75
75	86	65	86	65	94	86	65	91	100
85	70	61	94	86	85	90	86	82	56
76	73	85	65	88	74	76	95	73	85
85	61	52	78	85	86	71	95	85	65

续表

61	62	85	65	85	96	75	64	62	78
65	85	75	76	62	86	96	65	98	62

1.序列表

将变量所取值按时间顺序或按地域排列的表,分别称为时间序列表和地域序列表。表2-2为一份时间序列表。

表2-2 我国职工平均工资指数(以1978年为100)

年份	指数		年份	指数	
	货币工资	实际工资		货币工资	实际工资
1978	100	100	1994	969.6	254.6
1980	130	121.7	1995	1 158.5	261.7
1985	221.2	174.9	1996	1 287.1	262.5
1990	415	189.8	1997	1 385.6	278.9
1991	448.7	190.5	1998	1 609.4	324.1
1992	545.8	213.2	1999	1 787.7	365.1
1993	704.7	231.9	2000	2 007.6	410.1

2.分类表

变量可以按性质分类(称为定性分布),也可以按数值分类(称为频数分布)。

(1)定性分布

先建立一个关于元素的类别系统,各类要互相排斥,而且是完备的,使被观测的各元素能既不重复又无遗漏地分到各类中去。记录分到同类中的元素个数,或将同类中各元素对所研究的变量的观测值加以归并,这样得到定性分布。表2-3为2000年全国高等学校情况的定性分布。

表2-3 全国高等学校情况(2000年)

类别	学校数	学校百分比	在校学生数	学生百分比
综合大学	83	9.3%	1 108 166	25.27%
理工院校	293	32.85%	1 786 372	40.73%
师范院校	221	24.78%	266 778	6.08%
医药院校	100	11.21%	312 440	7.12%

续表

类别	学校数	学校百分比	在校学生数	学生百分比
农林院校	50	5.61%	316 778	7.22%
财经院校	68	7.62%	337 099	7.69%
其他院校	77	8.63%	258 270	5.89%
总计	892	100.00%	4 385 903	100.00%

(2)频数分布

首先按变量所取的值进行分类,分类的原则与定性分布相同,使资料中每个观测值都分到相应类中去,记录各类中观测值出现的次数 $f_i(i\geqslant 1)$,制成表格,就是频数分布表。

在做频数分布表时,如果变量所能取值的数目很小,就按取值大小顺序排列,每个值为一类;如果变量所能取值的数目很大,特别当变量是连续的情形,就将变量所取的值分组,记录观测值落在各组中的资料(称为频数),做成表格,常称为频数分布表。

做分组频数分布表时,要先确定分几组(组数),每组变量取值范围的大小(组距)和取值范围的上下限(组限)。

分组的目的是要简明扼要地了解大量数据的数值分布情况,所以组数不能太多。但分组后,落在同一组内的数据不再加以区分(都以该组的中点值代替),因此损失了不少原始数据的信息,所以组数也不能太少。对于观测值有 100 个或更多的资料,一般以分 10~15 组为宜。

各组的组距可以是相同的,称为等组距分布表。在等组距的情形下,当找出全部数据中的最大值 $x_{\max}$ 和最小值 $x_{\min}$ 后,组距 h 可由二者之差被组数 k 除得的商 $\frac{x_{\max}-x_{\min}}{k}$ 来表示。

当然,组距要取整数或便于计算的数。但是分组并不一定非“等组距”不可。有些数据按“等组距”分组后可能频数分布很不正常,例如有些组的频数太小甚至为 0,就不如用不等的组距为好。还有一种通常称作“开口组”的,即最小组只有上限没有下限,最大组只有下限没有上限,写成“×××以下”或“×××以上”,常用在事先不能确定组限就陆续收集数据,无法预计全体数据的最大值和最小值的情形。在确定了组数和组距后,就应写出各组的上下限,然后将各观测值一一归入相应的组即可作出分布表。现通过例题说明。

研究表 2-1 中 200 个学生的成绩分布,知最低分 $x_{\min}=45$,最高分 $x_{\max}=100$。若组距定为 10 分,对 200 名学生的成绩进行分组,在组数、组距和各组上下限都确定了以后，就可对观测值逐一检查它们所属的组，在所属组的记录栏做一记号。按照我国习惯，用写“正”字方法，将各观测值检查、记录完毕，就可计算出各组的频数，此时，频数分布表就完成了。本例的频数分布表如表2-4所示。

表2-4　某校200个学生高等数学考试成绩的频数分布表

分数	计数	人数
40~49	一	1
50~59	正正正	14
60~69	正正正正正正正正正正正	55
70~79	正正正正正正正正正正正下	58
80~89	正正正正正正正正正正丅	52
90~99	正正正丅	17
100~109	下	3
总数		200

从表2-4可以看出，资料的许多细节已经失去。表中58人的分数在70分至79分之间，但却不知58人的分数在此10分组距中所呈分布的细节。若将组距缩小，组数增多，则细节的损失就可减少；但组数过多，频数表则不易一目了然。当组数适当时，频数分布较有规则性(regularity)，即两极端之组所含频数较小，渐近中央的组频数逐渐增大，若组数增多，这种规则性会变得不明显。观察表2-4，就可明白200个同学高等数学成绩的频数分布也具有这种对称的规则性。假使组数增多，便渐渐地失去这种规则性。现在将组距改为6分及2分，则频数表分别如表2-5和表2-6所示。

表2-5　某校200个学生高等数学考试成绩的频数分布表

分数	人数	分数	人数
40~45	1	76~81	25
46~51	0	82~87	42
52~57	12	88~93	10
58~63	29	94~99	11
64~69	28	100~105	3
70~75	39	总数	200

表2-6　某校200个学生高等数学考试成绩的频数分布表

分数	人数	分数	人数
45~46	1	75~76	22
47~48	0	77~78	8
49~50	0	79~80	4
51~52	2	81~82	7

续表

分数	人数	分数	人数
53 ~ 54	2	83 ~ 84	6
55 ~ 56	6	85 ~ 86	30
57 ~ 58	4	87 ~ 88	6
59 ~ 60	8	89 ~ 90	1
61 ~ 62	15	91 ~ 92	5
63 ~ 64	6	93 ~ 94	3
65 ~ 66	21	95 ~ 96	5
67 ~ 68	3	97 ~ 98	2
69 ~ 70	9	99 ~ 100	4
71 ~ 72	14	总数	200
73 ~ 74	6		

表 2-5 中组距等于 6,频数分布的规则性仍然可以维持,同时细节的损失也可减轻;而表 2-6 中的组距等于 2,各组频数分布就变得很不规则了。由此可见,组数的确定应适当,亦不宜太多。

下面引入累积频数、频率和累积频率的概念

1)累积频数(cumulative frequency) 由第一组起至第 i 组止各频数之和称为第 i 组的累积频数,记为 F_i,即

$$F_i = \sum_{k=1}^{i} f_k = F_{i-1} + f_i \quad (i > 1) \tag{2-1}$$

2)频率(percent frequency)和累积频率 频率是频数被总数 n 除,即 f_i/n,经常以百分数表示,见表 2-7 第 5 列。各组频率之和为 1。累积频率是频率的累加,可以和累积频数比照,见表 2-7 第 6 列。频率分布和累积频率分布由于不受总数 n 的影响,所以便于不同资料的比较。

表 2-7 某校 200 个学生高等数学考试成绩的频数表

组数	中点值	频数 f_i	累积频数 F_i	频率 f_i/n	累积频率
40 ~ 45	42.5	1	1	0.005	0.005
46 ~ 51	48.5	0	1	0.000	0.005
52 ~ 57	54.5	12	13	0.060	0.065
58 ~ 63	60.5	29	42	0.145	0.200
64 ~ 69	66.5	28	70	0.140	0.340
70 ~ 75	72.5	39	109	0.195	0.535
76 ~ 81	78.5	25	134	0.125	0.660
82 ~ 87	84.5	42	176	0.210	0.870
88 ~ 93	90.5	10	186	0.050	0.920
94 ~ 99	96.5	11	197	0.055	0.975

续表

组数	中点值	频数 f_i	累积频数 F_i	频率 f_i/n	累积频率
100 ~ 105	102.5	3	200	0.015	1.000
合计		200		1.000	

2.2 统计图

将统计资料整理成统计表,可以清晰地展示变量的变化规律。为了使这种规律更有直观性,也常用图形表示,称为统计图。

1.**线图**(line graph)

根据表 2-8 的数据可作出线图,如图 2-1 所示。

表 2-8 国内生产总值与进出口总额

年份	国内生产总值(亿元)	进出口总额(亿元)
1990	18 319.5	5 560.1
1991	21 280.4	7 225.8
1992	25 863.7	9 119.6
1993	34 500.7	11 271
1994	46 690.7	20 381.9
1995	58 510.5	23 499.9
1996	68 330.4	24 133.8
1997	74 894.2	26 967.2
1998	79 003.3	26 857.7
1999	82 673.1	29 896.3
2000	89 340.9	39 274.2
2001	98 592.9	42 183.6
2002	107 897.6	51 378.2
2003	121 730.3	70 483.5
2004	142 394.2	95 539.1

2.**条形图** (bar chart)

根据表 2-8 的数据,亦可作出条形图,如图 2-2 所示。

3.**圆饼图** (pie chart)

根据表 2-9 的数据可作出圆饼图,如图 2-3 所示。

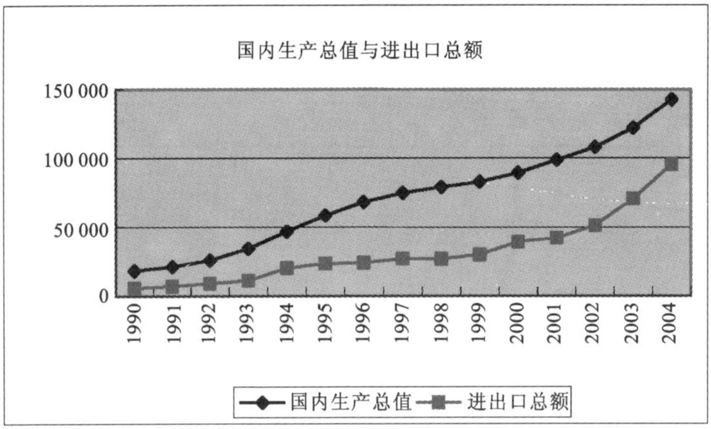

图 2-1　线图

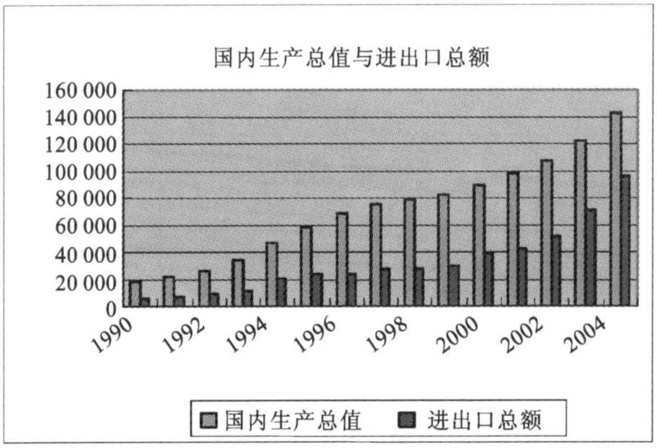

图 2-2　条形图

表 2-9　武汉市 2003 年规模以上工业企业单位数

类别	工业企业单位数
国有企业	252
集体企业	181
私营企业	337
联营企业	17
股份有限公司	121
外商投资企业	87
港澳台投资企业	67

续表

类别	工业企业单位数
有限责任公司	240
股份合作企业	48
其他企业	5
合计	1 335

注:规模以上指销售收入 500 万元以上。

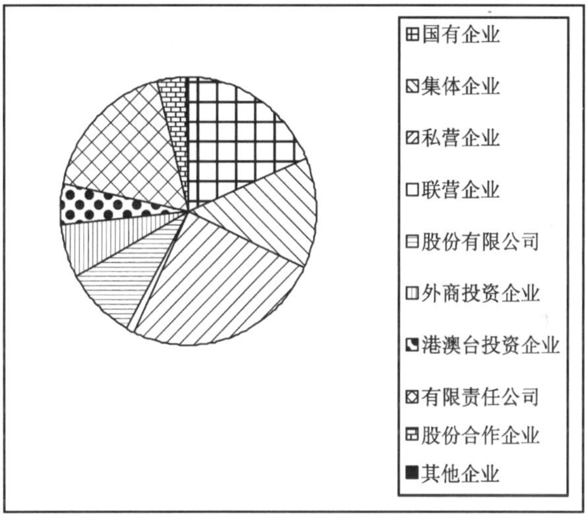

图 2-3　圆饼图

4.**散点图**（scatter diagram）

根据表 2-8 中 1992—2001 年的数据,作出国内生产总值与进出口总额的散点图,如图 2-4 所示。

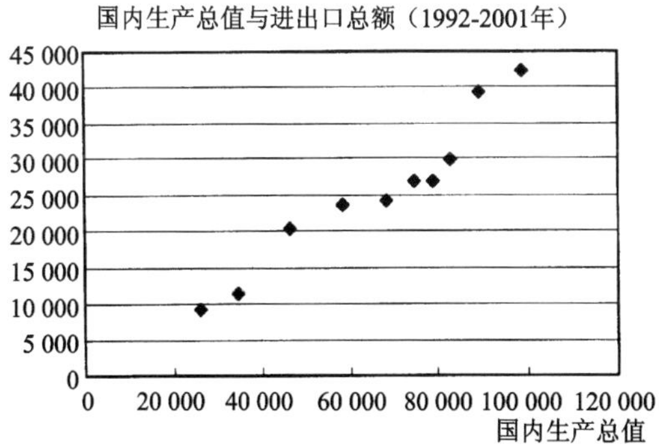

图 2-4　散点图

2.3 双变量的二元分布

对每一元素观测两个特征，记录观测结果，就是双变量的统计资料。双变量常用(X,Y)形式表示，以区别两个单变量 X 和 Y。整理双变量的统计资料时，将两变量分别分类(或按数值分组)为

$$X: x_1, x_2, \cdots, x_n$$

$$Y: y_1, y_2, \cdots, y_m$$

检查每一元素的两个特征应属的类别，记录属于同类(x_i, y_i)的元素的数，即频数 f_{ij}，就得到二元分布。二元分布用矩形表表示，称为二元分布表，或称交叉表(cross table)。元素的总数

$$n = \sum_{i=1}^{l} \sum_{j=1}^{m} f_{ij} \tag{2-2}$$

例 2.1 在飞行模拟训练时，用计算机测定并打印出飞行动作的错误，从两方面进行测定：

①错误发生时的飞行状态，分起飞(T)、巡航(C)和着陆(L)三种；

②错误发生的原因，分规范理解错误(R)、仪表读数错误(M)和其他原因(O)三种。

测定 45 次的打印记录如下：

TM	TO	LM	LO	CO	LM	TR	CM	TM
LO	TM	CO	LR	CM	TR	LO	TR	LO
CO	LO	LM	TM	TO	CM	TO	LM	TO
CR	CM	TM	TR	LR	TM	LR	TR	TM
LM	TR	TR	LO	CR	TR	LO	LM	TM

根据该记录整理的二元分布表如下：

		错误原因			合计
		R	M	O	
飞行状态	T	8	8	4	20
	C	2	4	3	9
	L	3	6	7	16
合计		13	18	14	45

从表中看出，在起飞(T)时容易发生规范理解错误(R)和仪表读数错误(M)，而着陆(L)时不太容易发生规范理解错误。

在上述分布表中变量也可以是定量的。

例 2.2 某旅行社 322 个旅游团的旅游天数和支出费用如下表所示。

费用(元)＼天数	3	4	5	6	7	8	合计
0 ~ 299	53	43	9	—	—	—	105
300 ~ 599	20	45	37	12	26	1	141
600 ~ 899	4	9	11	6	17	12	59
900 ~ 1 200	—	—	1	1	5	10	17
合计	77	97	58	19	48	23	322

从表中看出，旅游费用是直接与天数有关的，天数为 3 天且费用不到 300 元的很多。

在二元分布表最下行(合计行)和最右列(合计列)分别是 X 和 Y 的单变量分布，称为边际分布。

一个双变量的二元分布绝不同于两个单变量的一元分布，它不仅说明两变量各自的分布情况，而且说明两变量之间(飞行状态与错误原因之间，旅游天数与旅游费用之间)的相互关联情况。而这种关联情况(即是否存在关联以及关联的性态和程度等)正是研究二元分布的主要任务。

对于三变量(X,Y,Z)的统计资料，整理成分布表的形式是困难的，常用的方法是对于 X 的每一特定值 x_i，研究(Y,Z)的二元分布。更多变量的情形也类似。

习　　题

1. 最近的 20 天中一名员工生产的产品数量数据列示如下。

160	170	181	156	176
148	198	179	162	150
162	156	179	179	151
157	154	179	148	156

通过构筑：a. 频数分布；b. 累积频数分布，汇总数据。

2. 某财经类杂志为了解订阅者进行了一次调查。调查问题之一是询问订阅者的证券投资组合(股票、公司债券、互助基金、存款)的价值。下列频数分布是调查的结果。

投资价值(元)	频数	投资价值/元	频数
25 000 以下	17	250 000 ~ 499 999	13
25 000 ~ 49 999	9	500 000 ~ 999 999	13
50 000 ~ 99 999	12	1 000 000 及以上	16
100 000 ~ 249 999	20	合计	100

a.订阅者中投资少于 100 000 元的百分比有多大?

b.订阅者中投资在 100 000 ~ 499 999 元间的频率有多大?

c.订阅者中投资在 500 000 元及以上的频率有多大?

3.一项关于家用电脑使用时间的调查,显示了我国年龄在 12 岁及以上的电脑使用者使用电脑时间的情况。下列数据是一周时间内 50 人的样本使用个人计算机的小时数。

4.1	1.5	10.4	5.9	3.4	5.7	1.6	6.1	3.0	3.7
3.1	4.8	2.0	14.8	5.4	4.2	3.9	4.1	11.1	3.5
4.1	4.1	8.8	5.6	4.3	3.3	7.1	10.3	6.2	7.6
10.8	2.8	9.5	12.9	12.1	0.7	4.0	9.2	4.4	5.7
7.2	6.1	5.7	5.9	4.7	3.9	3.7	3.1	6.1	3.1

汇总数据,构建:

a.频数分布(用 3 小时作为组距);

b.频率分布;

c.直方图。

上述数据显示了在家使用个人计算机的何种情况?

第 3 章 统计资料的综合

第 2 章主要介绍了统计资料的整理以及分布表和统计图等,使我们可以对一份统计资料(数据)有了概括了解。但为了更进一步综合地说明统计资料的特征以及为了与类似问题进行比较等,有必要用一些数值将资料的特征表示出来,这样的数值称为特征数。本章只考虑单变量的问题,介绍三类特征数:表示集中位置的特征数、表示变异(分散)程度的特征数和表示偏倚程度的特征数。

3.1 表示集中位置的特征数

3.1.1 平均数(mean)

1.**算术平均数**(arithmetic mean)

(1)定义

一组 n 个观测值 $x_1, x_2, \cdots, x_n$ 的算术平均数定义为

$$\bar{x} = \frac{\sum_{i=1}^{n} x_i}{n} \tag{3-1}$$

如果资料已经分组,组数为 k,用 $x_1, x_2, \cdots, x_k$ 表示各组中点,$f_1, f_2, \cdots, f_k$ 表示相应的频数,那么

$$\bar{x} = \frac{\sum_{i=1}^{k} f_i x_i}{\sum_{i=1}^{k} f_i} \tag{3-2}$$

当然,各组中数值都用中点值代替了,所得结果只能是近似的。因此,在求算术平均数时应尽可能用分组前的原始数据。

例 3.1 某学院一年级学生有 200 人,二年级学生 150 人,三年级学生 100 人,四年级学生 200 人。某日学院召开全院大会,一年级学生缺席 4%,二年级学生缺席 6%,三年级学生缺席 5%,四年级学生缺席 8%,试问全院学生缺席百分之几?

解 首先列出学院学生缺席状况表,如表 3-1 所示。

表 3-1 某学院学生缺席状况表

年级	x_i	f_i
1	4	200
2	6	150
3	5	100
4	8	200

$$\bar{x}=\frac{\sum_{i=1}^{4}f_ix_i}{\sum_{i=1}^{4}f_i}=\frac{4\times200+6\times150+8\times200+5\times100}{200+150+100+200}=\frac{3\ 800}{650}=5.85$$

所以该日全院学生缺席 5.85%。

例 3.2 表 3-2 所示为某校 125 位大学一年级新生体重,求其平均体重。

表 3-2 某校 125 位大学一年级新生体重表

序数	体重(kg)	组中值(x_i)	人数(f_i)
1	46 ~ 48	47	4
2	49 ~ 51	50	20
3	52 ~ 54	53	25
4	55 ~ 57	56	38
5	58 ~ 60	59	21
6	61 ~ 63	62	12
7	64 ~ 66	65	5

解

平均体重:$\bar{x}=\dfrac{\sum_{i=1}^{7}f_ix_i}{\sum_{i=1}^{7}f_i}=\dfrac{6\ 949}{125}=55.592\ \text{kg}$

(2)性质

算术平均数有如下两条性质。

①$\sum_{i=1}^{n}(x_i-\bar{x})=0$

②当 $A=\bar{x}$ 时 $\sum_{i=1}^{n}(x_i-A)^2$ 最小,即 $\sum_{i=1}^{n}(x_i-\bar{x})^2$ 最小。证明如下。

证明:因为 $\sum_{i=1}^{n}(x_i-A)^2=\sum_{i=1}^{n}[(x_i-\bar{x})+(\bar{x}-A)]^2$

$$=\sum_{i=1}^{n}(x_i-\bar{x})^2+n(\bar{x}-A)^2+2\sum_{i=1}^{n}(x_i-\bar{x})(\bar{x}-A)$$

$$= \sum_{i=1}^{n}(x_i - \bar{x})^2 + n(\bar{x} - A)^2 + 2(\bar{x} - A)\sum_{i=1}^{n}(x_i - \bar{x})$$

$$= \sum_{i=1}^{n}(x_i - \bar{x})^2 + n(\bar{x} - A)^2$$

所以当 $A = \bar{x}$,即 $\bar{x} - A = 0$ 时,$\sum_{i=1}^{n}(x_i - A)^2$ 为最小。

2.几何平均数(geometric mean)

在数据为环比类型的问题中,算术平均数是不适用的。例如表3-3是天津市工农业总产值在“十五”期间的逐年增长率,如求该期间平均增长率,算术平均数是不恰当的,而几何平均数可以解决这个问题。

表3-3 天津市工农业总产值

年份	比上年增长(%)
2000	
2001	14.0
2002	19.6
2003	24.1
2004	31.0
2005	20.8

注:资料来源《天津市统计年鉴2005年》。

(1)定义

一组 n 个数据 $r_1, r_2, \cdots, r_n$ 的几何平均数 G 定义为

$$G = \sqrt[n]{r_1 r_2 \cdots r_n} \tag{3-3}$$

在上例中,令 $r_1, r_2, \cdots, r_5$ 依次为114.0,119.6,124.1,131.0,120.8。于是几何平均数为

$$G = \sqrt[5]{114.0 \times 119.6 \times 124.1 \times 131.0 \times 120.8} = 121.77$$

(2)性质

设观测的数据是 $s_0, s_1, s_2, \cdots, s_n$(在上例中为各年工农业总产值),令

$$r_i = \frac{s_i}{s_{i-1}} \quad (i = 1, 2, \cdots, n)$$

在上例中为各年产值与上年的比率,那么

$$s_n = s_0 \cdot \frac{s_1}{s_0} \cdot \frac{s_2}{s_1} \cdot \cdots \cdot \frac{s_n}{s_{n-1}} = s_0 \cdot r_1 \cdot r_2 \cdot \cdots \cdot r_n$$

由 $G = \sqrt[n]{r_1 r_2 \cdots r_n}$ 得

$$s_n = s_0 G^n$$

与 $n\bar{x}=\sum x_i$ 相对照，可以看出，当 $r_1,r_2,\cdots,r_n$ 是环比的情形，几何平均数作为它们的平均数是恰当的。

3.调和平均数(harmonic mean)

如果数据是相对变化率时，对其求平均数，用算术平均数也是不恰当的。

例如甲乙两地相距 120 km，某人乘车往返甲乙两地之间，去时速度为 20 km/h，回来时速度为 30 km/h，若求平均速度，这时用算术平均数$\frac{1}{2}(20+30)$是不对的，用调和平均数可解决此类问题。

(1)定义

一组 n 个数据 $R_1,R_2,\cdots,R_n$ 的调和平均数 H 由下式定义：

$$\frac{1}{H}=\frac{1}{n}\left(\frac{1}{R_1}+\frac{1}{R_2}+\cdots+\frac{1}{R_n}\right) \tag{3-4}$$

在上例中

$$\frac{1}{H}=\frac{1}{2}\left(\frac{1}{20}+\frac{1}{30}\right)=\frac{1}{24}$$

则 $H=24$ km/h

(2)性质

设 R 表示两个变量 M 和 N 的相对变化率，即

$$R_i=\frac{M_i}{N_i}(i=1,2,\cdots,n)$$

n 组观测值的总平均相对变化率为$\sum M_i/\sum N_i$，故

$$\sum M_i=(\text{平均变化率})\times\sum N_i=(\text{平均变化率})\times\sum\frac{M_i}{R_i}$$

当 $M_1=M_2=\cdots=M_n$ 时，得

$$\frac{1}{H}=\frac{1}{n}\left(\frac{1}{R_1}+\frac{1}{R_2}+\cdots+\frac{1}{R_n}\right)$$

就是说，一组表示两个变量相对变化率的数据，如果分子一定，那么总的平均变化率就应由调和平均数来表示。

几何平均数和调和平均数都只适用于特定问题，选用时要注意。当数据中出现零和负数时，不能求几何平均数和调和平均数。

3.1.2 众数(mode)

算术平均数表示了集中位置特征，能照顾到每一个值，但不见得是出现次数最多的值(甚至也可能不是观测值中的一个)。所以有必要研究表示集中位置的其他特征数。

对于有频数分布的变量，其众数指频数最大的变量的值，用 M_o 表示。

如表 3-4 的频数分布表所示，频数最大的变量为 3，即为该组数据的众数。

表 3-4 频数分布表

x	f
3	15
5	2
7	3

对于已分组且等组距的频数分布，根据最大频数，可求得众数所在组。根据众数定义，可知众数不唯一。

3.1.3 中位数(median)

算术平均数作为集中位置的特征还有一缺点，就是受观测值中极端值的影响很大，而一组观测值中的极端值常常没有代表性。中位数可以避免这种影响。

(1)定义

一组 n 个观测值按数值大小排列，如 $x_1, x_2, \cdots, x_n$，处于中央位置的值称为中位数，以 M_e 表示，即

$$M_e = \begin{cases} x_{\frac{n+1}{2}}, & \text{当 } n \text{ 为奇数时} \\ \frac{1}{2}\left(x_{\frac{n}{2}} + x_{\frac{n}{2}+1}\right), & \text{当 } n \text{ 为偶数时} \end{cases} \tag{3-5}$$

(2)性质

①一组观测值中小于 M_e 的个数和大于 M_e 的个数相等(可与算术平均数性质②对比)。例如 M_e 是累积频率为 0.50 所对应的 x 的值，如图 3-1 所示。这是在观测值没有重复的情形下中位数的性质。如果观测值中重复数值很多，这一性质就不一定成立。例如 9 名学生的成绩是

95 90 90 85

85 85 85 80 75

那么 $M_e = 85$。大于 M_e 的有 3 个，小于 M_e 的有 2 个，个数不等。

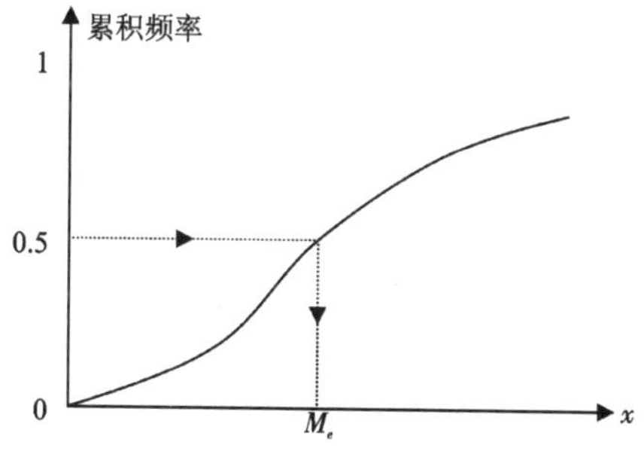

图 3-1 中位数

②我们还常用到各 x_i 与某一定值 A 的离差的绝对值(也称绝对离差)之和 $\sum_{i=1}^{n} |x_i - A|$。中位数 M_e 有这样的性质：上述绝对值离差和以 $A = M_e$ 时为最小。中位数具有的这种最小性说明它同样表示了集中位置的特征。

3.1.4 百分位数(percentile)

(1)定义

一组 n 个观测值按数值大小排列,如 $x_1, x_2, \cdots, x_n$,处于 $p\%$ 位置的值称第 p 百分位数。中位数是第 50 百分位数。第 25 百分位数又称第 1 个四分位数(first quartile),用 Q_1 表示;第 50 百分位数又称第 2 个四分位数(second quartile),用 Q_2 表示;第 75 百分位数又称第 3 个四分位数(third quartile),用 Q_3 表示。若求得第 p 百分位数为小数,可向上取整为整数。

分位数是用于衡量数据位置的量度,但它所衡量的不一定是中心位置。百分位数提供了有关各数据项如何在最小值与最大值之间分布的信息。对于无大量重复的数据,第 p 百分位数将数据分为两个部分:大约 $p\%$ 的数据项的值比第 p 百分位数小;而大约 $(100-p)\%$ 的数据项的值比第 p 百分位数大。

对第 p 百分位数,严格的定义如下。

第 p 百分位数是这样一个值,它使得至少有 $p\%$ 的数据项小于或等于这个值,且至少有 $(100-p)\%$ 的数据项大于或等于这个值。

高等院校的入学考试成绩经常以百分位数的形式报告。比如,假设某个考生在入学考试中语文部分的原始分数为 54 分,相对于参加同一考试的其他 $p\%$ 考生来说,他的成绩如何并不容易知道。但是如果原始分数 54 分恰好处于 30% 的位置,则说明有 30% 的考生考分比他低。

(2)计算第 p 百分位数的步骤

第 1 步:以递增顺序排列原始数据(即从小到大排列)。

第 2 步:计算指数 $i = np\%$,其中,p 是所求的百分位数的位置,n 是项数。

第 3 步:①若 i 不是整数,将 i 向上取整。大于 i 的毗邻整数即为第 p 百分位数的位置;②若 i 是整数,则第 p 百分位数是第 i 项与第 $i+1$ 项数据的平均值。

3.1.5 四分位数(quartile)

人们经常会将数据划分为四个部分,每一个部分大约包含有 1/4 即 25% 的数据项。这种划分的临界点即为四分位数,分别称为第 1 四分位数、第 2 四分位数和第 3 四分位数。

下面是按递增顺序排列的起始薪酬数据。

2 210	2 255	2 350	2 380	2 380	2 390
2 420	2 440	2 450	2 550	2 630	2 825

Q_2 即第 2 四分位数(中位数)已被确知为 2 405。

计算 Q_1 和 Q_3 需要用到计算第 25 百分位数和第 75 百分位数的方法。它们的计算如下。

对 Q_1:

$$i=(p/100)n=(25/100)\times 12=3$$

由于 i 为整数,由第 3 步的②可知,第 1 四分位数(即第 25 百分位数)即为第 3 项与第 4 项的平均值。所以 $Q_1=(2\ 350+2\ 380)/2=2\ 365$。

对于 Q_3:

$$i=(p/100)n=(75/100)\times 12=9$$

同样 i 为整数,由第 3 步的②可知,第 3 四分位数(即第 75 百分位数)为第 9 项与第 10 项的平均值。所以 $Q_3=(2\ 450+2\ 550)/2=2\ 500$。

如下所示,四分位数将 12 个数据分为了 4 个部分,每个部分含有 25% 的数据项。

2 210 2 255 2 350 | 2 380 2 380 2 390 | 2 420 2 440 2 450 | 2 550 2 630 2 825

$Q_1=2\ 365$　　　$Q_2=2\ 405$　　　$Q_3=2\ 500$

(中位数)

我们已将四分位数分别定义为第 25、第 50、第 75 百分位数。因此,四分位数的计算方法与其他百分位数的计算方法是相同的。但是在计算四分位数时有些方法的约定是不同的,而计算出来的值也会因这些约定的不同而稍有差异。尽管如此,无论采用何种计算过程,计算四分位数的目的都是将数据划分为大致相等的四个部分。

3.2 表示变异(分散)程度的特征数

一组数据,即对变量的一组观测值,除用算术平均数等表示它的集中位置的特征外,各观测值相互之间的变异情况或说分散情况,也是一组数据的一个重要特征。如果这组数据是产品质量检查的结果,那么数据的变异情况说明生产是否稳定;如果数据是测量的结果,那么变异的情况说明测量方法或仪器是精密还是粗糙;如果数据是学生的成绩,那么变异的情况说明成绩是否整齐(而不是高低)。

3.2.1 极差(或称全距,range)

定义 极差:

$$R=x_{\max}-x_{\min} \tag{3-6}$$

其中 $x_{\max}$ 和 $x_{\min}$ 分别为数据中的极大值和极小值。

可以看出,极差的计算非常简便,所以在现场检查时经常用到。但是极差没有考虑各中间值。

3.2.2 四分位数间距(quartile deviation)

能够克服极端值影响的一种衡量变异程度的量度是四分位数间距(IQR)。这种衡量变异程度的量度即为第3四分位数 Q_3 与第 1 四分位数 Q_1 的差。也就是说，四分位数间距是在中间的 50% 的数据的全距。

四分位数间距

$$IQR = Q_3 - Q_1$$

3.2.3 平均差(mean deviation)

定义 平均差 $M.D.$是离差(即 $x_i - \bar{x}$)的绝对值的平均数，即

$$M.D. = \frac{1}{n}\sum_{i=1}^{n} |x_i - \bar{x}| \tag{3-7a}$$

对于已分组的频数分布(组数为 k)，有

$$M.D. = \frac{1}{n}\sum_{i=1}^{k} |x_i - \bar{x}| \tag{3-7b}$$

平均差虽然能较好地区别出不同组数据的分散情况或程度，但它的缺点是绝对值不适于做进一步的数学分析。

3.2.4 方差(variance)、标准差(standard deviation)

定义 方差：

总体 $\sigma^2 = \frac{1}{n}\sum_{i=1}^{n}(x_i - \bar{x})^2$

样本 $S^2 = \frac{1}{n-1}\sum_{i=1}^{n}(x_i - \bar{x})^2$

对于已分组数据的频数分布(组数为 k)，有

总体 $\sigma^2 = \frac{1}{n}\sum_{i=1}^{k}f_i(x_i - \bar{x})^2$

样本 $S^2 = \frac{1}{n-1}\sum_{i=1}^{k}f_i(x_i - \bar{x})^2$

方差可以起到与平均差相同的作用，且避免了绝对值的运算。但方差也有缺点，那就是所取的单位为 x 的单位的平方(如：当 x 为身高，单位为厘米时，方差的单位为平方厘米；当 x 为成绩，单位为分时，方差单位为分的平方，这都是不好解释的)，所以用它的正平方根作为标准差。

定义 总体标准差：

$$\sigma = \sqrt{\frac{1}{n}\sum_{i=1}^{n}(x_i - \bar{x})^2}$$

样本标准差：

$$S = \sqrt{\frac{1}{n-1}\sum_{i=1}^{n}(x_i - \bar{x})^2}$$

对于已分组的频数分布(组数为 k),有总体标准差:

$$\sigma = \sqrt{\frac{1}{n}\sum_{i=1}^{k} f_i (x_i - \bar{x})^2}$$

样本标准差:

$$S = \sqrt{\frac{1}{n-1}\sum_{i=1}^{k} f_i (x_i - \bar{x})^2}$$

标准差的单位与 x 的单位相同。

3.2.5 变异系数(coefficient of variation)

定义 变异系数:

$$C = \frac{S}{\bar{x}} \times 100(\%) \tag{3-8}$$

变异系数是一个无量纲的量。它适用于比较有不同算术平均数或有不同量纲的两组数据的情况。例如比较大学生身高与小学生身高,或比较 130 名大学生身高和体重哪个变化波动范围比较大时,都可用变异系数。

3.3 表示偏倚情况或程度的特征数

偏倚性用以表示各观测值分布的不对称情况或程度。

3.3.1 比较众数、中位数和算术平均数的相对位置

图 3-2 举出了对称的、具有左偏态(负偏态)的和右偏态(正偏态)的频数分布的例子。其特点是:①对称分布的众数、中位数和算术平均数相同;②具有偏倚性的分布,算术平均数突出在外并偏向分布的尾端,而中位数则介于众数与算术平均数之间。

可以看出,对于单峰的分布,有

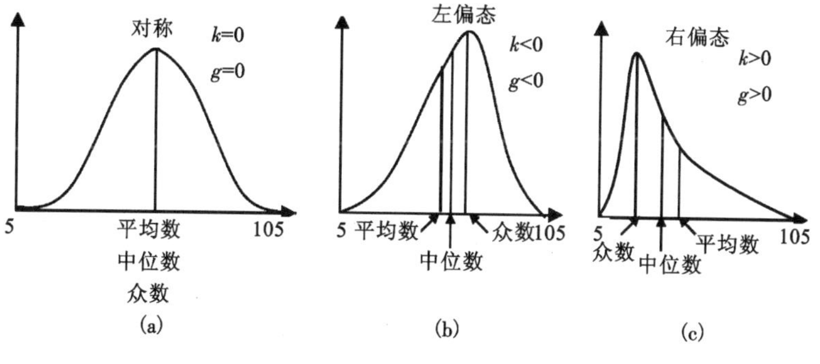

图 3-2 对称、左偏态、右偏态频数分布图

对称态：$\bar{x} = M_e = M_o$

左偏态：$\bar{x} < M_e < M_o$

右偏态：$\bar{x} > M_e > M_o$

3.3.2 偏倚性的描述

定义 皮尔逊(Pearson)偏倚系数

$$k = \frac{3(\bar{x} - M_e)}{S} \tag{3-9a}$$

如分布是对称的，则 $k = 0$；若具有左偏态，平均数小于中位数，则 $k < 0$；若具有右偏态，平均数大于中位数，则 $k > 0$。

3.4 五数概括法

五数概括法即用下面的五个数来概括数据：

①最小值；

②第 1 四分位数(Q_1)；

③中位数(Q_2)；

④第 3 四分位数(Q_3)；

⑤最大值。

运用五数概括法的最简单方式是首先将数据按递增顺序排列，然后很容易就能确定最小值、3 个四分位数和最大值了。例如，对 12 个起始薪酬数据的样本，按照递增顺序排列如下：

2 210 2 255 2 350 | 2 380 2 380 2 390 | 2 420 2 440 2 450 | 2 550 2 630 2 825

$Q_1 = 2\ 365$　　　　$Q_2 = 2\ 405$　　　　$Q_3 = 2\ 500$

(中位数)

中位数 2 405 以及四分位数 $Q_1 = 2\ 365$ 和 $Q_3 = 2\ 500$ 前面已经计算出来了。对上述数据的观察可以知道最小值为 2 210，最大值为 2 825。因此，上述起始薪酬数据以五数概括为：2 210，2 365，2 405，2 500，2 825。在相邻的每两个数之间，大约有 1/4 的数据项。

3.5 盒形图

盒形图实际上是以图形来概括数据。本书将盒形图延至这一章才介绍，是因为其关键是计算中位数和四分位数(Q_1 和 Q_3)。此外，还将用到四分位数间距 $IQR =$

$Q_3 - Q_1$。

盒形图的画法步骤如下。

①画一个方盒,其边界恰好是第 1 和第 3 四分位数。对于上述的起始薪酬数据,$Q_1 = 2\ 365$,$Q_3 = 2\ 500$。这个方盒包含了中间 50% 的数据。

②在方盒上中位数的位置画一条垂线(对起始薪酬数据,中位数为 2 405)。因此中位数将数据分为相等的两个部分。

③利用四分位数间距 $IQR = Q_3 - Q_1$ 来设定界限。盒形图的界限定于低于 Q_1 以下 1.5 个 IQR 和高于 Q_3 以上 1.5 个 IQR 的位置。上述的起始薪酬数据中,$IQR = Q_3 - Q_1 = 2\ 500 - 2\ 365 = 135$。因此,上、下限分别为 $2\ 365 - 1.5 \times 135 = 2\ 162.5$ 和 $2\ 500 + 1.5 \times 135 = 2\ 702.5$,上、下限以外的数值作为异常值。

④在图 3-3 中的横线叫做须线(whisker),须线从方盒的边线出发,直至在上、下限之内的最大值和最小值。对于起始薪酬数据,其须线止于 2 210 和 2 630。

⑤最后,任一异常值的位置都以符号“ * ”标出。在图 3-3 中可以看到一个异常值——2 825。

图 3-3 是起始薪酬数据的盒形图。在图中,用一些竖线显示上、下限的位置。这些竖线用来表明对于起薪数据,上、下限是如何计算出来的,但是一般情况下它们并不在盒形图上画出。

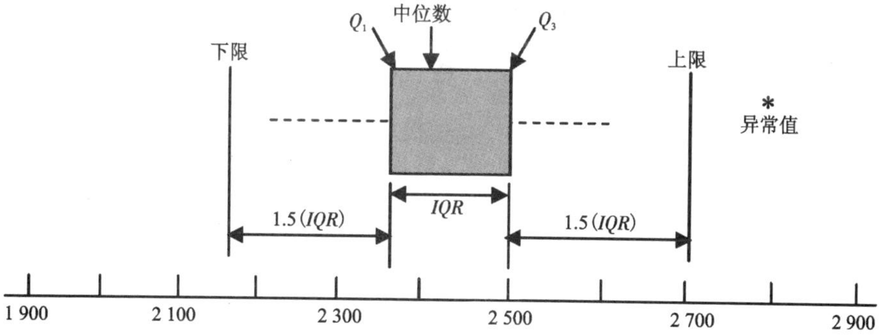

图 3-3　起始薪酬数据盒形图

习　　题

1.随着电脑的广泛应用,越来越多的人在工作时需要使用电脑。下面是一个样本,显示的是工作中需要使用电脑的人的年龄数据。

22	58	24	50	29	52	57	31	30	41
44	40	46	29	31	37	32	44	49	29

a.计算平均数；

b.计算第 1 和第 3 四分位数；

c.计算第 32 百分位数并解释其含义。

2.北京作为世界旅游胜地，吸引着成千上万的国内外游客。下面是来自 2002 年 10 月的若干天中来北京观光的旅游者的数据，是一个具有代表性的数据样本。其中旅游人数以千人计。

来自国内的：

108.70 112.25 94.01 144.03 162.44 161.61 76.20

102.11 110.87 79.36 129.04 95.16 114.16 121.88

来自国外的：

29.89 41.13 40.67 40.41 43.07 24.86

31.61 21.60 27.34 64.57 32.98 41.31

a.计算来自国内和国外的旅游者的每日人数的平均数和中位数；

b.计算来自国内和国外的旅游者的每日人数的全距、标准差和变异系数。

3.假设下面的数据是 A 和 B 两个公司供货所需天数。

A:11 10 9 10 11 11 10 11 10 10

B: 8 10 13 7 10 11 10 7 15 12

利用全距和标准差来证明哪一家公司在供货时间上更具有一致性和可靠性。

4.一名板球投球手在 6 局比赛中的得分为：182，168，184，190，170，174。以上述数据作为一个样本，计算下列的描述统计量。

a.全距；

b.方差；

c.标准差；

d.变异系数。

5.某生产部门利用一种抽样程序来检验新生产出来的产品的质量，该部门使用下面的法则来决定检验结果：如果一个样本中的 14 个数据项的方差大于 0.005，则生产线必须关闭整修。假设搜集的数据如下：

3.43 3.45 3.43 3.48 3.52 3.50 3.39

3.48 3.41 3.38 3.49 3.45 3.51 3.50

问此时的生产线是否必须关闭？为什么？

6.下面是 20 个长途电话通话时间的频数分布。计算该数据的平均数、方差和标准差。

通话时间/分钟	频数	通话时间/分钟	频数
4 ~ 7	4	20 ~ 23	1
8 ~ 11	5	24 ~ 27	1
12 ~ 15	7	合计	20
16 ~ 19	2		

第 4 章 统计抽样与抽样分布

本章为推断性统计学的基础章节,将系统介绍统计抽样的基本概念以及整个推断性统计学中所涉及的几种与正态分布有关的概率分布。

4.1 关于抽样的基本概念

在收集资料的过程中,对所研究的对象(总体)的全部元素逐一进行观测往往不很现实。一种情形是研究的总体元素非常多,搜集数据耗时、费用大,甚至搜集不及时而使所得的数据无意义;另一种情形是检查具有破坏性,如对炮弹、灯管、砖的全面检查使废品数量又增加了许多等。因此必须进行抽样。

在抽样调查中,有必要区分目标总体与抽样总体。目标总体是我们要推断的总体,抽样总体是实际抽取样本的总体,这两个总体不总是一致的。明确这一点非常重要。在长虹电子集团公司的例子中,目标总体是购买长虹液晶电视机的所有人,抽样总体是将保修登记卡寄回长虹电子集团公司的所有液晶电视机购买者。由于有一些长虹液晶电视机购买者并没有寄回保修卡,因此其抽样总体和目标总体是不一致的。抽样调查获得的结果只适用于抽样总体,这些结果是否能扩展到目标总体,需要依靠相应的分析判断。

在抽样之前,应将总体划分为抽样单位。抽样单位既可以是一个简单的个体,也可以是一组个体。假设我们要调查持有律师资格证书的专业律师,如果可以利用所有专业律师名册,则抽样单位就是所要调查的专业律师。如果这样的名册不可利用,就必须依靠其他方法来找到调查对象。

我们可以利用电话号码簿,查出所有律师事务所的名册,进而调查专业律师。这时,抽样单位是指每一家律师事务所。在具体研究中,抽样单位的名册称为抽样框。在专业律师调查中,如果专业律师名册不可以利用,那么律师事务所名册就是抽样框。在实际抽样调查过程中,编制抽样框是一个既困难又重要的步骤。

4.1.1 抽样调查种类和抽样方法

最常用的三种调查是邮寄调查、电话调查和个人采访调查,而且每一种调查都需要设计和使用调查表。

根据使用的抽样方法,抽样调查可分为概率抽样和非概率抽样。用概率抽样,可以计算出取得每个可能样本的概率;用非概率抽样,则无法得知取得每个可能样本的概率。如果调查者想对估计的精度做出说明,应采用概率抽样。根据给定的允许误差,采用概率抽样方法可构造相应的置信区间。在后面将介绍四种概率抽样方法:简单随机抽样、分层简单随机抽样、整群抽样和系统抽样。

尽管统计学家喜欢用概率抽样方法,但非概率抽样方法也常常是必要的。非概率抽样的优点是成本低且容易完成,缺点是不能对估计的精度做出准确的说明。两种最常用的非概率抽样方法是方便抽样和判断抽样。

方便抽样是根据调查者的方便性,以无目标、随意的方式进行的抽样调查活动。例如,一名教授在大学里进行一项调查研究,可以邀请他的学生参加他的研究项目,仅仅是因为这些学生在他的班上。这时,学生样本称为方便样本。常见的街头拦访和随意的入户访问也是方便抽样的常见形式。

尽管方便抽样是选择样本和收集资料的一种相对简单的方法,但是对这样取得的样本统计量,无法评价由它们所估计出的总体参数的"优良性"。有时,研究人员将方便样本看成是一个随机样本,但是这样得出的结论会受到质疑。因此,用方便样本对总体参数进行推断时,必须非常小心。

在非概率抽样技术中,根据个人的主观意识来选择对总体有代表性的抽样单位的方法,称为判断抽样。尽管判断抽样常常是选择样本的一种相对容易的方法,但调查结果的使用者必须清楚地认识到,这些结果的质量依赖于个人在选择样本时的判断。因此,用判断样本对总体参数进行统计推断时也应非常小心。

4.1.2 简单随机抽样

不同的抽样方式,样本与总体的关系不一样,从而构成不同的抽样技术。本书涉及的都是指简单随机抽样。

首先介绍一下有关样本随机性的知识。把总体看成随机变量 X,对其进行 n 次观测,得到一个容量为 n 的样本:

$$x_1^{(1)},\ x_2^{(1)},\cdots,x_n^{(1)}$$

如另做 n 次观测,则会得到由不同的观测结果 $x_1^{(2)},\ x_2^{(2)},\cdots,x_n^{(2)}$ 所组成的第二个样本。如继续下去,会得到很多不同的样本,从容量为 N 的总体中抽取容量为 n 的样本,则有 C_N^n 种不同选法。

我们实际中只抽取一个样本,但是在观测之前,样本的出现具有随机性。因此,样本的每一个观测值,例如第一个观测值,在观测之前就是一个随机变量,记作 X_1,观测得到它的取值记作 x_1,第二个观测值、第三个观测值以此类推。所以一个容量为 n 的样本,在观测之前,就是一个 n 维向量,即$(x_1,x_2,\cdots,x_n)$。

简单随机抽样是指这 n 个随机变量组成样本时,要具备以下两个条件:

①这 n 个随机变量与总体 X 具有相同的概率分布;

②它们之间相互独立。

4.1.3 样本统计量与抽样分布

前面采取的简单随机抽样,样本具有随机性,样本均值及样本方差等也会随着样本不同而不同,故它们是样本的函数,记为 $g(x_1, x_2, \cdots, x_n)$,称为样本统计量。

统计量的概率分布称为抽样分布(sample distribution)。

4.2 几种与正态分布有关的概率分布

通常我们把总体看做是一个随机变量 X。有它自身的分布(大多数均视为正态分布),其分布中有参数,这些参数往往与总体特征数有关。正态分布有两个参数 μ 和 σ^2,其中 μ 就是 X 的期望,σ^2 就是 X 的方差。所以,我们常把总体的特征数叫做总体参数。这些总体特征数不易直接求出,由于样本是总体的一部分,故可根据样本统计量的信息推断总体参数。为了介绍总体参数的推断,这里先介绍几种与正态分布有关的概率分布。

4.2.1 正态分布

1.定义

若随机变量 X 的概率密度函数为

$$f(x)=\frac{1}{\sigma\sqrt{2\pi}}\mathrm{e}^{-\frac{(x-\mu)^2}{2\sigma^2}},\ -\infty<x<+\infty \tag{4-1}$$

则称 X 服从正态分布,记为 $X\sim N(\mu,\sigma^2)$,其中 $-\infty<\mu<+\infty$,$\sigma>0$,μ 为随机变量 X 的均值,σ 为随机变量 X 的标准差,概率密度函数可用 $\varphi(x)$表示。

正态分布的分布函数可用 $\Phi(x)$表示,则

$$\Phi(x)=P(X\leqslant x)=\int_{-\infty}^{x}f(t)\mathrm{d}t=\int_{-\infty}^{x}\varphi(t)\mathrm{d}t \tag{4-2}$$

当 $\mu=0,\sigma^2=1$ 时,$\varphi(t)=\frac{1}{\sqrt{2\pi}}\mathrm{e}^{-\frac{t^2}{2}}$,记为 $X\sim N(0,1)$,称为标准正态分布。

令 $U=\frac{X-\mu}{\sigma}$,则

$$P(U\leqslant u)=\int_{-\infty}^{u}\frac{1}{\sqrt{2\pi}}\mathrm{e}^{-\frac{t^2}{2}}\mathrm{d}t=\Phi(\mu)$$

标准正态分布概率密度函数如图 4-1 所示。

2.查表

当 u 大于零时,可查正态分布表;当 $u<0$ 时,则可由 $\Phi(-u)=1-\Phi(u)$求出。

若求当 $x_1\leqslant X\leqslant x_2$ 时的概率,可由下面的推导得到:

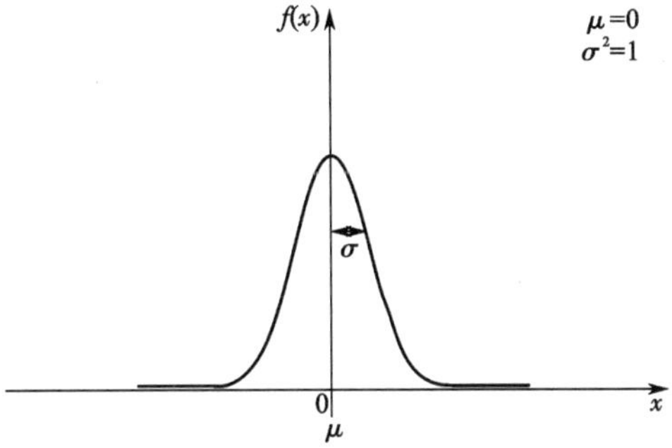

图 4-1 标准正态分布概率密度函数

$$P(x_1 \leqslant X \leqslant x_2) = \int_{x_1}^{x_2} f(t)\mathrm{d}t = \int_{x_1}^{x_2} \frac{1}{\sigma\sqrt{2\pi}} \mathrm{e}^{-\frac{(x-\mu)^2}{2\sigma^2}} \mathrm{d}x$$

令 $U_1 = \frac{x_1 - \mu}{\sigma}, U_2 = \frac{x_2 - \mu}{\sigma}$,则

$$\int_{\mu_1}^{\mu_2} \frac{1}{\sqrt{2\pi}} \mathrm{e}^{-\frac{\mu^2}{2}} \mathrm{d}\mu = \Phi(U_2) - \Phi(U_1) = \Phi\left(\frac{x_2 - \mu}{\sigma}\right) - \Phi\left(\frac{x_1 - \mu}{\sigma}\right)$$

见图 4-2 和图 4-3。

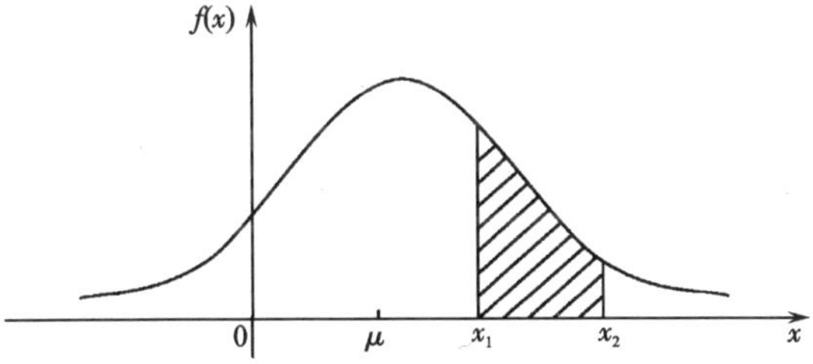

图 4-2 正态函数概率密度计算示意图

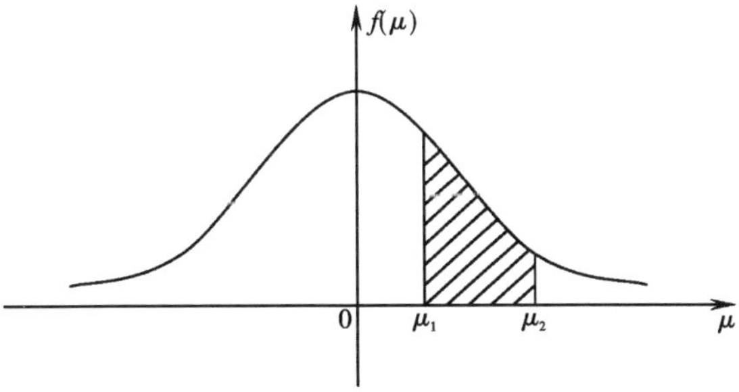

图 4-3 标准正态函数概率密度计算示意图

3.正态分布的线性性质

如果 $x_i(i=1,2,\cdots,n)$服从正态分布,$x_i \sim N(\mu_i,\sigma_i^2)$,且相互独立,则对于常数 a_i,有下式成立:

① $\sum_{i=1}^{n} x_i \sim N(\sum_{i=1}^{n}\mu_i, \sum_{i=1}^{n}\sigma_i^2)$;

② $ax_i \sim N(a\mu_i, a^2\sigma_i^2)$。

可以看出,正态随机变量的线性组合仍然为正态随机变量。

4.2.2 χ^2 分布

1.定义

设 $x_1,x_2,\cdots,x_n$ 是相互独立且服从$N(0,1)$分布的随机变量,则称随机变量 $X^2=\sum_{i=1}^{n}x_i^2$ 所服从的分布是自由度为 n 的 χ^2 分布,且记 $X^2 \sim \chi^2(n)$,其概率密度函数为

$$f(x,n)=\begin{cases} A_n \mathrm{e}^{-\frac{x}{2}} x^{\frac{n}{2}-1} & (x>0) \\ 0 & (x\leqslant 0) \end{cases} \tag{4-3}$$

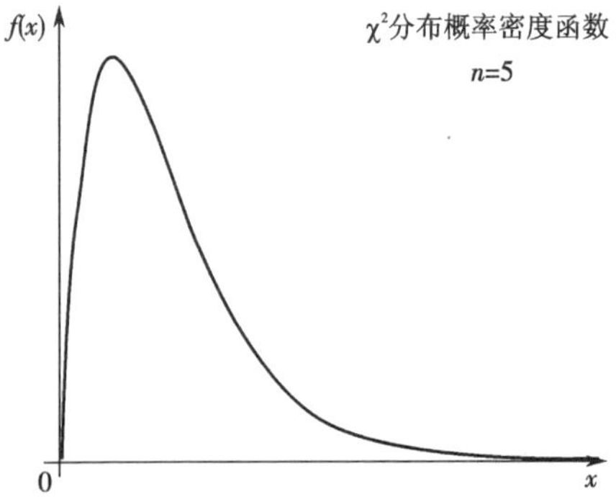

图 4-4 χ^2 分布的概率密度函数

其中,$A_n=\dfrac{1}{2^{n/2}\Gamma(n/2)}$,是仅与 n 有关的常数,$f(x)$的图形随 n 的不同而不同,如图 4-4 所示。

2.期望和方差

χ^2 分布的随机变量的期望与方差为

$$E(\chi^2)=n \tag{4-4a}$$

$$D(\chi^2)=2n \tag{4-4b}$$

3.查表

对于给定的 $\alpha(0<\alpha<1)$,可在 χ^2 分布表中查得,即

$$P(\chi^2(n)>\chi_\alpha^2)=\int_{\chi_\alpha^2}^{+\infty} f(x,n)\mathrm{d}x=\alpha \tag{4-5}$$

例如:$\chi_{0.1}^2(10)=15.987$,即指 $P(\chi^2(10)>15.978)=\int_{15.978}^{+\infty}f(x,10)\mathrm{d}x=0.1$,见图 4-5。

4.性质

χ^2 分布有如下性质。

①如果 $X\sim N(0,1)$,则 $X^2\sim\chi^2(1)$。

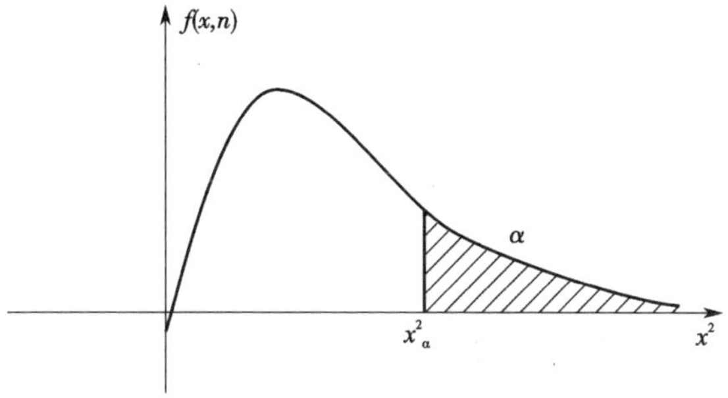

图 4-5　χ^2 分布函数概率密度计算示意图

②设 $x_1^2 \sim \chi^2(n_1)$，$x_2^2 \sim \chi^2(n_2)$，且相互独立，则 $x_1^2 + x_2^2 \sim \chi^2(n_1 + n_2)$。

③若 $x_3^2 = x_1^2 + x_2^2$，已知 x_1^2，x_2^2 相互独立，$x_1^2 \sim \chi^2(n_1)$，$x_3^2 \sim \chi^2(n)$，则

$x_2^2 \sim \chi^2(n - n_1)$

④总体 $X \sim N(\mu, \sigma^2)$，$x_1, x_2, \cdots, x_n$ 是 X 的一个样本，$\bar{x} = \frac{1}{n}\sum_{i=1}^{n} x_i$ 是样本的平均数，$S^2 = \frac{1}{n-1}\sum_{i=1}^{n}(x_i - \bar{x})^2$ 为样本的方差，则

a. $\bar{x}$ 与 S^2 相互独立；

b. $\frac{(n-1)S^2}{\sigma^2} \sim \chi^2(n-1)$。

4.2.3　F 分布

1. 定义

设相互独立的随机变量 V 和 W 分别服从自由度为 n_1、n_2 的 χ^2 分布，即 $V \sim \chi^2(n_1)$，$W \sim \chi^2(n_2)$，则随机变量 $F = \frac{V/n_1}{W/n_2}$ 所服从的分布为 F 分布。n_1、n_2 分别是它的第一自由度和第二自由度，且通常记为 $F \sim F(n_1, n_2)$。其概率密度函数如图 4-6 所示：

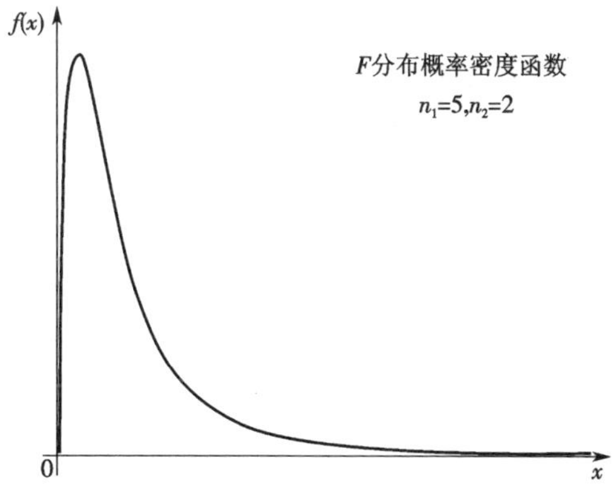

图 4-6　F 分布概率密度函数

$$f(x;n_1,n_2)=\begin{cases}B(n_1,n_2)\dfrac{x^{\frac{n_1}{2}-1}}{\left(1+\dfrac{n_1x}{n_2}\right)^{\frac{n_1+n_2}{2}}} & (x\geqslant 0)\\ 0 & (x<0)\end{cases} \tag{4-6}$$

其中 $B(n_1,n_2)=\dfrac{\Gamma\left(\dfrac{n_1+n_2}{2}\right)}{\Gamma\left(\dfrac{n_1}{2}\right)\Gamma\left(\dfrac{n_2}{2}\right)}\left(\dfrac{n_1}{n_2}\right)^{\frac{n_1}{2}}$。

2.期望与方差

F 分布的期望与方差分别为

$$E(F)=\frac{n_2}{n_2-2}\quad(n_2>2) \tag{4-7a}$$

$$D(F)=\frac{n_2^2}{(n_2-2)^2}\frac{2(n_1+n_2-2)}{n_1(n_2-4)}\quad(n_2>4) \tag{4-7b}$$

3.查表

对于给定的 $\alpha(0<\alpha<1)$,可在 F 分布表中查得,即

$$P(F>F_\alpha)=\int_{F_\alpha}^{\infty}f(x)\mathrm{d}x=\alpha$$

4.性质

F 分布具有如下性质:

$$F_{1-\alpha}(n_1,n_2)=\frac{1}{F_\alpha(n_2,n_1)}$$

F 分布表给出了 F 分布的上侧 100α 百分位数,表中没有列出的某些值可利用上面提到的性质求出。

4.2.4 t 分布(Students 分布)

1.定义

设随机变量 U 服从标准正态分布,随机变量 W 服从自由度为 n 的 χ^2 分布,且 U 与 W 相互独立,则称随机变量 $T=\dfrac{U}{\sqrt{W/n}}$ 所服从的分布为自由度为 n 的 t 分布,且记 $T\sim t(n)$。

2.密度函数

t 分布的概率密度为

$$\left.\begin{aligned} f(t) &= C_n\left(1+\frac{t^2}{n}\right)^{-\frac{n+1}{2}} \quad (-\infty < t < +\infty) \\ C_n &= \frac{\Gamma\left(\frac{n+1}{2}\right)}{\Gamma\left(\frac{n}{2}\right)\sqrt{n\pi}} \end{aligned}\right\} \tag{4-8}$$

$f(t)$的图形随自由度 n 不同而不同,与正态分布的形状相似,图 4-7 显示了 $n=1, n=10$ 及 $n=\infty$ 时的 t 分布图。

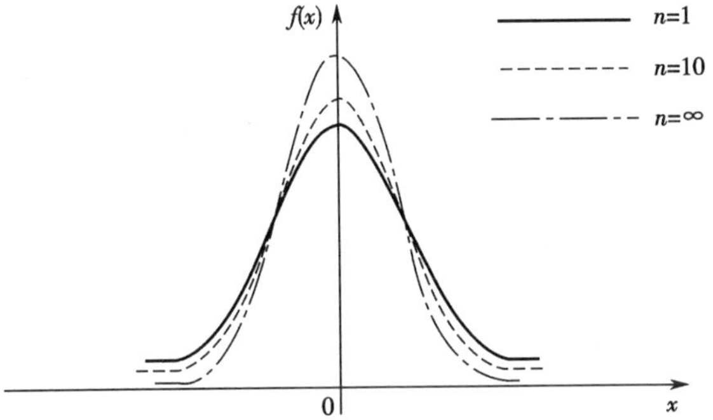

图 4-7　自由度分别为 $n=1, n=10$ 及 $n=\infty$ 时 t 分布概率密度函数

3.查表

根据 $P(|T|>t_{\alpha/2}(n))=\alpha$ 或 $P(T>t_{\alpha}(n))=\alpha$ 查 t 分布表即可得到概率数值。

4.性质

当 n 很大时,有

$$\lim_{n\to\infty} f(t)=\frac{1}{\sqrt{2\pi}}e^{-\frac{t^2}{2}}$$

此时,$t_{\alpha/2}\approx \mu_{\alpha/2}$,$t$ 分布近似标准正态分布。

5.期望与方差

对于 $t \sim t(n)$,其期望和方差分别为

$$\left.\begin{aligned} E(t)&=0 \\ D(t)&=n/(n-2) \end{aligned}\right\} \tag{4-9}$$

其中,$n>2$。

4.3　样本平均数的抽样分布

设总体 $X\sim N(\mu,\sigma^2)$,$x_1,x_2,\cdots,x_n$ 是总体 X 的随机样本,样本平均数为 $\bar{x}=$

$\sum x_i / n$,则容易推出 $\bar{x}$ 抽样分布的均值和方差为

$$E(\bar{x}) = \mu \sum \frac{1}{n} = \mu$$

$$D(\bar{x}) = \sigma^2 \sum \frac{1}{n^2} = \frac{\sigma^2}{n}$$

证明:

$$E(\bar{x}) = E\left(\frac{x_1 + x_2 + \cdots + x_n}{n}\right) = \frac{1}{n}E(x_1 + x_2 + \cdots + x_n)$$

$$= \frac{1}{n}[E(x_1) + E(x_2) + \cdots + E(x_n)] = \frac{1}{n} \cdot n\mu = \mu$$

$$D(\bar{x}) = D\left(\frac{x_1 + x_2 + \cdots + x_n}{n}\right) = \frac{1}{n^2}D(x_1 + x_2 + \cdots + x_n)$$

$$= \frac{1}{n^2} n\sigma^2 = \frac{\sigma^2}{n}$$

当 X 不服从正态分布时,根据中心极限定理,$\bar{x}$ 随 n 的增加而近似正态分布,即对于足够大的 n,有

$$P\left(\frac{\bar{x} - \mu}{\sigma / \sqrt{n}} \leqslant u\right) \to \frac{1}{\sqrt{2\pi}} \int_{-\infty}^{u} e^{-\frac{x^2}{2}} dx$$

上述关于均值和方差的公式以及中心极限定理都是对无限总体而言的。

对于有限总体,若采取有放回抽样,则与无限总体等价。若有限总体容量为 N 而采取无放回抽样,则

$$E(\bar{x}) = \mu$$

$$D(\bar{x}) = \frac{\sigma^2}{n} \frac{N - n}{N - 1}$$

$$\sigma(\bar{x}) = \frac{\sigma}{\sqrt{n}} \sqrt{\frac{N - n}{N - 1}}$$

称 $\sqrt{\dfrac{N - n}{N - 1}}$ 为有限总体的修正系数。

4.4 中心极限定理

确定 $\bar{x}$ 抽样分布特征的最后一步是确定 $\bar{x}$ 概率分布的形式。考虑两种情形:一种是总体分布未知,另一种为已知总体分布为正态分布。

总体分布未知时,依赖于统计学中最重要的定理之一——中心极限定理。中心极限定理在抽样分布中的应用如下。

中心极限定理 从总体中抽取样本容量为 n 的简单随机样本,当样本容量很大

时，样本均值 $\bar{x}$ 的抽样分布可用正态概率分布近似。

图 4-8 说明对于三个不同总体中心极限定理的作用。在每种情形下，显然总体是非正态的。然而，随着样本容量的增加，$\bar{x}$ 抽样分布开始发生变化。例如，当样本容量为 2 时，$\bar{x}$ 抽样分布开始呈现与总体分布不同的外形；样本容量为 5 时，三个抽样分布都开始呈现一种钟形外形；最后，当样本容量为 30 时，三个抽样分布近似于一种正态。因而，当样本容量足够大时，$\bar{x}$ 抽样分布可用正态概率分布近似。但是，样本容量应该达到多大时，才可以假定能够使用中心极限定理呢？统计研究人员一般通过研究各种总体不同样本容量下 $\bar{x}$ 的抽样分布来研究该问题。当总体分布是对

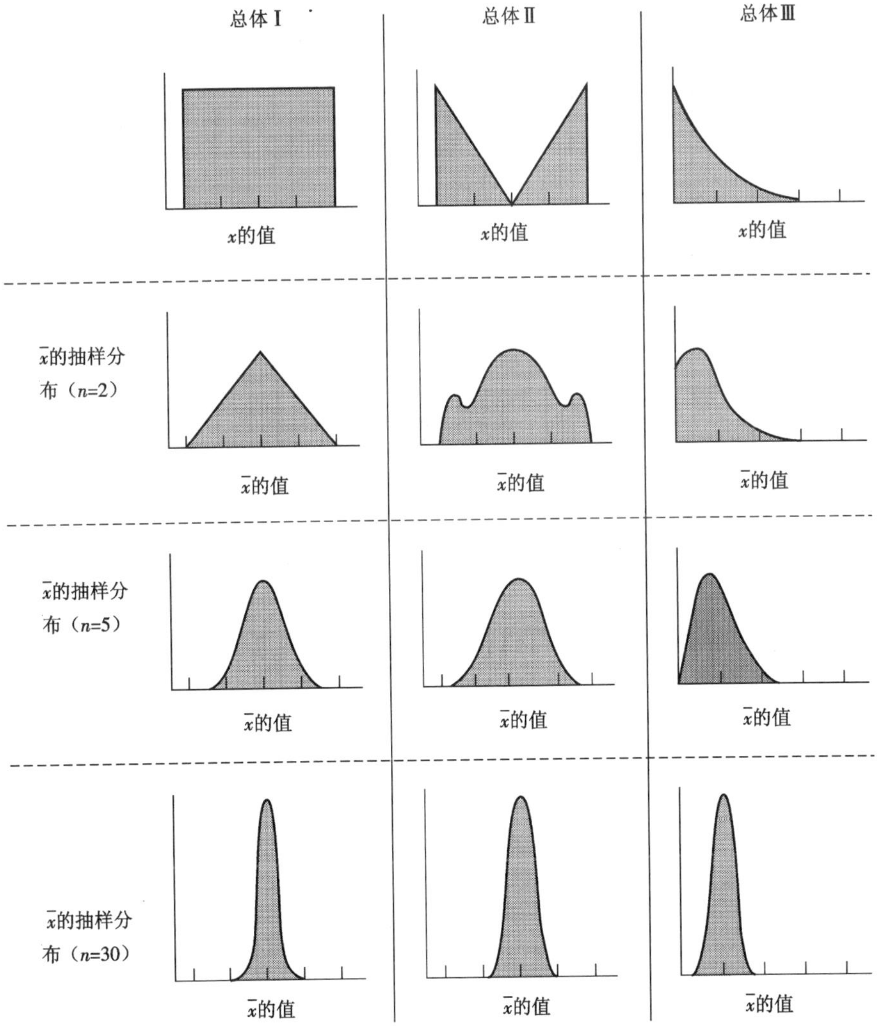

图 4-8　中心极限定理在三个不同总体中的作用

称坡形形状时,样本容量为 5~10 时即可应用中心极限定理。然而,如果总体分布严重偏态或明显非正态,则需要更大的样本容量。通常在统计实践中,假定对多数应用,当样本容量大于等于 30 时,$\bar{x}$ 的抽样分布可用正态概率分布近似。实际上,样本容量为 30 或更多时,即假定满足中心极限定理大样本条件。这一结果非常重要。当总体分布未知时,中心极限定理是确定 $\bar{x}$ 抽样分布形式的关键。然而,也可能遇到这样一些假定,即认为总体是正态概率分布的抽样情形。在这种情形下,下面的结果定义了 $\bar{x}$ 抽样分布的形式:当总体为正态概率分布时,对任何样本容量,$\bar{x}$ 的抽样分布均为正态分布。

总之,若用一个大的简单随机样本($n \geqslant 30$)时,中心极限定理使我们可以用正态概率分布近似 $\bar{x}$ 的抽样分布。在简单随机样本是小样本($n < 30$)时,仅当假定总体为正态概率分布时,$\bar{x}$ 的抽样分布才为正态的。

习　　题

1.订阅者阅读《青年报》的平均时间是 60 min,假定标准差是 15 min 且时间呈正态分布。

a. 一名订阅者至少花 1 h 读报的概率是多少?

b. 一名订阅者读报的时间不超过 30 min 的概率是多少?

c. 10%花费最多时间读报的人的时间范围是多少?

2.已知 $X \sim N(\mu, \sigma^2)$,求:

a.$P\{\mu - \sigma \leqslant X \leqslant \mu + \sigma\}$

b.$P\{\mu - 2\sigma \leqslant X \leqslant \mu + 2\sigma\}$

c.$P\{\mu - 3\sigma \leqslant X \leqslant \mu + 3\sigma\}$

3.高速公路巡警保留着一份有关从警方接到事故报告到抵达事故现场所需时间的记录资料。一个由 10 条记录组成的简单随机样本数据(以 min 为单位)如下:

26　34　22　15　16　23　36　18　25　13

a.从警方接到事故报告到抵达事故现场所需时间总体平均值的点估计为多少?

b.从警方接到事故报告到抵达事故现场所需时间总体标准差的点估计为多少?

4.从均值为 200,标准差为 50 的总体,抽取 $n = 100$ 的简单随机样本,样本均值 $\bar{x}$ 用于估计总体均值。

a.$\bar{x}$ 的数学期望是多少?

b.$\bar{x}$ 的标准差是多少?

c.$\bar{x}$ 的抽样分布是什么?

d.$\bar{x}$ 的抽样分布说明什么?

5.一项家庭旅行调查表明,旅行时四口之家日平均花费为 250 元,假定四口之家日花销的总体均值为250元，总体标准差为50元。选择50个家庭组成的简单随机样本进行进一步研究。

a.说明样本均值 $\bar{x}$ 的抽样分布，其中 $\bar{x}$ 是四口之家日花销的均值。

b.这50个家庭组成的简单随机样本的样本平均值在总体均值左右20元以内的概率是多少？

c.这50个家庭组成的简单随机样本的样本平均值在总体均值左右10元以内的概率是多少？

6.一图书馆每天平均登记 $\mu=320$ 本书，标准差 $\sigma=75$ 本，考虑营业的30天为一个样本，$\bar{x}$ 为每天登记书的数量的样本均值。

a.说明 $\bar{x}$ 的抽样分布。

b.$\bar{x}$ 的标准差为多少？

c.这30天里样本均值为300～400本的概率为多少？

d.这30天里样本均值大于等于325本的概率为多少？

第 5 章 参数估计

本章将介绍对于总体未知参数进行估计的系统方法以及相关理论。

5.1 点估计

所谓点估计,就是由样本 $x_1,x_2,\cdots,x_n$ 确定一个统计量 $\hat{\theta}=g(x_1,x_2,\cdots,x_n)$,用它来估计总体的未知参数,称为总体参数的估计量。当具体的样本抽出后,可求出样本参数的值。用它作为总体参数的估计值,称为总体参数的点估计,实际上它就是总体未知参数的近似值。

一般而言,用与总体特征数相对应的样本特征数作为其点估计。例如对于 μ 可用 $\bar{x}$、M_d、M_0 等作为点估计。但哪个更好呢? 要有一个衡量标准。

5.1.1 衡量估计量优劣的标准

1.无偏性(unbiasedness)

①设 $\hat{\theta}$ 为总体未知参数 θ 的估计量,若

$$E(\hat{\theta})=\theta \tag{5-1}$$

则称 $\hat{\theta}$ 是 θ 的无偏估计量,称 $\hat{\theta}$ 具有无偏性。如果 $\hat{\theta}$ 是有偏估计量,则它的偏差量为

$$\text{偏差}=E(\hat{\theta})-\theta$$

下面说明为什么要求估计量具有无偏性。因为估计量 $\hat{\theta}$ 是随机变量,对于不同的样本观察值就有不同的估计值,用它来估计未知的总体参数,它不一定正好等于 θ,但是我们希望它能靠近这个参数,或在这个参数值附近摆动,即希望 $E(\hat{\theta})=\theta$。如果不具有无偏性,就会产生偏差,有时是正偏差,有时是负偏差。如果 $E(\hat{\theta})<\theta$,则产生负偏差;如果 $E(\hat{\theta})>\theta$,则产生正偏差。

如果偏差存在,即使多次选取样本,$\hat{\theta}$ 也只能在 θ 的附近摆动,这时如用 $\hat{\theta}$ 作为 θ 的估计值就会产生系统误差,不是偏大就是偏小。

②用 $\bar{x}$ 估计 μ,用 S^2 估计 σ^2 是不是无偏估计量:

a.已讨论过 $E(\bar{x})=\mu$,$\bar{x}$ 具有无偏性;

b.对于 $S^2=\frac{1}{n-1}\sum(x_i-\bar{x})^2$,有

$$E(S^2)=\frac{1}{n-1}E\left[\sum_{i=1}^{n}(x_i-\mu)^2-n(\bar{x}-\mu)^2\right]$$

$$= \frac{1}{n-1}\left[\sum_{i=1}^{n} E(x_i - \mu)^2 - nE(\bar{x} - \mu)^2\right]$$

$$= \frac{1}{n-1}[n\sigma^2 - \sigma^2]$$

$$= \sigma^2$$

即当 $S^2 = \frac{1}{n-1}\sum(x_i - \bar{x})^2$ 时，S^2 是无偏估计量。

2.一致性(consistency)

如果对任意小的正数 $\varepsilon > 0$，有

$$\lim_{n\to\infty} P(|\hat{\theta} - \theta| < \varepsilon) = 1 \tag{5-2}$$

则称 $\hat{\theta}$ 是θ 的一致估计量，称 $\hat{\theta}$ 具有一致性。可以证明，$\bar{x}$ 与 S^2 均具有一致性。

3.有效性

若 $\hat{\theta}_1$ 与 $\hat{\theta}_2$ 都是 θ 的无偏估计量，且$\frac{D(\hat{\theta}_1)}{D(\hat{\theta}_2)} < 1$ 或

$$D(\theta_1) < D(\theta_2) \tag{5-3}$$

则称 $\hat{\theta}_1$ 较 $\hat{\theta}_2$ 为有效估计量。

已知当 n 为大样本时，$M_e \sim N\left(\mu, \frac{\pi\sigma^2}{2n}\right)$，所以 $E(M_e) = \mu$，$D(M_e) = \frac{\pi\sigma^2}{2n} \approx 1.57D(\bar{x})$；而 $\sigma^2(\bar{x}) = \frac{\sigma^2}{n}$，即

$$D(M_e) > D(\bar{x}) \tag{5-4}$$

所以 $\bar{x}$ 较 M_e 为 μ 的有效估计量。

4.罗—克拉美不等式

如果有两个以上的无偏估计量，则称具有最小方差的估计量为最佳无偏估计量。为检查估计量是否达到最佳无偏，可以用罗—克拉美不等式衡量。

对于一个无偏估计量 $\hat{\theta}$，其方差 $D(\hat{\theta})$在一般条件下永远不会小于一个正数。这个正数是 $D(\hat{\theta})$的下限，它依赖于总体的概率密度函数和样本容量 n，即

$$D(\hat{\theta}) \geqslant \frac{1}{nE\left[\frac{\partial \ln f(x,\theta)}{\partial\theta}\right]^2} \tag{5-5}$$

当上式取等号时，称 $\hat{\theta}$ 为最佳无偏估计量。

例 5.1 若 $X \sim N(\mu, \sigma^2)$，证明：$\bar{x}$ 是总体均值 μ 的最佳无偏估计量。

证明 由于

$$f(x, \mu, \sigma^2) = \frac{1}{\sigma\sqrt{2\pi}} e^{-\frac{(x-\mu)^2}{2\sigma^2}}$$

所以 $$\ln f(x, \mu, \sigma^2) = \ln 1 - \left[\ln\sigma + \frac{1}{2}\ln(2\pi)\right] - \frac{(x-\mu)^2}{2\sigma^2}\ln e$$

$$\frac{\partial \ln f(x,\mu,\sigma^2)}{\partial\mu} = -\frac{1}{\sigma^2}(x-\mu)(-1) = \frac{(x-\mu)}{\sigma^2}$$

所以

$$E\left[\frac{(x-\mu)}{\sigma^2}\right]^2 = \frac{1}{\sigma^4}E(x-\mu)^2 = \frac{\sigma^2}{\sigma^4} = \frac{1}{\sigma^2}$$

故罗—克拉美下限值为

$$\frac{1}{n\frac{1}{\sigma^2}} = \frac{\sigma^2}{n} = D(\bar{x})$$

所以 $\bar{x}$ 为 μ 的最佳无偏估计量。

5.1.2 点估计的常用方法

1.特征数法

用总体特征数对应的样本特征数作为其点估计,即

$$\bar{x} \rightarrow \mu$$

$$S^2 \rightarrow \sigma^2$$

$$\bar{P} = \frac{m}{n} \rightarrow P = \frac{M}{N}$$

2.最大似然法

设总体 X 的概率分布为 $P(x,\theta)$ 或概率密度为 $f(x,\theta)$,其中 θ 是未知参数。如果 $x_1,x_2,\cdots,x_n$ 是总体 X 的样本,且 x_i 相互独立,于是 $(x_1,x_2,\cdots,x_n)$ 发生的可能性可以通过函数

$$\prod_{i=1}^{n} P(x_i,\theta) \text{或} \prod_{i=1}^{n} f(x_i,\theta) \tag{5-6}$$

表达,此函数称为似然函数(likelihood function),记为 $L(x_1,x_2,\cdots,x_n;\theta)$,简记为 $L(\theta)$。

如果 $(x_1,x_2,\cdots,x_n)$ 出现,那么直观上可以认为它们被代入函数 L 时,函数 L 应具有最大值(否则 $(x_1,x_2,\cdots,x_n)$ 不容易发生)。但是,此时影响函数 L 值的是未知参数 θ,故可以认为未知参数的真值应该使 $(x_1,x_2,\cdots,x_n)$ 发生的可能性为最大。若 θ^* 为未知参数 θ 的真值,则对 θ 的一切可能取值都有

$$L(x_1,x_2,\cdots,x_n;\theta^*) \geqslant L(x_1,x_2,\cdots,x_n;\theta)$$

成立。

如果 L 是 θ 的可微函数,则 θ^* 应满足下述条件:

$$\left.\frac{\mathrm{d}L(x_1,x_2,\cdots,x_n;\theta)}{\mathrm{d}\theta}\right|_{\theta=\theta^*} = 0$$

但由于样本 $(x_1,x_2,\cdots,x_n)$ 的随机性,所以满足上式的 θ^* 是估计量,称为最大似

然估计量。

由于对数函数的单调性，$L(\theta)$和 $\ln L(\theta)$有相同的极值点，所以上式可由

$$\left.\frac{\mathrm{d}\ln L(x_1,x_2,\cdots,x_n;\theta)}{\mathrm{d}\theta}\right|_{\theta=\theta^*}=0$$

代替。

综上所述，可以归纳出求最大似然估计量的步骤为：

①对给定的总体 X，写出似然函数；

②列出似然方程；

③求解似然方程，得到 θ 的解即为 θ 的最大似然估计量。

上述步骤对含多个参数 $\theta_1,\theta_2,\cdots,\theta_m$ 的总体也适用。这时令向量 $=(\theta_1,\theta_2,\cdots,\theta_m)$，向量 $^*=(\theta_1^*,\theta_2^*,\cdots,\theta_m^*)$，于是似然方程可改为关于 $\theta_1,\theta_2,\cdots,\theta_m$ 的方程组：

$$\left.\frac{\partial L}{\partial\theta_i}\right|_{\theta=\theta^*}=0\text{ 或}\left.\frac{\partial\ln L}{\partial\theta_i}\right|_{\theta=\theta^*}=0\quad(i=1,2,\cdots,m)$$

该方程组的解就是 $\theta_1,\theta_2,\cdots,\theta_m$ 的最大似然估计量。

例 5.2 从正态分布 $N(\mu,\sigma^2)$总体 X 抽取随机样本 $x_1,x_2,\cdots,x_n$。求 μ,σ^2 的最大似然估计量。

解 因为 $X\sim N(\mu,\sigma^2)$，所以 X 的概率密度函数为

$$f(x;\mu,\sigma)=\frac{1}{\sqrt{2\pi}\sigma}\mathrm{e}^{-(x-\mu)^2/2\sigma^2}$$

因此，似然函数为

$$L(x_1,x_2,\cdots,x_n;\mu,\sigma)=\left(\frac{1}{\sqrt{2\pi}\sigma}\right)^n\mathrm{e}^{-\sum(x_i-\mu)^2/2\sigma^2}$$

其对数函数为

$$\ln L=\frac{-n}{2}\ln 2\pi-n\ln\sigma-\frac{\sum(x_i-\mu)^2}{2\sigma^2}$$

求得似然方程组

$$\begin{cases}\dfrac{\partial\ln L}{\partial\mu}=0\\[2mm]\dfrac{\partial\ln L}{\partial\sigma}=0\end{cases}\quad\text{即}\quad\begin{cases}\dfrac{\sum(x_i-\mu)}{\sigma^2}=0\\[2mm]-\dfrac{n}{\sigma}+\dfrac{\sum(x_i-\mu)^2}{\sigma^3}=0\end{cases}$$

解方程组得

$$\hat{\mu}=\sum x_i/n=\bar{x}$$

$$\hat{\sigma}=\sqrt{\sum(x_i-\bar{x})^2/n}$$

例 5.3　从一批产品中随机抽取80件，发现有10件废品。试用最大似然法估计这批产品的废品率。

解　设废品率为 p，令

$$X_i=\begin{cases}1, & \text{当第 } i \text{ 件不是废品}\\ 0, & \text{当第 } i \text{ 件是废品}\end{cases}$$

于是 $P(X_i=x_i)=p^{x_i}q^{1-x_i}$

那么，似然函数为

$$L=\prod_{i=1}^{n}p^{x_i}q^{1-x_i}=p^{\sum x_i}q^{\sum(1-x_i)}=p^{\sum x_i}q^{n-\sum x_i}$$

取对数并求似然方程得

$$\frac{\mathrm{d}\ln L}{\mathrm{d}p}=\frac{\sum x_i}{p}-\frac{n-\sum x_i}{1-p}=\frac{n(\bar{x}-p)}{p(1-p)}$$

令

$$\frac{n(\bar{x}-p)}{p(1-p)}=0$$

解得

$$p=\bar{x}=\frac{1}{n}\sum x_i$$

本例中 $\sum x_i=10, n=80$，故废品率的最大似然估计为

$$p=\frac{10}{80}=\frac{1}{8}$$

例 5.4　设电视机的首次故障时间服从指数分布 $\lambda\mathrm{e}^{-\lambda t}(t>0)$。共试验了7台电视机，相应首次故障时间(单位：万小时)分别为：0.26，1.49，3.65，4.25，5.43，6.97，8.09，求参数 λ 的估计值。

解　本例中样本容量为7，样本 $x_1, x_2\cdots, x_n$ 的联合密度为

$$p(x_1,x_2,\cdots,x_n)=\prod_{i=1}^{n}(\lambda\mathrm{e}^{-\lambda x_i})$$

用均值 $\bar{x}=\frac{1}{n}\sum_{i=1}^{n}x_i$ 来表示，就有

$$p(x_1,x_2,\cdots,x_n)=\lambda^n\mathrm{e}^{-n\bar{x}\lambda}$$

将 $\bar{x}$ 看做常数，λ 看做变量，得似然函数 $L(\lambda)=\lambda^n\mathrm{e}^{-n\bar{x}\lambda}$。取对数后得

$$\ln L(\lambda)=n\ln\lambda-n\bar{x}\lambda$$

将它对 λ 求微商，令微商为0，得

$$\frac{\mathrm{d}\ln L(\lambda)}{\mathrm{d}\lambda}=\frac{n}{\lambda}-n\bar{x}=\frac{n}{\lambda}(1-\lambda\bar{x})=0$$

解方程，得 λ 的最大似然估计为

$$\hat{\lambda} = \frac{1}{\bar{x}}$$

将本例的数字代入上式,得

$$\bar{x} - \frac{30.1}{7}, \hat{\lambda} = \frac{7}{30.1} = 0.232\ 6$$

5.2 区间估计

5.2.1 区间估计的概念

如前所述,点估计是用一个点(即一个数)去估计未知参数。顾名思义,区间估计(interval estimator)就是用一个区间去估计未知参数,即把未知参数值估计在某两界限之间。例如,估计明年 GDP 增长在 7% ~8% 之间,比说增长 8% 更容易让人们相信,因为给出 7% ~8% 已把可能出现的误差考虑到了。

现今最流行的一种区间估计理论是统计学家 J. Neyman 在 20 世纪 30 年代建立起来的,现叙述如下。

设 $x_1, x_2, \cdots, x_n$ 是来自密度$f(x, \theta)$的样本,对给定的 $\alpha(0<\alpha<1)$,如能找到两个统计量 $\theta_1(x_1, x_2, \cdots, x_n)$及 $\theta_2(x_1, x_2, \cdots, x_n)$使得

$$P\{\theta_1(x_1, x_2, \cdots, x_n) \leqslant \theta \leqslant \theta_2(x_1, x_2, \cdots, x_n)\} = 1-\alpha$$

则称 $1-\alpha$ 是置信度,置信度也称为置信概率,$[\theta_1(x_1, x_2, \cdots, x_n), \theta_2(x_1, x_2, \cdots, x_n)]$是置信度为 $1-\alpha$ 的θ 的置信区间;α 称为显著性水平(significance level)。

这里需要指出的是,区间$[\theta_1(x_1, x_2, \cdots, x_n), \theta_2(x_1, x_2, \cdots, x_n)]$是随机区间,不同的样本观测值就得到不同的区间。对于置信区间和置信度,可以用频率来说明。如果$[\theta_1(x_1, x_2, \cdots, x_n), \theta_2(x_1, x_2, \cdots, x_n)]$是置信水平为 0.95 的置信区间,只要反复从 $f(x, \theta)$中取样 k 次,通过每次所取样本求得相应的置信区间$[\theta_1(x_1, x_2, \cdots, x_n), \theta_2(x_1, x_2, \cdots, x_k)]$,从而得到 k 个区间,且这些区间$[\theta_1, \theta_2]$不尽相同。有的包含真值 θ,有的并不包含 θ,包含 θ 的区间出现的频率应在 0.95 附近波动。

置信区间表达了区间估计的精确度,置信概率表达了区间估计的可靠性,它是区间估计的可靠概率;而显著性水平表达了区间估计的不可靠的概率。例如 $\alpha=0.01$ 或 1% ,是说总体指标在置信区间内,平均 100 次有 1 次会产生错误。

当然,在进行区间估计时,必须同时考虑置信概率与置信区间两个方面,即置信概率定得越大(即估计的可靠性越大),则置信区间相应也越大(即估计精确性越小)。所以,可靠性与精确性要结合具体问题、具体要求来全面考虑。

5.2.2 单个总体参数的区间估计

5.2.2.1 总体均值的区间估计

1.σ^2 已知时

当 $X \sim N(\mu,\sigma^2)$时，可以证明取自该总体的简单随机样本 $x_1,x_2,\cdots,x_n$ 的样本均值$\bar{x}$ 服从数学期望为μ、方差为 σ^2/n 的正态分布，即 $\bar{x} \sim N(\mu,\sigma^2/n)$，所以当 σ^2 已知时，建立置信区间所用的统计量是服从正态分布的统计量，即

$$U = \frac{\bar{x} - \mu}{\sigma/\sqrt{n}} \sim N(0,1) \tag{5-7}$$

根据区间估计的定义，在 $1-\alpha$ 置信度下

$$P(-\mu_{\alpha/2} \leqslant U \leqslant \mu_{\alpha/2}) = 1-\alpha \tag{5-8}$$

即

$$P\left(-\mu_{\alpha/2} \leqslant \frac{\bar{x} - \mu}{\sigma/\sqrt{n}} \leqslant \mu_{\alpha/2}\right) = 1-\alpha \tag{5-9}$$

从而有

$$P\left(\bar{x} - \mu_{\alpha/2}\frac{\sigma}{\sqrt{n}} \leqslant \mu \leqslant \bar{x} + \mu_{\alpha/2}\frac{\sigma}{\sqrt{n}}\right) = 1-\alpha \tag{5-10}$$

即在 $1-\alpha$ 置信度下，μ 的置信区间为

$$\left[\bar{x} - \mu_{\alpha/2}\frac{\sigma}{\sqrt{n}}, \bar{x} + \mu_{\alpha/2}\frac{\sigma}{\sqrt{n}}\right] \tag{5-11}$$

例 5.5 已知某零件的直径服从正态分布，从该批产品中随机抽取 10 件，测得平均直径为 202.5 mm，已知总体标准差 $\sigma = 2.5$ mm，试建立该种零件平均直径的置信区间，给定置信度为 0.95。

解 已知 $X \sim N(\mu,\sigma^2)$，$\bar{x} = 202.5$ mm，$n = 10$，$1-\alpha = 0.95$，查标准正态分布表，得 $\mu_{\alpha/2} = 1.96$，所以在 $1-\alpha$ 置信度下，μ 的置信区间为

$$\left[\bar{x} - \mu_{\alpha/2}\frac{\sigma}{\sqrt{n}}, \bar{x} + \mu_{\alpha/2}\frac{\sigma}{\sqrt{n}}\right]$$

即

$$\left[202.5 - 1.96 \times \frac{2.5}{\sqrt{10}}, 202.5 + 1.96 \times \frac{2.5}{\sqrt{10}}\right]$$

计算结果为：[200.95，204.05]。

当总体为非正态总体时，根据中心极限定理可以证明，当样本容量 n 足够大时，样本均值 X 近似服从数学期望为μ、方差为 σ^2/n 的正态分布。经验表明，$n \geqslant 30$，可近似认为样本容量足够大。

2. σ^2 未知时

①$n \geqslant 30$ 时，只需将$\left[\bar{x}-\mu_{\alpha/2}\frac{\sigma}{\sqrt{n}},\bar{x}+\mu_{\alpha/2}\frac{\sigma}{\sqrt{n}}\right]$中的$\sigma$ 用S 近似代替即可。

②$n<30$ 时，有

$$t=\frac{\bar{x}-\mu}{S/\sqrt{n}}\sim t(n-1) \tag{5-12}$$

所以

$$P(|t|\leqslant t_{\alpha/2})=1-\alpha \tag{5-13}$$

即

$$P\left(-t_{\alpha/2}\leqslant\frac{\bar{x}-\mu}{S/\sqrt{n}}\leqslant t_{\alpha/2}\right)=1-\alpha \tag{5-14}$$

所以

$$P\left(\bar{x}-t_{\alpha/2}\frac{S}{\sqrt{n}}\leqslant\mu\leqslant\bar{x}+t_{\alpha/2}\frac{S}{\sqrt{n}}\right)=1-\alpha \tag{5-15}$$

即在 $1-\alpha$ 置信度下，μ 的置信区间为

$$\left[\bar{x}-t_{\alpha/2}\frac{S}{\sqrt{n}},\bar{x}+t_{\alpha/2}\frac{S}{\sqrt{n}}\right] \tag{5-16}$$

例 5.6 某大学从该校学生中随机抽取 100 人，调查到他们平均每人每天完成作业时间为 120 min，样本标准差为 30 min，试以 95% 的置信水平估计该大学全体学生平均每天完成作业时间。

解 根据题意可知：

$$\bar{x}=120\quad S=30\quad n=100 \text{ 且 } 1-\alpha=0.95\quad \mu_{\alpha/2}=1.96$$

故在 95% 的置信度下，μ 的置信区间为

$$\left[\bar{x}-\mu_{\alpha/2}\frac{S}{\sqrt{n}},\bar{x}+\mu_{\alpha/2}\frac{S}{\sqrt{n}}\right]$$

即

$$\left[120-1.96\times\frac{30}{10},120+1.96\times\frac{30}{10}\right]$$

计算结果为：[114.12,125.88]。

5.2.2.2 总体方差的区间估计

由于当总体为正态分布时

$$\frac{(n-1)S^2}{\sigma^2}\sim\chi^2(n-1) \tag{5-17}$$

$$P\left(\lambda_1\leqslant\frac{(n-1)S^2}{\sigma^2}\leqslant\lambda_2\right)=1-\alpha \tag{5-18}$$

即

$$P\left(\frac{(n-1)S^2}{\lambda_2} \leqslant \sigma^2 \leqslant \frac{(n-1)S^2}{\lambda_1}\right) = 1-\alpha \tag{5-19}$$

其中 $\lambda_1 = \chi^2_{1-\alpha/2}(n-1), \lambda_2 = \chi^2_{\alpha/2}(n-1)$。

所以在 $1-\alpha$ 置信度下，σ^2 的置信区间为

$$\left[\frac{(n-1)S^2}{\lambda_2}, \quad \frac{(n-1)S^2}{\lambda_1}\right] \tag{5-20}$$

总体标准差 σ 的置信区间为

$$\left[\sqrt{\frac{(n-1)S^2}{\lambda_2}}, \sqrt{\frac{(n-1)S^2}{\lambda_1}}\right] \tag{5-21}$$

5.2.2.3 总体比率的区间估计

1.样本比率的抽样分布

设总体容量为 N，其中具有某种特点（性质）的元素数为 M，则称 $p = \frac{M}{N}$ 为总体的比率。

从 N 中抽取 n 个为样本，其中具有某种特点的元素数为 $x(x = 0,1,\cdots,n)$，则称 $\bar{p} = \frac{x}{n}$ 为样本比率。

（1）X 的概率分布

回忆概率论中 n 重 Bernoulli 试验，有 n 个 Bernoulli 随机变量，且一次试验只有两种可能：

$$\begin{cases} P(x_i = 0) = 1 - p = q & \text{不具有某种特点} \\ P(x_i = 1) = p & \text{具有某种特点} \end{cases} \tag{5-22}$$

n 次试验结果 $x_1, x_2, \cdots, x_n$，其中每一个都取值为 1 或 0，如果这 n 次试验是相互独立的，并且对所有试验皆有 $P(x_i = 1) = p(i = 1,2,\cdots,n)$，则 $x = x_1 + x_2 + \cdots + x_n$ 是一个服从二项分布的随机变量。X 的概率分布函数为

$$P(X = x) = C_n^x p^x (1-p)^{n-x} (x = 0,1,2,\cdots,n; p > 0) \tag{5-23}$$

（2）$\bar{p}$ 的概率分布

因为 $\bar{p} = \frac{x}{n}$ 是 x 的常数倍，因此 $\bar{p}$ 的概率与 x 的概率相对应。至于 $\bar{p}$ 的概率分布函数，可以用 $n\bar{p}$ 代替上式中的 x，则

$$P\left(\bar{p} = \frac{x}{n}\right) = C_n^{n\bar{p}} p^{n\bar{p}} (1-p)^{n(1-\bar{p})} \left(\bar{p} = 0, \frac{1}{n}, \frac{2}{n}, \cdots, 1\right) \tag{5-24}$$

（3）x 和 $\bar{p}$ 的抽样分布的特征数

x 的期望、方差和标准差分别为

$$\left.\begin{aligned} E(x) &= np \\ D(x) &= np(1-p) \\ \sigma(x) &= \sqrt{np(1-p)} \end{aligned}\right\} \tag{5-25}$$

$\bar{p}$ 的期望、方差和标准差分别为

$$\left.\begin{aligned}E(\bar{p})&=E\left(\frac{x}{n}\right)=\frac{1}{n}E(x)=\frac{np}{n}=p\\D(\bar{p})&=D\left(\frac{x}{n}\right)=\frac{D(x)}{n^2}=\frac{p(1-p)}{n}\\\sigma(\bar{p})&=\sqrt{\frac{p(1-p)}{n}}\end{aligned}\right\}\tag{5-26}$$

在概率论中曾介绍过当 n 较大，$np\geqslant 5$ 且 $n(1-p)\geqslant 5$ 时，根据中心极限定理，二项分布近似正态分布，即 $\bar{p}\sim N\left(p,\frac{p(1-p)}{n}\right)$。于是可将正态分布标准化，得

$$\frac{\bar{p}-p}{\sigma(\bar{p})}=\frac{\bar{p}-p}{\sqrt{\frac{p(1-p)}{n}}}\sim N(0,1)\tag{5-27}$$

2.总体比率的区间估计

在给定置信度为 $1-\alpha$ 时，有

$$P\left(\frac{|\bar{p}-p|}{\sqrt{\frac{p(1-p)}{n}}}\leqslant\mu_{\frac{\alpha}{2}}\right)=1-\alpha\tag{5-28}$$

括号内：$|\bar{p}-p|\leqslant\mu_{\frac{\alpha}{2}}\sqrt{\frac{p(1-p)}{n}}$。

故 $(\bar{p}-p)^2\leqslant\mu_{\frac{\alpha}{2}}^2\frac{p(1-p)}{n}$

即

$$n(\bar{p}^2-2\bar{p}p+p^2)\leqslant\mu_{\frac{\alpha}{2}}^2(p-p^2)$$

因此

$$(n+\mu_{\frac{\alpha}{2}}^2)p^2-(2n\bar{p}+\mu_{\frac{\alpha}{2}}^2)p+n\bar{p}^2\leqslant 0$$

记 $a=n+\mu_{\frac{\alpha}{2}}^2$，$b=-(2n\bar{p}+\mu_{\frac{\alpha}{2}}^2)$，$c=n\bar{p}^2$，于是有 $ap^2+bp+c\leqslant 0$，解得 p 的置信区间为

$$\left[\frac{-b-\sqrt{b^2-4ac}}{2a},\frac{-b+\sqrt{b^2-4ac}}{2a}\right]\tag{5-29}$$

另一种近似解法如下。

由于

$$\mu=\frac{\bar{p}-p}{\sqrt{\frac{p(1-p)}{n}}}\sim N(0,1)$$

因此有

$$P(-\mu_{\alpha/2} \leqslant \mu \leqslant \mu_{\alpha/2}) = 1-\alpha$$

整理得

$$P\left(\bar{p}-\mu_{\alpha/2}\sqrt{\frac{p(1-p)}{n}} \leqslant p \leqslant \bar{p}+\mu_{\alpha/2}\sqrt{\frac{p(1-p)}{n}}\right) = 1-\alpha \tag{5-30}$$

其中 $\sigma(\bar{p})=\sqrt{\frac{p(1-p)}{n}}$ 中的 p 未知，可用 $\bar{p}$ 来代替。

5.2.3 两个正态总体参数的比较

5.2.3.1 两个总体均值之差的估计

设两总体 $X \sim N(\mu_1, \sigma_1^2)$，$Y \sim N(\mu_2, \sigma_2^2)$，从两总体中分别独立地抽取容量为 n_1 和 n_2 的样本，令它们的平均数为 $\bar{x}$、$\bar{y}$，方差为 S_1^2、S_2^2。

1. 两个总体方差 σ_1^2、σ_2^2 已知

由于 $\bar{x}-\bar{y} \sim N\left(\mu_1-\mu_2, \frac{\sigma_1^2}{n_1}+\frac{\sigma_2^2}{n_2}\right)$，在 $1-\alpha$ 置信度下，$\mu_1-\mu_2$ 的置信区间为

$$\left[\bar{x}-\bar{y}-\mu_{\alpha/2}\sqrt{\frac{\sigma_1^2}{n_1}+\frac{\sigma_2^2}{n_2}}, \bar{x}-\bar{y}+\mu_{\alpha/2}\sqrt{\frac{\sigma_1^2}{n_1}+\frac{\sigma_2^2}{n_2}}\right] \tag{5-31}$$

2. 两个总体方差 σ_1^2、σ_2^2 未知

①$\sigma_1^2 \neq \sigma_2^2$，且两样本容量均大于 30，由 S_1^2 和 S_2^2 分别估计 σ_1^2 和 σ_2^2，仍可用式(5-31)。

②$\sigma_1^2=\sigma_2^2=\sigma^2$，$\sigma^2$ 未知，则

$$t=\frac{(\bar{x}-\bar{y})-(\mu_1-\mu_2)}{S_0\sqrt{\frac{1}{n_1}+\frac{1}{n_2}}} \sim t(n_1+n_2-2) \tag{5-32}$$

其中，$S_0=\sqrt{\frac{(n_1-1)S_1^2+(n_2-1)S_2^2}{n_1+n_2-2}}$

在 $1-\alpha$ 置信度下，$\mu_1-\mu_2$ 的置信区间为

$$\left[\bar{x}-\bar{y}-t_{\alpha/2}(n_1+n_2-2)S_0\sqrt{\frac{1}{n_1}+\frac{1}{n_2}}, \bar{x}-\bar{y}+t_{\alpha/2}(n_1+n_2-2)S_0\sqrt{\frac{1}{n_1}+\frac{1}{n_2}}\right] \tag{5-33}$$

5.2.3.2 两个总体方差比的区间估计

由于

$$F=\frac{S_1^2/S_2^2}{\sigma_1^2/\sigma_2^2} \sim F(n_1-1, n_2-1) \tag{5-34}$$

所以

$$P\left(F_{1-\alpha/2}(n_1-1,n_2-1)\leqslant\frac{S_1^2/S_2^2}{\sigma_1^2/\sigma_2^2}\leqslant F_{\alpha/2}(n_1-1,n_2-1)\right)=1-\alpha$$

在 $1-\alpha$ 置信度下，σ_1^2/σ_2^2 的置信区间为

$$\left[\frac{S_1^2/S_2^2}{F_{\alpha/2}(n_1-1,n_2-1)},\frac{S_1^2/S_2^2}{F_{1-\alpha/2}(n_1-1,n_2-1)}\right] \tag{5-35}$$

5.2.3.3 两个总体比例之差的区间估计

设两个总体比例分别为 p_1 和 p_2，为了估计 p_1-p_2，分别从两个总体中各随机抽取容量为 n_1 和 n_2 的两个随机样本，并计算两个样本的比例。

$$U=\frac{(\bar{p}_1-\bar{p}_2)-(p_1-p_2)}{\sqrt{\hat{p}(1-\hat{p})\left(\frac{1}{n_1}+\frac{1}{n_2}\right)}}\sim N(0,1) \tag{5-36}$$

其中，$\hat{p}=\frac{n_1\bar{p}_1+n_2\bar{p}_2}{n_1+n_2}$

在 $1-\alpha$ 置信度下，p_1-p_2 的置信区间为

$$\left[\bar{p}_1-\bar{p}_2-\mu_{\alpha/2}\sqrt{\hat{p}(1-\hat{p})\left(\frac{1}{n_1}+\frac{1}{n_2}\right)},\bar{p}_1-\bar{p}_2+\mu_{\alpha/2}\sqrt{\hat{p}(1-\hat{p})\left(\frac{1}{n_1}+\frac{1}{n_2}\right)}\right] \tag{5-37}$$

例 5.7 某减肥用品公司对其所做的报纸广告在两个城市的效果进行了比较，分别从两个城市中随机抽取了 800 名成年人，其中看过该广告的比例分别为 $p_1=19\%$，$p_2=16\%$，试求两城市中看过该广告的成年人比例之差的置信度为 95% 的置信区间。

解 由于 n_1、n_2 均为大样本，所以

$1-\alpha=0.95$

$\mu_{\alpha/2}=1.96$

$$\hat{p}=\frac{800\times0.19+800\times0.16}{800+800}=0.175$$

p_1-p_2 的置信区间为

$$(0.19-0.16)\mp1.96\sqrt{0.175\times0.825\left(\frac{1}{800}+\frac{1}{800}\right)}$$

故在 95% 置信度下，p_1-p_2 的置信区间为[0.011,0.049]。

5.3 样本容量的确定

在前面的讨论中，我们都是假设样本容量(sample size) n 是已知的，但是在实际问题中，需要自己动手设计调查方案，如何决定样本容量大有学问。如果 n 选得过

大,会增加费用;如果 n 选得过小,会使估计误差增大。解决此问题的关键是:

第一,确定所要求的精度,即我们希望估计值与真值接近到什么程度,换句话说,我们想构造多宽的区间;

第二,确定对于我们的置信区间来说想要的置信度,即我们想要多大的可靠度。

5.3.1 估计总体均值时,样本容量的确定

在总体均值的区间估计里,置信区间是由下式确定的:

$$\bar{x} \mp \mu_{\alpha/2}\frac{\sigma}{\sqrt{n}}$$

例如,对于正态总体以及当样本容量为大样本时的非正态总体,都以它为置信区间。

从图 5-1 中可以看到,$\mu_{\alpha/2}\frac{\sigma}{\sqrt{n}}$ 实际上为置信区间长度的 $\frac{1}{2}$。这段距离表示在一定置信水平 $1-\alpha$ 下,用样本均值估计总体均值时所允许的最大绝对误差,我们用 Δ 表示,称 Δ 为允许误差。则允许误差 Δ 可表示为

$$\Delta = \mu_{\frac{\alpha}{2}}\frac{\sigma}{\sqrt{n}} \tag{5-38}$$

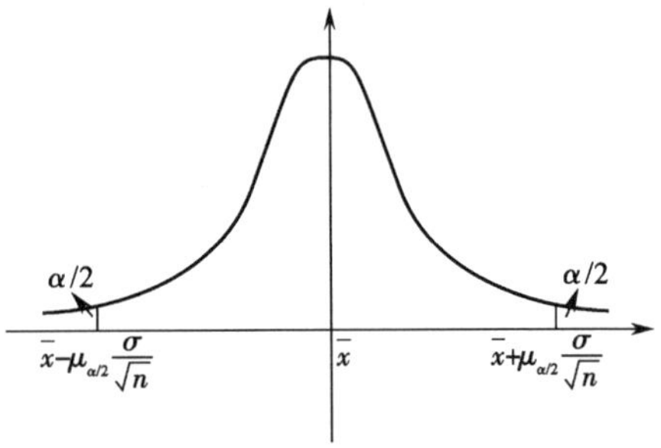

图 5-1 总体均值区间估计

式(5-38)反映了允许误差 Δ、可靠性系数 $\mu_{\alpha/2}$、总体标准差 σ 与样本容量之间的相互制约关系。只要这四个因素中的任意三个因素确定后,另一个因素也就确定了。

对于一个具体问题,总体标准差 σ 是个确定的数值,给定了我们所希望的"可靠程度"——置信水平 $1-\alpha$,可靠性系数 $\mu_{\alpha/2}$ 也就唯一地被确定了。例如,当 $1-\alpha=0.95$ 时,$\mu_{\alpha/2}=1.96$。因此,当给出了允许误差后,样本容量可由下式给出:

$$n = \frac{\mu_{\alpha/2}^2\sigma^2}{\Delta^2} \tag{5-39}$$

样本容量 n 与总体方差、允许误差、可靠性系数有以下关系。

①总体方差越大,必要样本容量 n 越大,即必要样本容量 n 与总体方差成正比。

②必要样本容量 n 反比例于允许误差 Δ^2。即在给定的置信水平下,允许误差越大,样本容量就可以越小;允许误差越小,样本容量就必须加大。

③样本容量 n 与可靠性系数成正比。也就是说,要求的可靠程度越高,样本容量就应越大;要求的可靠程度越低,样本容量就可以越小。

例 5.8 一家广告公司想估计某类厂家去年所花的平均广告费用。经验表明,

总体方差约为 2 700 000。如果置信度取 95%，并要使估计值处在总体平均值附近 500 元的范围内，这家广告公司应取多大的样本？

解 已知 $\sigma^2 = 2\ 700\ 000, \alpha = 0.05, \mu_{\alpha/2} = 1.96, \Delta = 500$，则

$$n = \frac{\mu_{\alpha/2}^2 \sigma^2}{\Delta^2} = \frac{1.96^2 \times 2\ 700\ 000}{500^2} = 41.48 \approx 42$$

这家广告公司应抽选 42 个厂家作为样本(应注意抽取样本数总是整数，所以 n 应圆整成整数)。

5.3.2 估计总体比例时，样本容量的确定

估计总体比例时，允许误差为

$$\Delta = \mu_{\alpha/2}\sqrt{\frac{1}{n}p(1-p)} \tag{5-40}$$

由上式可得出估计总体比例时，确定必要样本容量的公式。由于总体比率是未知的，因此要用样本比率代替，即

$$n = \frac{\mu_{\alpha/2}^2 p(1-p)}{\Delta^2} \approx \frac{\mu_{\alpha/2}^2 \hat{p}(1-\hat{p})}{\Delta^2} \tag{5-41}$$

例 5.9 一家市场调研公司想估计某地区有个人电脑的家庭所占的比例。该公司希望对 p 的估计误差不超过 0.05，要求的可靠程度为 95%，应取多大容量的样本？没有可利用的 $\hat{p}$ 估计值。

解 对于服从二项分布的随机变量，当 $\hat{p} = 0.5$ 时，其方差达到最大值。因此，在无法得到 $\hat{p}$ 值时，可以用 $\hat{p} = 0.5$ 计算。这样得出的必要样本容量虽然可能比实际需要的容量大一些，但可以充分保证有足够高的置信水平和尽可能小的置信区间。

已知 $\Delta = 0.05, \alpha = 0.05, \mu_{\alpha/2} = 1.96$，由于 p 的估计值未知，可以采用 $\hat{p} = 0.5$，计算必要的样本容量为

$$n = \frac{\mu_{\alpha/2}^2 \hat{p}(1-\hat{p})}{\Delta^2} \approx \frac{1.96^2 \times 0.5 \times (1-0.5)}{0.05^2} \approx 385$$

故为了以 95% 的可靠度保证估计误差不超过 0.05，应取 385 户进行调查。

习 题

1. 某企业在对一种新的生产方式进行检验时，随机选取 20 名员工试用该种新方法。20 名员工生产率的样本均值为每小时 80 件，样本标准差为每小时 10 件。假定总体服从正态分布，求该种新方法生产率的总体均值的置信度分别为 90% 和 95% 的置信区间。

2. 某咨询公司调查了中国 20 个省级卫星电视频道晚 8 点至 9 点黄金档插播广

告时间,假定总体服从正态分布。统计数据如下(单位:min):

6.0	6.6	5.8	7.0	6.3	6.2	7.2	5.7	6.4	7.0
6.5	6.2	6.0	6.5	7.2	7.3	7.6	6.8	6.0	6.2

求中国省级卫星电视频道晚8点至9点黄金档插播广告时间均值的置信度为95%的置信区间。

3.某公司要求其客服人员每周上交一份顾客服务报告。通过对61份顾客服务报告组成的样本分析,表明该公司客服人员每周与顾客联系的均值为22.4次,样本标准差为5次。

a.求该公司客服人员每周联系顾客平均次数置信度为95%的置信区间;

b.假定每周与顾客联系次数的总体服从正态分布,试用自由度为60的 t 分布建立每周联系顾客平均次数95%的置信区间。

4.拥有工学学士学位的大学毕业生每年年薪的标准差大约为2 000元,假定希望估计置信度为95%的年薪置信区间,当边际误差分别为如下值时,样本容量应该为多大?

a.500元;　　b.200元;　　c.100元。

5.某调查公司公布了中国15所城市的居民上班途中所需时间的数据。假定根据苏州居民的简单随机样本计算得到总体标准差为6.25 min。

a.如果我们希望在边际误差为5 min的前提下估计苏州居民用于上班途中所需时间的总体均值,应选取多大的样本容量?假定置信度为95%;

b.如果我们希望在边际误差为1 min的前提下估计苏州居民用于上班途中所需时间的总体均值,应选取多大的样本容量?假定置信度为95%。

6.一项民意测验就某地区环境状况是否良好询问了700名成年人的看法,总共有620人的回答是“良好”。

a.求成年人中认为该地区环境状况良好的比率的点估计;

b.在95%的置信水平下,边际误差为多少?

c.求成年人中认为该地区环境状况良好的比率置信度为90%的置信区间。

7.2005年新浪网公布了18岁及18岁以上年龄的人群中吸烟的人所占比率,假定要设计一项调查来搜集关于吸烟与非吸烟人群的数据信息,吸烟者占总体比率的最佳初始估计值为30%。

a.当置信水平为95%,边际误差为0.02时,为了对总体中吸烟者所占比率进行估计应选取多大的样本容量?

b.假定研究中采用了上面确定的样本容量,并发现其中有480人是吸烟者,求总体中吸烟者所占比率的点估计;

c.求总体中吸烟者所占比率95%的置信区间。

第 6 章　假设检验

参数估计(parameter estimation)和参数假设检验(hypothesis testing)是统计推断的两个组成部分,它们都是利用样本对总体进行某种推断,只是推断的角度不同而已。参数估计讨论的是用样本统计量估计总体参数的方法,总体参数在估计前是未知的;而在参数假设检验中,则是先对总体参数的值提出一个假设,然后利用样本信息去检验这个假设是否成立。如果成立, 就接受这个假设,如果不成立,就放弃它。

非参数假设检验是利用样本数据检验总体的分布情况。所以,本章讨论的内容是如何利用样本信息,对假设成立与否做出判断的一套程序。

6.1　假设检验的一般问题

假设检验是推断统计中的一项重要内容,它是先对研究总体的特征做出某种假设,然后通过对样本的观察来决定假设是否成立。为了对假设检验有一个直观的认识,不妨先看下面的例子。

例如,某种大量生产的袋装牛奶,按规定每袋重量不得少于 250 g。今从一批该种牛奶中任意抽取 100 袋,发现有 10 袋低于 250 g 。若规定不符合标准的比例达到 5% ,牛奶就不得出厂,问该批牛奶能否出厂。

对于该批牛奶的不合格率我们事先并不知道,要根据样本的不合格率估计该批牛奶的不合格率,然后与规定的不合格率标准(即不超过 5%)进行比较,做出该批牛奶能否出厂的决策。也就是说,要先假设该批牛奶的不合格率是否超过 5% ,然后用样本不合格率来检验假设是否正确。这便是一个假设检验问题。

又如,从 2000 年的新生儿中随机抽取 50 个,测得其平均体重为 3 300 g,而根据 1999 年的统计资料,新生儿的平均体重为 3 200 g。问 2000 年的新生儿与 1999 年相比,体重有无显著差异。

从直观上看,2000 年新生儿体重略高,但这种差异可能是由于抽样的随机性带来的,而事实上这两年新生儿的体重也许并没有显著差异。究竟是否存在显著差异,可以先设立一个假设,不妨为“假设这两年新生儿的体重没有显著差异”,然后检验这个假设能否成立。这也是一个假设检验问题。

由上面的例子可以看出,假设检验是对我们所关心的却又是未知的总体参数先做出假设,然后抽取样本,利用样本提供的信息对假设的正确性进行判断的过程。

6.1.1 假设检验的基本概念

1.假设基本形式

在统计学中,把需要通过样本去推断其正确与否的命题称为原假设,用 H_0 表示。例如,在新生儿体重这个例子中,我们可以事先提出一个命题(假设),即“2000 年出生的新生儿与 1999 年出生的新生儿在体重上没有差异”。于是可以这样表示:

$$H_0: \mu = 3\ 200\ \text{g}$$

这里 μ 表示 2000 年新生儿总体的均值,它与 1999 年新生儿总体的均值 3 200 g 相同。

与原假设相对立的假设是备择假设,用 H_1 表示。在上面这个例子中,备择假设 H_1 意味着“2000 年出生的新生儿与 1999 年出生的新生儿在体重上有明显差异”,于是可以表示为

$$H_1: \mu \neq 3\ 200\ \text{g}$$

这里 μ 表示 2000 年新生儿总体的均值,它与 1999 年新生儿总体的均值 3 200 g 不同。

假设检验的基本形式:

$H_0: \mu = \mu_0, H_1: \mu \neq \mu_0$(双边备择假设)

$H_0: \mu \leqslant \mu_0, H_1: \mu > \mu_0$(右单边备择假设)

$H_0: \mu \geqslant \mu_0, H_1: \mu < \mu_0$(左单边备择假设)

2.假设检验

运用统计理论对上述假设进行检验,在原假设与备择假设中选择其一。

3.假设检验的基本依据——小概率原理

假设检验的基本思想是应用小概率原理在原假设与备择假设中选择其一。所谓小概率原理,是指发生概率很小的随机事件在一次试验中是几乎不可能发生的。根据这一原理,可以做出是否接受原假设的决定。例如,有一个厂商声称其产品的合格品率很高,可以达到 99%,那么从一批产品(如 100 件)中随机抽取 1 件,这一件恰好是次品的概率就非常小,只有 1%。如果厂商的宣称是真的,随机抽取 1 件是次品的情况就几乎是不可能发生的,但如果这种情况确实发生了,我们就有理由怀疑原来的假设,即产品中只有 1% 次品的假设是否成立。这时就可以推翻原来的假设,可以做出厂商的宣称是假的这样一个推断,进行推断的依据就是小概率原理。当然,推断也可能会犯错误,即这 100 件产品中确实只有 1 件是次品,而恰好在一次抽取中被抽到了。所以这个例子中犯这种错误的概率是 1%,也就是说我们在冒 1% 的风险做出厂商宣称是假的这样一个推断。

4.假设检验的基本思想

我们所做的假设检验都是在承认原假设成立的前提下进行的,若一次试验的结

果小概率事件发生，则依据小概率原理拒绝原假设；若一次试验的结果大概率事件发生，则接受原假设。

5.显著性水平与两类错误

假设检验是围绕对原假设内容的判定而展开的。如果原假设正确且我们接受了（同时也就拒绝了备择假设），或原假设错误且我们拒绝了（同时也就接受了备择假设），这表明我们做出了正确的决定。但是，由于假设检验是根据样本提供的信息进行推断的，也就存在犯错误的可能。有这样一种情况，原假设正确，而我们却把它当成错误的加以拒绝。犯这种错误的概率用 α 表示，统计上把 α 称为假设检验中的显著性水平（significant level），也就是决策中所面临的风险。所以，显著性水平是指当原假设为正确时人们却把它拒绝了的概率或风险。这个概率是由人们预先确定的，通常取 $\alpha=0.05$ 或 $\alpha=0.01$。这表明，当做出接受原假设的决定时，其正确的可能性（概率）为95%或99%。

由前面的叙述知道，假设检验是依据样本提供的信息对总体进行判断的，也就是由部分来推断整体，因而假设检验不可能绝对准确，它也可能犯错误。所犯的错误有两种类型。一类错误是原假设 H_0 为真却被我们拒绝了。犯这种错误的概率用 α 来表示，也称为 α 错误或弃真错误。另一类错误是原假设为伪，却被我们接受了。例如在前面的例子中，厂商声称其产品的合格品率为99%，而实际上合格品率仅为90%，这意味着在100件产品中有90件合格品和10件次品。为了检验厂商的宣称是否真实，我们随机抽取了20件产品。结果都是合格品，于是我们由此推断厂商的宣称是真实的。这时我们就犯了第二类错误，犯这种错误的概率用 β 来表示，也称为 β 错误或取伪错误。

自然，人们希望犯这两类错误的概率越小越好。但对于一定的样本容量 n，不能同时做到犯这两类错误的概率都很小。如果减小 α 错误，就会增大犯 β 错误的机会；若减小 β 错误，也会增大犯 α 错误的机会。

当然，使 α 和 β 同时变小的办法也有，这就是增大样本容量。但样本容量不可能没有限制，否则就会使抽样调查失去意义。因此，在假设检验中，存在对两类错误进行控制的问题。

一般而言，哪一类错误所带来的后果严重，危害大，在假设检验中就应当把哪一类错误作为首要的控制目标。但在假设检验中，一般遵循这样一个原则，即首先控制犯 α 错误风险。这样做的原因主要有两点，一个是大家都遵循一个统一的原则，讨论问题就比较方便。但最主要的原因在于，从实用的观点看，原假设是什么常常是明确的，而备择假设是什么则常常是模糊的。

假设检验中犯两类错误的情况如图6-1所示。

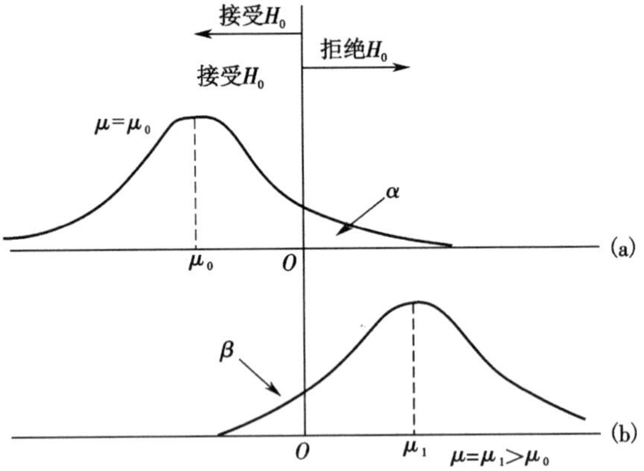

图 6-1 两类错误

6.1.2 假设检验的步骤

一个完整的假设检验过程,通常包括以下四个步骤:

第一,提出原假设(null hypothesis)和备择假设(alternative hypothesis);

第二,确定适当的检验统计量,并计算检验统计量的值;

第三,规定显著性水平 α;

第四,做出统计决策。

下面对每一个步骤的内容加以分析和说明。

(1)提出原假设和备择假设

H_0:$\mu=3\ 200$ g,这里 μ 表示2000年新生儿总体的均值,它与1999年新生儿总体的均值3 200 g相同。

H_1:$\mu\neq 3\ 200$ g,在这个例子中,备择假设 H_1 意味着2000年出生的新生儿与1999年出生的新生儿在体重上有明显差异。

(2)确定适当的检验统计量

在参数的假设检验中,如同在参数估计中一样,要借助于样本统计量进行统计推断。用于假设检验问题的统计量称为检验统计量。在具体问题里,选择什么统计量作为检验统计量,需要考虑的因素与参数估计相同。例如,用于进行检验的样本是大样本还是小样本,总体方差已知还是未知,等等。在不同的条件下应选择不同的检验统计量,然后计算统计量值。

(3)规定显著性水平 α

前面已经介绍,显著性水平是指当原假设为正确时人们却把它拒绝了的概率或风险,与决策者的风险偏好有关。通常选择的 α 为0.05或0.01。

(4)做出统计决策

根据显著性水平 α 和统计量的分布,可以找出接受域和拒绝域的临界点,用计算出的检验统计量的值与临界点值相比较,就可以做出接受原假设或拒绝原假设的统计决策。

6.2 正态总体参数的假设检验

6.2.1 正态总体参数假设检验的步骤

正态总体参数假设检验应遵循以下步骤。

①建立原假设 H_0 和备择假设 H_1。

②选择检验用的统计量。经常用到的统计量有

$$U=\frac{\bar{x}-\mu_0}{\sigma/\sqrt{n}}$$

$$t=\frac{\bar{x}-\mu_0}{S/\sqrt{n}}$$

$$\chi^2=\frac{(n-1)S^2}{\sigma^2}$$

$$F=\frac{\dfrac{(n_1-1)s_1^2}{\sigma_1^2(n_1-1)}}{\dfrac{(n_2-1)s_2^2}{\sigma_2^2(n_2-1)}}=\frac{s_1^2}{s_2^2}\quad(\sigma_1=\sigma_2\text{ 时})$$

选用以上的统计量做检验时,分别称为 U、t、χ^2、F 检验法。

③确定显著水平 α 的值,查相应的分布表得其临界值以及拒绝域。

④进行显著性判别,如果统计量的值等于临界值,则不做定论,可加大样本容量重新抽样检验。

具体参见表 6-1。

表 6-1 正态总体参数的假设检验

名称	条件	H_0	统计量及其分布	否定域
U 检验法	已知总体的 σ^2	$\mu=\mu_0$	$U=\dfrac{\sqrt{n}(\bar{x}-\mu_0)}{\sigma}$	$\lvert U\rvert>\mu_{\alpha/2}$
		$\mu\leqslant\mu_0$		$U>\mu_\alpha$
		$\mu\geqslant\mu_0$	$U\sim N(0,1)$	$U<-\mu_\alpha$
	已知两总体 σ_1^2 和 σ_2^2	$\mu_1=\mu_2$	$U=\dfrac{\bar{x}_1-\bar{x}_2}{\sqrt{\dfrac{\sigma_1^2}{n_1}+\dfrac{\sigma_2^2}{n_2}}}$	$\lvert U\rvert>\mu_{\alpha/2}$
		$\mu_1\leqslant\mu_2$		$U>\mu_\alpha$
		$\mu_1\geqslant\mu_2$		$U<-\mu_\alpha$

续表

名称	条件	H_0	统计量及其分布	否定域
T 检验法	总体方差未知	$\mu=\mu_0$ $\mu\leqslant\mu_0$ $\mu\geqslant\mu_0$	$t=\dfrac{\sqrt{n}(\bar{x}-\mu_0)}{S}$ $t\sim t(n-1)$	$\|t\|>t_{\alpha/2}$ $t>t_\alpha$ $t<-t_\alpha$
	已知两总体方差相同（但值未知）	$\mu_1=\mu_2$ $\mu_1\leqslant\mu_2$ $\mu_1\geqslant\mu_2$	$t=\dfrac{\bar{x}_1-\bar{x}_2}{S_0\sqrt{\dfrac{1}{n_1}+\dfrac{1}{n_2}}}$ $t\sim t(n_1+n_2-2)$ $S_0=\sqrt{\dfrac{(n_1-1)S_1^2+(n_2-1)S_2^2}{n_1+n_2-2}}$	$\|t\|>t_{\alpha/2}$ $t>t_\alpha$ $t<-t_\alpha$
χ^2 检验法		$\sigma^2=\sigma_0^2$ $\sigma^2\leqslant\sigma_0^2$ $\sigma^2\geqslant\sigma_0^2$	$x^2=\dfrac{(n-1)S^2}{\sigma_0^2}$ $x^2\sim\chi^2(n-1)$	$x^2>\chi^2_{\alpha/2}$ 或 $x^2<\chi^2_{1-\alpha/2}$ $x^2>\chi^2_\alpha$ $x^2<\chi^2_{1-\alpha}$
F 检验法	两总体均值 μ，方差 σ^2 未知，比较两总体方差	$\sigma_1^2=\sigma_2^2$ $\sigma_1^2\leqslant\sigma_2^2$ $\sigma_1^2\geqslant\sigma_2^2$	$F=\dfrac{S_1^2}{S_2^2}$ $F\sim F(n_1-1,n_2-1)$	$F>F_{\alpha/2}$ 或 $F<F_{1-\alpha/2}$ $F>F_\alpha$ $F<F_{1-\alpha}$

例 6.1 某工业管理局在体制改革前后分别调查了 10 个和 12 个企业的劳动生产率情况，得知改革前后平均劳动生产率（元/人）为 $\bar{x}_1=2\,089$，$\bar{x}_2=2\,450$；劳动生产率的方差分别为 $S_1^2=7\,689$，$S_2^2=6\,850$。又知改革前后企业劳动生产率的标准差相等。问：在显著水平 $\alpha=0.05$ 下，改革后平均劳动生产率比改革前是否有明显增长？

解 根据题意建立原假设与备择假设为

$H_0:\mu_1\geqslant\mu_2$；$H_1:\mu_1<\mu_2$

已知，$\bar{x}_1=2\,089$，$\bar{x}_2=2\,450$，$S_1^2=7\,689$，$S_2^2=6\,850$，$n_1=10$，$n_2=12$，$\sigma_1=\sigma_2$ 但数值未知，所以用 T 检验法。计算统计量 t 的值，得

$$t=\frac{\bar{x}_1-\bar{x}_2}{S_0\sqrt{\dfrac{1}{n_1}+\dfrac{1}{n_2}}}=\frac{2\,089-2\,450}{85.01\times\sqrt{\dfrac{1}{10}+\dfrac{1}{12}}}=\frac{-361}{36.4}=-9.92$$

因为是左单边备择假设，所以查 $t_\alpha(n_1+n_2-2)=t_{0.05}(20)=1.725$，$t=-9.92<-1.725=-t_\alpha$。于是判定：拒绝原假设 $H_0:\mu_1\geqslant\mu_2$，即体制改革后，该工业管理局的平均劳动生产率较改革前提高了。

6.2.2 p－值的应用

p－值是一个概率值，它是用于确定是否拒绝 H_0 的另一种方法。如果假定原假

设为真，则 p－值是所获得的样本结果至少与实测结果不同的概率值。

如果 p－值小于显著性水平 α，则检验统计量的值落在拒绝域中。因此在假设检验中，可以利用 p－值来进行决策。

通常，根据 p－值所得出的有关假设检验的结论与根据其相应的检验统计量所得出的有关假设检验的结论是相同的。

例如，某种产品标明其重量至少为 3 kg 以上，这样假设检验的拒绝域在左侧；从而 p－值为观测到的样本结果小于等于实测结果的概率。通常称 p－值为实测显著性水平。

选择如下形式的原假设和备择假设：

$$H_0: \mu \geqslant 3; H_1: \mu < 3$$

总体标准差 $\sigma = 0.18$ 时，检验统计量为

$$U = \frac{\bar{x} - \mu}{\sigma / \sqrt{n}}$$

由 $n = 36$ 件产品组成简单随机样本，其样本均值 $\bar{x} = 2.92$ kg，计算检验统计量的值为

$$U = \frac{2.92 - 3}{0.18 / \sqrt{36}} = -2.67$$

取显著性水平 $\alpha = 0.01$ 时，$U = -2.67$ 所对应的 p－值为 $0.003\,8 < 0.01$，所以应该拒绝 H_0。

具体的 p－值检测见图 6-2。

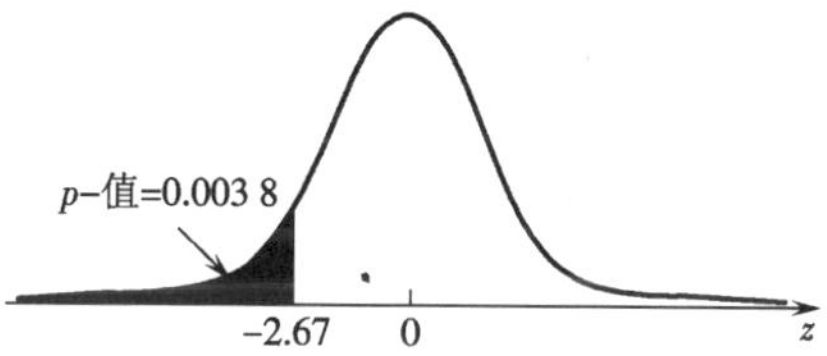

图 6-2 p－值检测

6.3 总体比率的假设检验

6.3.1 单个总体比率的假设检验

如果样本容量 n 与原总体比率 p_0 满足：$np_0 \geqslant 5$，$n(1 - p_0) \geqslant 5$ 时，用 U 检验法。详见表 6-2。

表 6-2 单个总体比率的假设检验表

	H_0	H_1	$np_0 \geqslant 5, n(1-p_0) \geqslant 5$ 时 $U=\dfrac{\bar{p}-p_0}{\sqrt{\dfrac{p_0(1-p_0)}{n}}}$ 在显著水平 α 下拒绝 H_0，接受 H_1	备注： $\bar{p}$ 为样本比率
Ⅰ	$p=p_0$	$p \neq p_0$	$\lvert U \rvert > u_{\alpha/2}$	
Ⅱ	$p \leqslant p_0$	$p > p_0$	$U > u_\alpha$	
Ⅲ	$p \geqslant p_0$	$p < p_0$	$U < -u_\alpha$	

例 6.2 某企业的备件库存标准有所调整。调整前的库存周转率为 0.932，今调查库存资料如下：

库存周转件数	库存积压件数	合计	库存周转率
105	5	110	0.954 5

问：在显著性水平 $\alpha=0.05$ 下，调整前后该企业库存周转率有无显著差异。

解 根据题意建立原假设与备择假设为

$$H_0: p=p_0; H_1: p \neq p_0$$

由已知条件得

$$n=110$$

$$\bar{p}=0.954\ 5$$

$$np_0=110 \times 0.932=105.52>5, n(1-p_0)=7.5>5$$

所以可以用 U 检验法，即

$$U=\frac{\bar{p}-p_0}{\sqrt{\dfrac{p_0(1-p_0)}{n}}}=\frac{0.954\ 5-0.932}{\sqrt{\dfrac{0.932(1-0.932)}{110}}}=0.94$$

查正态分布表得：$u_{\alpha/2}=u_{0.025}=1.96$。

由于 $U=0.94<1.96=u_{\alpha/2}$，故接受原假设 $H_0: p=p_0$。所以，调整前后该企业的库存周转率无显著差异。

6.3.2 两个总体比率的假设检验

比较两个总体比率有无显著差异，如比较两种机车生产产品的次品率有无显著差异时，可取容量 n_1、n_2 皆足够大，$n_1p_1 \geqslant 5, n_1(1-p_1) \geqslant 5, n_2p_2 \geqslant 5, n_2(1-p_2) \geqslant 5$，用 U 检验法。详见表 6-3。

表 6-3 两个总体比率差异的假设检验表

H_0	H_1	$U=\dfrac{\bar{p}_1-\bar{p}_2}{\sqrt{\hat{p}(1-\hat{p})\left(\dfrac{1}{n_1}+\dfrac{1}{n_2}\right)}}$ 在显著水平 α 下拒绝 H_0，接受 H_1	备注：
$p_1=p_2$	$p_1\neq p_2$	$\lvert U\rvert>u_{\alpha/2}$	x_1、x_2 分别为两样本中具有某种性质的数据个数。
$p_1\leqslant p_2$	$p_1>p_2$	$U>u_\alpha$	$\bar{p}_1=\dfrac{x_1}{n_1}$，$\bar{p}_2=\dfrac{x_2}{n_2}$
$p_1\geqslant p_2$	$p_1<p_2$	$U<-u_\alpha$	$\hat{p}=\dfrac{x_1+x_2}{n_1+n_2}$

例 6.3 从甲乙两台机床生产的零件中抽样检验质量如下：

机床	合格数	不合格数	合计
甲	90	5	95
乙	75	4	79
合计	165	9	174

试根据以上资料推断两种机床不良率，并检验两种机床生产的零件不良率有无显著差异，显著水平 $\alpha=0.1$。

解 甲乙两种机床不良率为 p_1,p_2，其估计值为 $\bar{p}_1,\bar{p}_2$。

$$\bar{p}_1=5/95=0.053=5.3\%$$

$$\bar{p}_2=4/79=0.051=5.1\%$$

$$H_0:p_1=p_2,H_1:p_1\neq p_2$$

用 U 检验法，统计量为

$$U=\frac{\bar{p}_1-\bar{p}_2}{\sqrt{\hat{p}(1-\hat{p})\left(\dfrac{1}{n_1}+\dfrac{1}{n_2}\right)}}\left(\text{其中 }\hat{p}=\frac{n_1\bar{p}_1+n_2\bar{p}_2}{n_1+n_2}\right)$$

解得

$$\hat{p}=\frac{5+4}{95+79}=9/174=0.052$$

$$U=\frac{0.053-0.051}{\sqrt{0.052\times(1-0.052)\times 0.023}}=0.059$$

$$u_{\alpha/2}=u_{0.05}=1.64$$

由于 $\lvert U\rvert<u_{\alpha/2}$，所以接受 H_0。认为两种机床生产的产品不良率无显著差异。

6.4 第二类错误概率

下面说明如何计算在总体均值假设检验中发生第二类错误的概率。假设有关电池使用小时数均值的原假设和备择假设分别为 $H_0: \mu \geqslant 120$ 和 $H_1: \mu < 120$。如果拒绝 H_0,则决定因这批货物使用小时数的均值小于规格所要求的 120 h 而将其退回供应商;如果不能拒绝 H_0,则决定接收这批货物。

假定进行假设检验时所使用的显著性水平 $\alpha = 0.05$,检验统计量为

$$U = \frac{\bar{x} - \mu}{\sigma/\sqrt{n}} = \frac{\bar{x} - 120}{\sigma/\sqrt{n}}$$

$\mu_\alpha = 1.645$,则假设检验的拒绝法则为:如果 $U < -1.645$,则拒绝 H_0。

假定选取 36 节电池组成一个样本,由前面的检验中已知总体的标准差 $\sigma = 12$ h,则拒绝法则表明,当

$$U = \frac{\bar{x} - 120}{12/\sqrt{36}}$$

时,拒绝 H_0。

上式中关于 $\bar{x}$ 的解表明,当 $\bar{x} < 120 - 1.645\left(\frac{12}{\sqrt{36}}\right)$ 时,拒绝 H_0;当 $\bar{x} \geqslant 116.71$ 时,将做出接收这批货物的决策。利用这些信息,就可以计算与发生第二类错误相联系的概率了。

首先,当货物均值的真值小于 120 h 而我们却做出接受 $H_0: \mu \geqslant 120$ 的决定时,就犯了第二类错误。例如,如果假定电池寿命的均值 $\mu = 112$ h 确实是真却接受了 $H_0: \mu \geqslant 120$ 时,犯第二类错误的概率有多大呢?

图 6-3 给出了当均值 $\mu = 112$ 时,$\bar{x}$ 的抽样分布,其上侧阴影部分的面积为 $\bar{x} \geqslant 116.71$ 的概率。根据图 6-3,计算得

$$U = \frac{\bar{x} - \mu}{\sigma/\sqrt{n}} = \frac{116.71 - 112}{12/\sqrt{36}} = 2.36$$

由标准正态概率分布表可知,如果总体均值为 112 h,则发生第二类错误的概率为 0.0091。

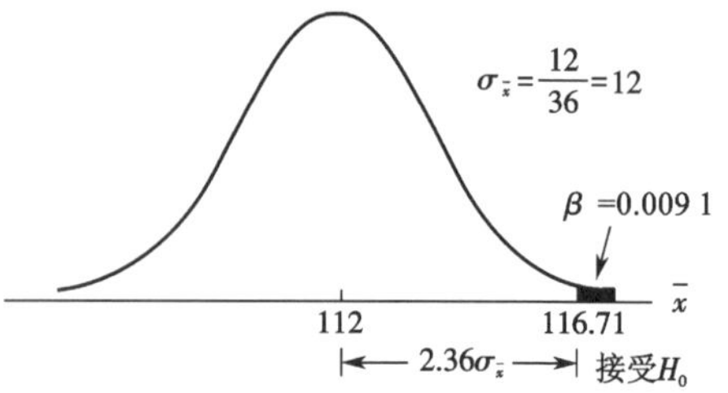

图 6-3 当 $\mu = 112$ 时发生第二类错误的概率

6.5 对总体均值进行假设检验时样本容量的确定

假定对总体均值进行假设检验,检验中使用者事先指定显著性水平,以确定发生

第一类错误的概率。通过控制样本容量,使用者也可以对发生第二类错误的概率进行控制。下面,给出在总体均值的单边检验中确定样本容量的方法。

原假设和备择假设分别为

$$H_0:\mu \geqslant \mu_0;H_1:\mu < \mu_0$$

式中:μ_0 为总体均值的假设值。

图 6-4 的上半部分为当 H_0 为真并且 $\mu=\mu_0$ 时 $\bar{x}$ 的抽样分布。当显著性水平为 α 时,令 c 代表临界值,则 $\bar{x}<c$ 确定了检验的拒绝域。其中

$$c=\mu_0-\mu_\alpha\frac{\sigma}{\sqrt{n}} \tag{6-1}$$

现在考虑图 6-4 下半部分的抽样分布。我们专门选取了当 H_0 为假时,总体均值的值,记作 μ_1。假定使用者指定了当真实的总体均值为 μ_1 时可以接受的第二类错误的概率,在图 6-4 中此概率用 β 表示。此时

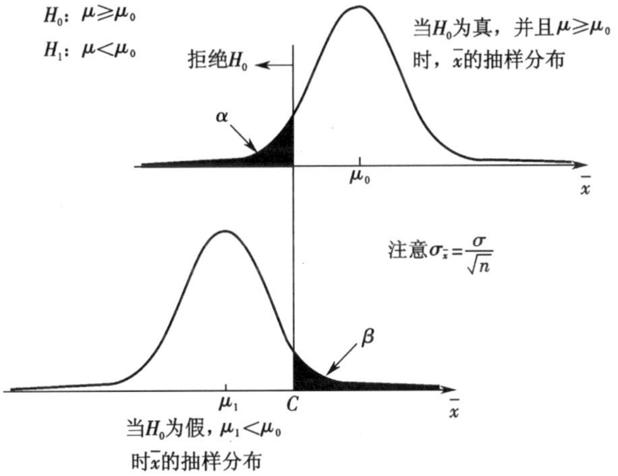

图 6-4 给定第一类错误水平(α)和第二类错误水平(β)时样本容量的确定

$$c=\mu_1+\mu_\beta\frac{\sigma}{\sqrt{n}} \tag{6-2}$$

由于式(6-1)和式(6-2)都等于 c,从而有如下表达式:

$$\mu_0-\mu_\alpha\frac{\sigma}{\sqrt{n}}=\mu_1+\mu_\beta\frac{\sigma}{\sqrt{n}}$$

为了确定所要求的样本容量,首先用如下方式求解$\sqrt{n}$。

$$\mu_0-\mu_1=\mu_\alpha\frac{\sigma}{\sqrt{n}}+\mu_\beta\frac{\sigma}{\sqrt{n}}$$

从而得到如下所示的总体均值单边假设检验的样本容量公式:

$$n=\frac{(\mu_\alpha+\mu_\beta)^2\sigma^2}{(\mu_0-\mu_1)^2} \tag{6-3}$$

式中：μ_α 为标准正态分布单侧面积为 α 时对应的临界值；

μ_β 为标准正态分布单侧面积为 β 时对应的临界值；

σ 为总体的标准差。

注意：双边假设检验中，在上式中用 $\mu_{\alpha/2}$ 代替 μ_α。

观察式(6-3)可以得到 α、β 和样本容量 n 之间的如下三种关系：

①当三者中有二者已知时，即可计算得到第三者；

②对于给定的显著性水平 α，增大样本容量将会减少 β；

③对于给定的样本容量，减小 α 会使 β 增大，相反增大 α 将会使 β 减小。

当未对第二类错误的概率加以控制时，应该牢记第 3 条。它说明不能毫无必要地选择太小的显著性水平 α。对于给定的样本容量，选择较小的显著性水平意味着将使发生第二类错误的风险增大。

6.6 非参数的假设检验

前两节的假设检验都是在已知总体的分布类型(如正态分布)下进行的。但是在许多问题中，总体不一定服从正态分布，甚至总体的分布未知。本节介绍统计上常用的不依赖于总体分布及其参数知识的检验——非参数检验(nonparametric tests)方法。

6.6.1 两个总体分布差异的检验

实际问题中，经常要检验两种不同的处理方法效果是否相同。例如，比较在不同钻机、不同操作人员、不同地质条件下，钻机效率是否相同等等。诸如此类问题是对两个总体的分布是否相同的检验。下面介绍两种简单易行的方法——“符号检验法”和“秩和检验法”。

1.符号检验法(sign tests)

设两个总体 X_1、X_2，它们的分布皆未知，以 $f_1(x)$ 和 $f_2(x)$ 分别表示两总体的概率密度。我们要检验 $f_1(x)=f_2(x)$ 是否成立。

于是，建立原假设与备择假设为

$$H_0: f_1(x)=f_2(x); H_1: f_1(x)\neq f_2(x)$$

为此对两个总体分别独立地抽取 m 个元素，即得到 m 对数据

$$(a_1,b_1),(a_2,b_2),\cdots,(a_m,b_m)$$

如果 $f_1(x)=f_2(x)$ 假设成立，那么 $a_i>b_i$ 或 $a_i<b_i\ (i=1,2,\cdots,m)$ 应该有相同的概率(1/2)，且样本 $a_i>b_i$ 与 $a_i<b_i$ 的个数差异不应很大。

令 $a_i > b_i$ 的事件为 y_i，则

$$y_i = \begin{cases} 1, a_i > b_i \\ 0, a_i < b_i \end{cases} \tag{6-4}$$

于是

$$y = y_1 + y_2 + \cdots + y_m$$

服从二项分布。根据二项分布计算出了比较 $a_i > b_i$ 或 $a_i < b_i$ 差异的临界值 $S_\alpha(n)$，见附表五。鉴于上述思想，我们给出符号检验的方法步骤。

①将两总体的样本数据进行比较，且

$a_i > b_i$ 记为"+"，"+"的个数记为 n_+；

$a_i < b_i$ 记为"-"，"-"的个数记为 n_-；

$a_i = b_i$ 记为"0"，"0"的个数记为 n_0。

②求出 n，即

$$n = n_+ + n_-$$

③在显著水平 α 下，根据 n 值查符号检验表得其临界值 $S_\alpha(n)$。

④判别显著性：

若 $S_0 = \min\{n_+, n_-\} < S_\alpha(n)$，则拒绝 H_0，接受 H_1；认为 $f_1(x)$ 与 $f_2(x)$ 有显著差异；

若 $S_0 = \min\{n_+, n_-\} > S_\alpha(n)$，则接受 H_0，认为 $f_1(x)$ 与 $f_2(x)$ 无显著差异。

2.秩和检验法

符号检验法的缺点是没有充分利用数据本身提供的信息，而且必须在数据成对时使用。如果两样本数据不成对，则可用秩和检验法。做法是：建立 H_0 和 H_1；将两组数据依从小到大次序（秩号）排列成表，如果有两个及两个以上重复的数，则取秩号平均数作为其秩；取样本容量小的一组（样本容量相同时，取平均数小的一组），其数据个数记为 n_1，则另一组数据个数记为 n_2，将样本容量小的一组所对应的秩相加称为该组的秩和（sum of ranks），记为 T。

在给定的显著水平 α 下：

若 $T_1 < T < T_2$，则接受 $H_0: f_1(x) = f_2(x)$，认为两总体分布无显著差异；

若 $T > T_2$ 或 $T < T_1$，则拒绝假设 H_0 而接受 $H_1: f_1(x) \neq f_2(x)$，认为两个总体分布有显著差异。

其中 T_1 和 T_2 见秩和检验表。

秩和检验法的原理和符号检验法类似。对于两个总体 X_1、X_2，其概率密度为 $f_1(x)$ 和 $f_2(x)$，从中分别独立抽取样本观测值 $a_1, a_2, \cdots, a_m$；$b_1, b_2, \cdots, b_n$。如果 $f_1(x) = f_2(x)$ 的假设成立，那么在两个样本的观测值混合排列的次序中，某个秩数对

应的数是 a_i 和 b_i 的概率应是相等的。

例 6.4 某药厂生产杀虫药品，检查两种配方药品杀虫的效果(死亡百分数)如下：

甲配方效果样本	67	65	64	68	67	64	69	70	
乙配方效果样本	63	62	64	64	65	68	70	71	69

在显著水平 5% 下，问两种配方杀虫效果有无显著差异？

解 根据题意，建立原假设与备择假设分别为

$$H_0: f_1(x) = f_2(x); H_1: f_1(x) \neq f_2(x)$$

将数据按秩号排列，并将数据少的甲组数据下面画线区别乙组数据。

秩号	1	2	3	4	5	6	7	8	9	10	11
数据	62	63	64	64	$\underline{64}$	$\underline{64}$	65	$\underline{65}$	$\underline{67}$	$\underline{67}$	$\underline{68}$
	12	13	14	15	16	17					
	68	$\underline{69}$	69	70	$\underline{70}$	71					

这里 64 有四个，所以秩数 $(3+4+5+6)/4 = 4.5$；65 有两个，其秩数为 $(7+8)/2 = 7.5$；以此类推，可以得到各数据的秩数如下：

1	2	4.5	4.5	$\underline{4.5}$	$\underline{4.5}$	7.5	$\underline{7.5}$	$\underline{9.5}$	$\underline{9.5}$	$\underline{11.5}$
11.5	$\underline{13.5}$	13.5	15.5	$\underline{15.5}$	17					

甲组的秩和为

$$T = 4.5 + 4.5 + 7.5 + 9.5 + 9.5 + 11.5 + 13.5 + 15.5 = 76$$

在 $\alpha = 0.05$ 下查秩和检验表，$n_1 = 8$，$n_2 = 9$ 时，$T_1 = 54$，$T_2 = 90$，$T_1 < T < T_2$，所以判定甲乙两种配方的杀虫效果无显著差异。

6.6.2 总体分布的假设检验

1. χ^2 拟合优度检验法

已知总体分布函数 $F(x)$ 的类型 $F_0(x)$ 或概率密度 $f(x)$ 的类型 $f_0(x)$ 以及总体 X 的随机样本 $X_1, X_2, \cdots, X_n$。原假设和备择假设分别为

$$H_0: F(x) = F_0(x) \text{ 或 } H_0: f(x) = f_0(x)$$

$H_1: F(x) \neq F_0(x)$或 $H_1: f(x) \neq f_0(x)$

用 χ^2 检验法进行检验,具体步骤如下。

①求出 $F_0(x)$或 $f_0(x)$中未知参数的估计值(一般用最大似然估计值),从而写出 $F_0(x)$或 $f_0(x)$的具体表达式。

②按第 2 章的分组方法,把样本值分成 m 个区间

$$(a_0, a_1], (a_1, a_2], \cdots, (a_{i-1}, a_i], \cdots, (a_{m-1}, a_m)$$

③求出样本观测值在每个区间$(a_{i-1}, a_i]$内的频数 f_i。

④根据已写出的 $F_0(x)$或 $f_0(x)$,计算出总体 X 在每个区间$(a_{i-1}, a_i]$中的概率值

$$p_i = P\{a_{i-1} < X \leqslant a_i\}$$

⑤构造统计量 χ^2:

$$\chi^2 = \sum_{i=1}^{m} \frac{(f_i - np_i)^2}{np_i}$$

对于大样本,上述统计量近似服从自由度为 $m - r - 1$ 的分布(r 是分布函数概率密度函数中观测值估计的参数个数)。

⑥在给定显著水平 α 下查出 χ^2 分布表中的临界值 $\chi^2_\alpha(m - r - 1)$。若 $\chi^2 > \chi^2_\alpha(m - r - 1)$,则拒绝原假设 H_0;若 $\chi^2 < \chi^2_\alpha(m - r - 1)$,则接受原假设 H_0。

例 6.5 盒中有 5 种球,有放回地抽取 200 次(每次抽 1 个球),各种球出现的次数见下表。问盒中 5 种球的个数是否相等?显著水平 $\alpha = 0.05$。

解 原假设和备择假设分别为

H_0:5 种球的个数相等,H_1:5 种球的个数不等

由已知 $n = 200, m = 5$,如果 H_0 正确,则每次抽得第 i 种球概率 $p_i = 1/5$。

种别	f_i	np_i	$f_i - np_i$	$(f_i - np_i)^2/(np_i)$
1	35	40	-5	0.625
2	40	40	0	0
3	43	40	3	0.225
4	38	40	-2	0.1
5	44	40	4	0.4
$\sum$	200	200	0	1.35

计算得出

$$\chi^2 = \frac{\sum (f_i - np_i)^2}{np_i} = 1.35$$

查 χ^2 分布表得

$$\chi^2_{0.05}(4)=9.448$$

由于 $1.35<9.448$,所以接受 H_0,认为盒中 5 种球的个数相等。

2.正态概率纸

χ^2 检验法适用于假设总体服从任何类型分布,而大量且经常见到的是正态分布。正态概率纸就是一种检验总体是否为正态分布的较直观易行的工具。

正态概率纸是由垂直于横轴、纵轴的若干条直线构成的格纸。横轴是按等份刻度,表示观测值 x,纵轴表示正态分布累积概率值。累积概率形式如下:

$$\Phi(X)=\int_{-\infty}^{\infty}\frac{1}{\sqrt{2\pi}}e^{-\frac{t^2}{2}}dt$$

纵轴是按非等分刻度,其目的是使服从正态分布的观测值在正态概率纸上的图形呈一条直线。

正态概率纸的使用步骤如下。

①将样本观测值分组,且求出各组的频率和累积频率。

②以每组区间右端点为横坐标,累积频率为纵坐标,在正态概率纸上画出相应的点。

③将诸点用直线连接。如果这些点基本在一条直线上,则可以认为样本来自正态总体。一般来说,中间的点应尽量地靠近直线,两端的点可以稍有些偏离。

④可以用正态概率纸估计 μ 和 σ 的值。由于正态概率纸在 μ 的累积值为 0.5,所以在纵轴上取 50% 刻度处作横轴的平行线,交直线于 $\hat{\mu}$ 点,$\hat{\mu}$ 点横坐标为 μ 的估计。

由于 $\mu+\sigma$ 处的累积概率为 0.841 5,故过纵轴的 84.2% 处作横轴的平行线,交直线于 B 点。B 点的横坐标等于 $\hat{\mu}+\sigma$,记为 $X_{0.842}$。那么,$\sigma=X_{0.842}-\hat{\mu}$。

例 6.6 某市 1987 年一次家庭收入调查中,随机地抽取 50 个家庭调查,其家庭人均月收入如下(元/人):

33	23	35	35.5	26	32.3	41	29	38.5	42	31
54.2	43	34	26.5	27	37	40.1	30	39.5	28	36.5
43	45	31	46.3	42.8	52.1	49	49	40	52.7	39
48.1	35	58	32	31.5	37	28	19	34.3	38	59.5
32.8	43	33	50	48	46					

试在显著水平 $\alpha=0.05$ 下,用正态概率纸对该市家庭人均收入的分布做假设检验且估计 μ 和 σ 的值。

解 将分组和累计频率值列入表 6-4。

表 6-4　频率分布和累计频率分布表

分组	频率	累计频率
15.25 ~ 20.25	0.02	0.02
20.25 ~ 25.25	0.02	0.04
25.25 ~ 30.25	0.16	0.20
30.25 ~ 35.25	0.24	0.44
35.25 ~ 40.25	0.22	0.66
40.25 ~ 45.25	0.14	0.80
45.25 ~ 50.25	0.10	0.90
50.25 ~ 55.25	0.06	0.96
55.25 ~ 60.25	0.04	1.00

以各组右端点值为横坐标，累计频率为纵坐标值。在正态概率纸上描点，如图 6-5 所示。

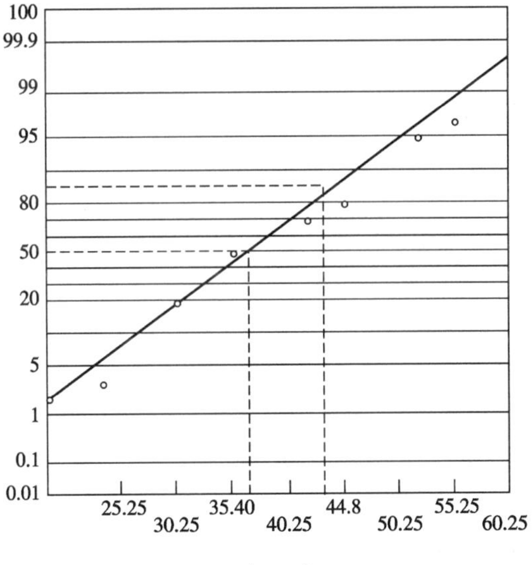

图 6-5　正态概率纸

由图可见，所描出的点近似在直线左右，所以可以认为总体近似正态分布。且 $\hat{\mu}=35.40$，$\sigma=44.8-35.40=9.4$。

3. 列联表的独立性检验

χ^2 分布的另一个重要应用涉及用样本数据检验两个变量的独立性。我们通过考察某酿酒厂来介绍独立性检验。该厂生产三种类型的啤酒：淡啤酒、普通啤酒和黑啤酒。在一次对三种啤酒市场份额的分析中，公司市场研究小组提出了男女饮酒者对三种啤酒的偏好是否有差异的问题。如果啤酒偏好与饮酒者的性别独立，将发起对所有该厂生产啤酒的广告运动。但是,如果对于啤酒的偏好依赖于饮酒者的性别,公司将针对不同的目标市场采取不同的营销策略。

独立性检验重点讨论啤酒的偏好(淡、普通和黑)是否与饮酒者性别(男性、女性)独立的问题。该独立性检验的假设为

H_0:啤酒偏好与饮酒者性别独立

H_1:啤酒偏好与饮酒者性别不独立

表 6-5 可用于描述要讨论的问题。在确定了所有男性与女性饮酒者总体之后,可以抽取一个样本,让其中每个人陈述他(或她)对于该厂啤酒的偏好。因为已经列出所有可能的啤酒偏好与性别的组合,所以称表 6-5 为一个列联表。

表 6-5 啤酒偏好与饮酒者性别列联表

	啤酒偏好		
	淡啤酒	普通啤酒	黑啤酒
男性	单元格(1,1)	单元格(1,2)	单元格(1,3)
女性	单元格(2,1)	单元格(2,2)	单元格(2,3)

假定已经抽取了一个由 150 名饮酒者组成的随机样本。品尝每种啤酒之后,让样本中每个人陈述其偏好或第一选择。表 6-6 中的交互表汇总了该研究的应答。

表 6-6 男性与女性饮酒者啤酒偏好的样本资料(观察频数)

	啤酒偏好			
	淡啤酒	普通啤酒	黑啤酒	合计
男性	20	40	20	80
女性	30	30	10	70
合计	50	70	30	150

表 6-6 中的数据是六类中的观察频数。如果能确定在啤酒偏好与饮酒者性别独立的假设下的期望频数,就能用 χ^2 分布来确定观察和期望频数是否有显著差异。

列联表的期望频数以下列推理为依据。首先,假设啤酒偏好与饮酒者性别独立的原假设为真。可以计算出期望频数如表 6-7 所示。

表 6-7　当啤酒偏好与饮酒者性别独立时的期望频数

	啤酒偏好			
	淡啤酒	普通啤酒	黑啤酒	合计
男性	26.67	37.33	16.00	80
女性	23.33	32.67	14.00	70
合计	50.00	70.00	30.00	150

将观察频数与期望频数做比较的统计方法与拟合优度检验类似。特别地，基于观察频数与期望频数计算 χ^2 值的方法如下。

独立性检验统计量为

$$\chi^2 = \sum_i \sum_j \frac{(f_{ij} - e_{ij})^2}{e_{ij}}$$

式中：f_{ij} 为列联表中第 i 行第 j 列类别的观察频数；

e_{ij} 为列联表中第 i 行第 j 列类别的期望频数。

注意：对于 n 行 m 列的列联表，检验统计量服从 χ^2 值分布，自由度为

$(n-1)\times(m-1)$

判定啤酒偏好是否与饮酒者性别独立所需的 χ^2 检验统计量的值 $\chi^2 = 6.13$。χ^2 分布的自由度为 $(2-1)\times(3-1)=2$。对于检验显著性水平 $\alpha = 0.05$，由附表得 χ^2 值为 5.99。在本例中，$\chi^2 = 6.13$ 大于临界值 5.99，于是拒绝原假设并得出啤酒偏好与饮酒者性别不独立的结论。

如前所述，独立性检验本身使我们能够得出啤酒偏好与饮酒者性别不独立的结论。尽管不能得出作为该检验结果的进一步结论，但可以非正式地比较观察频数与期望频数，以获得产生啤酒偏好与饮酒者性别是否独立的原因。参考观测频数表和期望频数表，可看到男性饮酒者对于普通啤酒与黑啤酒的观察频数高于期望频数，而女性饮酒者仅对淡啤酒的观察频数高于期望频数。这些观察给我们以男女饮酒者啤酒偏好差异的直观感受。

习　题

1. 某调查公司的一项调查表明，平均每个家庭每天看电视的时间为 3.5 h。假定该调查包括了 200 个家庭，其样本标准差为 1.5 h。据报道，10 年前（1996 年）平均每个家庭每天看电视的时间为 3.0 h。令 μ 代表当前每个家庭每天看电视时间的总体均值，检验 $H_0:\mu \leqslant 3.0$，$H_1:\mu > 3.0$。取显著性水平 $\alpha = 0.01$，对收看电视时间多少的变化你能得出什么结论？

2.一种新型减肥方法自称其参加者在第一个星期平均能减去至少 3 kg 体重。由 40 名使用了该种方法的个人组成一个随机样本，其减去体重的样本均值为 2 kg，样本标准差为 1.2 kg。

a. $\alpha=0.05$ 时，拒绝规则是什么？

b.你对该减肥说明方法的结论是什么？

c. p-值为多少？

3.一汽车装配线某道工序完成时间的计划均值为 2.2 min。由于完成时间既受上一道工序的影响，又影响到下一道工序的生产，所以保持 2.2 min 的标准是很重要的。抽取一个样本容量为 45 的随机样本，其完成时间的样本均值为 2.39 min，样本标准差为 0.20 min。在 0.02 的显著性水平下检验该工序是否达到了 2.2 min 的标准。

4.一个快餐店计划重新设计某杯装饮料的外包装。改变包装后如果有 15% 的顾客会购买这种杯装饮料的话，则可以通过该包装方案。在某些地方进行的调查显示，500 名顾客中有 88 名购买了这种杯装饮料，请通过假设检验决定是否实行这种新包装。取显著水平为 0.01。

5.一汽车制造商声称他们生产的新款经济型轿车用每单位耗油至少行驶 25 km ($H_0:\mu\geqslant 25$)，一消费者研究小组对此很感兴趣并欲进行检验($\sigma=2$ km)。

a.对于由 30 辆小汽车所组成的一个样本，取显著性水平为 0.02，则检验中根据 $\bar{x}$ 来确定是否拒绝制造商的说法，其拒绝规则是什么？

b.当实际行驶里程为每单位耗油 23 km 时，发生第二类错误的概率是多少？

c.当实际行驶里程为每单位耗油 24 km 时，发生第二类错误的概率是多少？

d.当实际行驶里程为每单位耗油 24.5 km 时，发生第二类错误的概率是多少？

6.检验某一食品灌装生产线时，对其充入食品重量的精度做出如下假设。

样本容量为 30，总体标准差 $\sigma=0.8$，取 $\alpha=0.05$。

假设	结论及措施
$H_0:\mu=16$	继续运行
$H_1:\mu\neq 16$	充入重量未达到标准，停产对机器进行调整

a.这种情况下，第二类错误意味着什么？

b.当机器的充入重量超过标准 0.5 时，发生第二类错误的概率为多大？

7. 考虑如下假设检验：

$$H_0:\mu\geqslant 10;H_1:\mu<10$$

假定当总体的实际均值为 9，总体标准差为 5 时，若研究者想要将第二类错误的概率减少到0.10,建议应选用多大的样本容量?取 $\alpha=0.05$。

8.某种工业电池的寿命至少应为400 h。在0.02的显著性水平下,进行假设检验。如果某一批次电池的实际使用寿命平均为385 h,质量管理者想要进行一次抽样,保证错误地接收这批产品的可能性不大于10%,取总体标准差的估计值为30 h。假设检验中应该采用多大的样本容量?

9.在一项汽车里程研究中,对如下假设进行检验:

假设	结论
$H_0:\mu\geq25$	支持制造商的说明
$H_1:\mu<25$	拒绝制造商的说明

当 $\sigma=3$,显著性水平为0.02,每单位耗油行驶里程实际值为24 km时,若研究者以80%的可能性认为 μ 小于25 km,那么应该选取多大的样本容量?

10.某市场研究机构用一组被调查者样本来给某特定商品的潜在购买力打分。样本中每个人都分别在看过该产品的新的电视广告之前与之后打分。潜在购买力的分值为0~10分,分值越高表示潜在购买力越高。原假设认为“看后”平均得分小于或等于“看前”平均得分。拒绝该假设就表明广告提高了潜在购买力。对 $\alpha=0.05$,用下列数据检验该假设,并对该广告给予评价。

购买力得分			购买力得分		
个人	之前	之后	个人	之前	之后
1	6	5	5	6	4
2	7	7	6	9	8
3	4	3	7	7	5
4	3	5	8	6	6

11.生产工序中的方差是工序质量的一个重要指标。通常较大的方差表明通过寻找减小工序方差的途径来改进工序的机会。《质量管理》杂志上刊载了有关两部机器生产的袋茶重量数据(以g为单位)。进行统计检验以确定两部机器所装袋茶重量的方差是否有显著差异。取显著性水平为0.10。你有何结论?哪部机器有更大的改进质量的机会?假定总体服从正态分布。

机器 1	2.95	3.45	3.50	3.75	3.48	3.26	3.33	3.20
	3.16	3.20	3.22	3.38	3.90	3.36	3.25	3.28
	3.20	3.22	2.98	3.45	3.70	3.34	3.18	3.35
	3.12							
机器 2	3.22	3.30	3.34	3.28	3.29	3.25	3.30	3.27
	3.38	3.34	3.35	3.19	3.35	3.05	3.36	3.28
	3.30	3.28	3.30	3.20	3.16			

12.一个研究的假设是:湿路上汽车刹车距离的方差显著大于干路上汽车刹车距离的方差。在调查研究中,以同样速度行驶的 30 辆汽车分别在湿路和干路上检测刹车距离。在湿路上,刹车距离的标准差为 32 m,在干路上,标准差是 16 m。

a.对于 0.05 的显著性水平,样本数据是否能够证明湿路上刹车距离的方差比干路上刹车距离方差大?

b.就驾驶安全性方面的建议而言,你的统计结论有什么含义?

13.财务部分析了两个生产部报告的每周单位成本的方差。由分别来自每个生产部的 49 个成本报告组成的样本表明,成本方差分别为 2.3 和 5.4。该样本是否足以得出结论认为两个生产部单位成本的方差不同? 取 $\alpha = 0.10$。

14.2005 年新浪网络调查的一个问题是:“在过去的 12 个月中,当你公务旅行时,你最常买何种飞机票?”得到的数据列于下表中。取 $\alpha = 0.05$,检验航班类型与机票类型的独立性,你有何结论?

	航班类型	
票别	国内航班	国际航班
一等舱	29	22
商业/行政舱	95	121
全价经济舱/二等舱	518	135

第7章 抽样方法

本章系统介绍简单随机抽样、分层简单随机抽样、整群抽样、系统抽样的相关理论与方法。

7.1 简单随机抽样

简单随机抽样是指从一个容量为 N 的有限总体中抽取得到一个容量为 n 的简单随机样本，并且每一个容量为 n 的可能样本都有相同的概率被抽中。

用简单随机抽样进行抽样调查，首先应建立一个抽样框，即抽样总体中所有个体的名册，然后根据随机数表进行抽样。使用随机数表，可以保证抽样总体中的每个个体都有相同的概率被抽中。这一节将介绍用简单随机抽样对总体均值、总体总量及总体比率进行估计。

7.1.1 总体均值

在大多数的抽样调查中，总体概率分布的形式是未知的。例如，在长虹液晶电视机抽样调查中，公司想估计购买长虹液晶电视机的人的平均年龄 μ，显然，长虹集团不知道所有长虹液晶电视机拥有者年龄的概率分布的形式。不知道总体概率分布形式通常不是问题，因为 μ 的点估计 $\bar{x}$ 的抽样分布性质仅仅依赖于样本设计的选择。

如果选择大样本（$n \geqslant 30$），则依据中心极限定理可以保证 $\bar{x}$ 的抽样分布近似服从正态概率分布。当 $\bar{x}$ 的抽样分布近似服从正态概率分布时，μ 的区间估计为

$$\bar{x} \pm \mu_{\alpha/2}\sigma_{\bar{x}} \tag{7-1}$$

式中：$\sigma_{\bar{x}}$ 为均值的标准差；

$1-\alpha$ 称为置信度，$\mu_{\alpha/2}$ 为与之对应的临界值，例如，置信度为 95% 时，$\mu_{0.025} = 1.96$。

当从一个容量为 N 的有限总体中，抽取一个容量为 n 的简单随机样本时，均值的标准差的估计值为

$$S_{\bar{x}} = \sqrt{\frac{N-n}{N-1}}\left(\frac{S}{\sqrt{n}}\right) \tag{7-2}$$

这时，总体均值的区间估计为

$$\bar{x} \pm \mu_{\alpha/2} S_{\bar{x}} \tag{7-3}$$

在抽样调查中，当构造置信区间时，通常取 $\mu = 2$。因此，在使用简单随机样本

时，总体均值的近似95%的置信区间的表达式为

$$\bar{x} \pm 2S_{\bar{x}} \tag{7-4}$$

例7.1 《摄影》是一本推介摄影作品、报道摄影发展状况、介绍摄影器材的杂志，它目前拥有8 000个订户。根据一个484个订户的简单随机样本，得出订户的年平均收入为30 500元，标准差为7 040元。因此，所有订户的年平均收入的点估计为$\bar{x}=30\ 500$元，年平均收入的标准差的估计值为

$$S_{\bar{x}}=\sqrt{\frac{8\ 000-484}{8\ 000-1}}\left(\frac{7\ 040}{\sqrt{484}}\right)=310$$

因此，根据式(7-4)，得到这本杂志订户的年平均收入的近似95%的置信区间为$30\ 500 \pm 2 \times 310 = 30\ 500 \pm 620$，即(29 880，31 120)。

上述过程也可用于对诸如总体总量或总体比率等其他总体参数的区间估计。对点估计的抽样分布近似服从正态概率分布的所有情形，其近似95%的置信区间为

估计值±2×点估计量的标准误差的估计值

例如，在《摄影》杂志的抽样调查中，点估计量的标准误差的估计值为310元，允许误差为2×310元=620元。

7.1.2 总体比率

总体比率p是总体中具有某些兴趣特征的个体占总体的比重。例如，在市场调查研究中，人们想了解喜欢某一品牌的消费者比重。样本比率$\bar{p}$是总体比率p的无偏点估计。总体比率的标准差的估计值为

$$S_{\bar{p}}=\sqrt{\left(\frac{N-n}{N-1}\right)\left(\frac{\bar{p}(1-\bar{p})}{n}\right)} \tag{7-5}$$

因此，总体比率的近似95%的置信区间的表达式为

$$\bar{p} \pm 2S_{\bar{p}} \tag{7-6}$$

例7.2 大宇国际咨询公司想估计所调查的500所学校中，使用天然气作为取暖燃料的学校比率。

如果在抽出的50所学校中，有35所学校使用天然气作为取暖燃料，则总体500所学校中使用天然气比率的点估计值$\bar{p}=35/50=0.70$。根据式(7-5)，比率的标准差的估计值为

$$S_{\bar{p}}=\sqrt{\frac{500-50}{500-1}\times\frac{0.7\times(1-0.7)}{50}}=0.061\ 5$$

因此，根据式(7-6)，总体比率的近似95%置信区间为

$$0.7 \pm 2 \times 0.061\ 5 = 0.7 \pm 0.123\ 0$$

即(0.577 0，0.823 3)。

由此例可知，当估计总体比率时，置信区间的宽度可能很宽，一般需要大的样本

容量,以保证获得总体比率的估计精度。

7.1.3 样本容量的确定

在抽样设计中,样本容量的选择是一个重要的问题,通常需要对经费和精度进行权衡。较大的样本可以提供较高的精度(允许误差较小),但费用较多。通常,调查的预算将决定样本容量的大小。在无预算限制的情况下,样本容量应该选取足够大来满足规定的精度水平。

通常,选择样本容量的方法是首先规定所需要的精度,然后确定满足精度的最小的样本容量。这里,精度涉及近似置信区间的大小,较小的置信区间可以提供较高的精度。因此,近似置信区间的大小依赖于允许误差 B,即选择精度水平相当于选择 B 的值。下面介绍估计总体均值时,选择所必需的样本容量的方法。

式(7-2)为均值的标准误差的估计公式,联系前面提到的允许误差为"点估计的标准差估计值的2倍",因此

$$B = 2\sqrt{\frac{N-n}{N-1}\frac{S}{\sqrt{n}}} \tag{7-7}$$

解式(7-7),则有

$$n = \frac{NS^2}{(N-1)\frac{B^2}{4} + S^2} \tag{7-8}$$

可见,一旦给出了所需要的精度水平(通过选择 B 的值来实现),根据式(7-8)便可以得到满足所需要精度水平的 n 值。但是,对一个实际研究的问题,根据式(7-8)确定 n 值时,除了规定所需要的允许误差之外,还必须知道样本方差 S^2。但是只有实际得到样本时,S^2 才可以知道。

下面是三种估计 S^2 的方法。

①两步抽样。首先从总体中抽取由 x 个个体组成的样本,得到 S^2 的估计值,将此值代入式(7-8),确定出全部样本容量 n;然后根据第一步所确定的全部样本容量,再抽取剩余的 $n - x$ 个个体。

②用试点调查或事先检验的结果估计 S^2。

③根据以往的资料估计 S^2。

例 7.3 某大学有5 000名毕业生,现在想构造起薪宽度在1 000元之内的置信度近似95%的置信区间。

对这样规定的置信区间,$B = 500$ 元。在根据式(7-8)确定 n 之前,我们需估计 S^2。假设根据去年所做的同样研究,得知 $S = 3\,000$ 元。可以用该值来估计 S^2。由于 $B = 500$、$S = 3\,000$ 及 $N = 5\,000$,根据式(7-8),则样本容量为

$$n = \frac{5\,000 \times 3\,000^2}{(5\,000-1) \times \frac{500^2}{4} + 3\,000^2} = 140.0$$

综上所述，对规定宽度为 1 000 元的置信度为 95% 的置信区间，所需要的样本容量为 140。但应当记住，这个计算结果依赖于 S 的最初估计值 $S = 3\,000$ 元。如果在今年的抽样调查中，S 变得较大，则近似置信区间的宽度将大于 1 000 元。因此，如果经费允许，调查设计者可选取样本容量为 150，以增加置信度为 95% 的置信区间的宽度小于 1 000 元的把握程度。

在估计总体比率时，选择样本容量的公式与估计总体均值的公式类似，只需要将式(7-8)中 S^2 替换为 $\bar{p}(1-\bar{p})$，即

$$n = \frac{N\bar{p}(1-\bar{p})}{(N-1)\frac{B^2}{4} + \bar{p}(1-\bar{p})} \tag{7-9}$$

使用式(7-9)时，必须规定允许误差 B 和给出 $\bar{p}$ 的一个估计值。如果没有 $\bar{p}$ 的合适的估计值，也可用 $\bar{p} = 0.5$ 代替，这样将保证近似置信区间的允许误差比希望的要小得多。

7.2 分层简单随机抽样

在分层简单随机抽样中，首先将总体划分 H 组(称为层)，然后从第 h 层中抽取一个容量为 n_h 的简单随机样本。由这 H 个简单随机样本的联合资料，可得出诸如总体均值、总体总量及总体比率等各种总体参数的估计。

如果各层内的差异比层间的差异小，则分层简单随机样本可得到更大的精度(总体参数的区间估计将更窄)。各层的划分应依据样本设计者的判断。根据应用，总体可按部门、地区、年龄、产品类型、销售水平等分层。

例 7.4 某大学管理学院想对今年的毕业生进行一次调查，以便了解他们开始工作时的年薪。假设该学院有 5 个专业：会计、金融、信息系统、市场营销和经营管理。今年有 1 500 名毕业生，其中会计专业 500 名，金融专业 350 名，信息系统专业 200 名，市场营销专业 300 名，经营管理专业 150 名。根据以往年薪资料的分析表明，开始工作时的年薪在专业间的差异比专业内大。因此，选择 180 名学生的一个分层简单随机样本，其中会计专业 45 名，金融专业 40 名，信息系统专业 30 名，市场营销专业 35 名，经营管理专业 30 名。

7.2.1 总体均值

在分层抽样中，总体均值的无偏估计是各层样本均值的加权平均数，所用权数为总体在各层的比重。用 $\bar{x}_{st}$ 表示总体均值的点估计，其定义如下

$$\bar{x}_{st} = \sum_{h=1}^{H} \left(\frac{N_h}{N} \right) \bar{x}_h \tag{7-10}$$

式中：H 为层数；

$\bar{x}_h$ 为第 h 层的样本均值；

N_h 为第 h 层的单位数；

N 为总体单位数，$N = N_1 + N_2 + \cdots + N_H$。

对分层简单随机样本，平均值的标准差的估计公式为

$$S_{\bar{x}_{st}} = \sqrt{\frac{1}{N} \sum_{h=1}^{H} N_h (N_h - n_h) \frac{S_h^2}{n_h}}$$

表 7-1 为某管理学院的 180 名毕业生开始工作时年薪的样本调查结果。

表 7-1　毕业生开始工作时年薪的抽样调查

专业(h)	$\bar{x}_h$/元	S_h	N_h	n_h
会计	30 000	2 000	500	45
金融	28 500	1 700	350	40
信息系统	31 500	2 300	200	30
市场营销	27 000	1 600	300	35
经营管理	31 000	2 250	150	30

各专业(层)的样本均值分别为：会计 30 000 元、金融 28 500 元、信息系统 31 500 元、市场营销 27 000 元，经营管理 31 000 元。根据这些资料及式(7-10)，总体均值的点估计为

$$\bar{x}_{st} = \frac{500}{1\ 500} \times 30\ 000 + \frac{350}{1\ 500} \times 28\ 500 + \frac{200}{1\ 500} \times 31\ 500 + \frac{300}{1\ 500} \times 27\ 000 + \frac{150}{1\ 500} \times 31\ 000 = 29\ 350 \text{ 元}$$

表 7-2 给出了其估计标准差所需要的部分计算结果。

表 7-2　抽样调查中估计均值的标准差所需要的部分计算结果

专业	h	$N_h(N_h - n_h)\frac{S_h^2}{n_h}$
会计	1	20 222 222 222
金融	2	7 839 125 000
信息系统	3	5 995 333 333

续表

专业	h	$N_h(N_h-n_h)\frac{S_h^2}{n_h}$
市场营销	4	5 814 857 143
经营管理	5	3 037 500 000
合计		42 909 037 698

故

$$\sum_{h=1}^{5} N_h(N_h-n_h)\frac{S_h^2}{n_h}=42\ 909\ 037\ 698$$

因此

$$S_{\bar{x}_{st}}=\sqrt{\frac{1}{1\ 500^2}\times 42\ 909\ 037\ 698}=\sqrt{19\ 070.68}=138$$

总体的置信度为95%的置信区间为

$$29\ 350\pm 2\times 138=29\ 350\pm 276$$

即(29 074,29 626)。

7.2.2 总体比率

对分层简单随机抽样,总体比率 p 的无偏估计是各层比率的加权平均数,所用权数为总体在各层的比重。用 $\bar{p}_{st}$ 表示总体比率的点估计,其定义如下

$$\bar{p}_{st}=\sum_{h=1}^{H}\left(\frac{N_h}{N}\right)\bar{p}_h \tag{7-11}$$

式中:H 为层数;

$\bar{p}_h$ 为第 h 层的样本比率;

N_h 为第 h 层的单位数;

N 为总体单位数,$N=N_1+N_2+\cdots+N_H$。

$\bar{p}_{st}$ 的标准差的估计值为

$$S_{\bar{p}_{st}}=\sqrt{\frac{1}{N^2}\sum_{h=1}^{H}N_h(N_h-n_h)\left[\frac{\bar{p}_h(1-\bar{p}_h)}{n_h-1}\right]} \tag{7-12}$$

因此,总体比率的置信度为95%的置信区间的表达式如下

$$\bar{p}_{st}\pm 2S_{\bar{p}_{st}} \tag{7-13}$$

7.2.3 样本容量的确定

对分层简单随机抽样,一般可用两阶段过程来选择样本容量。首先应确定总样

本容量 n,然后决定各层应分配的样本容量数;或者,首先决定每层应选择的样本容量数,然后加总得到总样本容量。由于人们一般都想估计各层的均值、总量及比率,所以这两种确定样本容量的方法都经常使用。确定总样本容量 n 及其分配,可对所有要研究的总体参数提供必要的精度。然而,对某些层,如果样本单位数没有达到满足层内估计量所需要的必要精度的数量要求,这些层的样本单位数就应根据需要向上调整。本节将讨论恰当地分配样本容量的一些问题,给出一种选择总样本容量及分配的方法。

分配工作就是决定总样本被分配到各层的部分,即确定各层的简单随机样本的容量。进行分配时要考虑的重要因素是:

①各层的单位数;

②各层内的方差;

③各层选择单位的费用。

一般地,单位数较多的层和方差较大的层应分配较多的样本数目。相反地,对于给定的费用,为了获得更多的信息,则抽样单位成本较大的层应分配较少的样本数目。

在许多调查中,抽样单位成本在各层近似相等(例如邮寄和电话调查)。在这种情况下,进行分配时,可以忽略抽样成本。对这种情况,可以给出选择样本容量和进行分配的近似公式。抽样成本在层间差异显著情况下的公式在有关抽样的高级教材中给出。本节给出的公式,能够在给定的精度水平下使总的抽样成本达到最小。这种方法,即为著名的 Neyman 分配法,将总样本容量 n 分配到各层的结果如下:

$$n_h = n\frac{N_h S_h}{\sum\limits_{h=1}^{H} N_h S_h} \tag{7-14}$$

式(7-14)表明分配到各层的单位数受各层容量和标准差的影响。在进行分配之前,必须先确定总样本容量 n。对于给定的精度水平 B,当估计总体均值时,可使用下面的公式确定总样本容量:

$$n = \frac{\left(\sum\limits_{h=1}^{H} S_h^2\right)^2}{N^2\dfrac{B^2}{4} + \sum\limits_{h=1}^{H} N_h S_h^2} \tag{7-15}$$

7.3 整群抽样

整群抽样需要将总体分为 N 组(也称为群),使总体中每个个体只属于一群。例如,现在想调查某省的登记选民。一种方法是建立包含该省所有登记选民的抽样框,然后根据抽样框,选择选民的一个简单随机样本;另一种方法是整群抽样,选择用该省各县的清单作为抽样框,每个县(或群)包含一组登记选民,而该省的每个登记选民只属于一群。

假设从88个县中选一个 $n=12$ 的简单随机样本。若收集12个中选群中所有登记选民的资料,这种方法称作单阶段整群抽样。若从12个中选群的每一群中,再选择登记选民的一个简单随机样本,这种方法称作二阶段整群抽样。这两种情形,都可用样本结果得到诸如总体均值、总体总量或总体比率等总体参数的点估计和区间估计。本章只考虑单阶段整群抽样,二阶段整群抽样将在有关抽样的高级教材中予以论述。

分层抽样和整群抽样都将总体划分为组,因此这两种抽样过程感觉上是相似的。但是,选择整群抽样与分层抽样的原因是不同的。当群内的个体存在差异时,整群抽样可提供较好的结果。理想情形是每一群都是整个总体的一个缩影。在这种情形下,抽取很少的群就可以获取关于整个总体特征的信息。

区域抽样是整群抽样的基本应用之一,在这里,群可以是县、区、城市街区或总体其他规定好的地理区域。因为这样就可以只从整个地理区域(或群)的一个样本中搜集资料,而且群内个体的代表性彼此相近,因此当资料搜集者或采访者去调查一个抽样单位时,可有效地节约时间和经费。因此,如果需要较大的总样本容量,整群抽样比简单随机抽样或分层简单随机抽样节省费用。另外,建立抽样框或被抽中的个体的清单时,整群抽样可使时间和经费达到最小。因为整群抽样不需要建立总体中每个个体的清单,只需要建立中选群中个体的清单。

例7.5 某省注册会计师协会打算对省内12 000名执业注册会计师进行一项调查。作为调查的一部分,需要收集有关收入、性别以及注册会计师生活方式等信息。因为用个人采访法去搜集所需要的信息,所以注册会计师协会采用整群抽样,以使总的差旅费和采访费用达到最小。抽样框中包含所有在该省登记注册的执业会计师事务所。

假设有1 000个群,即在该省登记注册的从事会计活动的会计师事务所有1 000个,选择10个会计师事务所为一个简单随机样本。

为了介绍在整群抽样中,构造总体均值、总体总量和总体比率的近似95%置信区间公式,设

N——总体的群数;

n——样本中选出的群数;

M_i——i 群的单位数;

M——总体单位数,$M=M_1+M_2+\cdots+M_N$;

$\bar{M}=M/N$——每一群的平均单位数;

X_i——第 i 群所有观察值的总量;

a_i——第 i 群具有某特征的观察值的数量。

在注册会计师协会的抽样调查中，有

$N = 1\ 000$

$n = 10$

$M = 1\ 2000$

$\bar{M} = 12\ 000/1\ 000 = 12$

表 7-3 为每个中选群的 M_i 和 X_i 的值，以及中选事务所中女注册会计师的数量(a_i)的资料。

表 7-3　注册会计师抽样调查的结果

事务所(i)	注册会计师数量(M_i)	第 i 个事务所年薪总额 X_i/千元	女注册会计师数量(a_i)
1	8	320	2
2	25	1 125	8
3	4	115	0
4	17	714	6
5	7	247	1
6	3	94	2
7	15	634	2
8	4	147	0
9	12	481	5
10	33	1 567	9
合计	128	5 444	35

7.3.1　总体均值

由整群抽样得到的总体均值的点估计的公式如下：

$$\bar{x}_c = \frac{\sum_{i=1}^{n} x_i}{\sum_{i=1}^{n} M_i} \tag{7-16}$$

该点估计量的标准差的估计为

$$S_{\bar{x}_c} = \sqrt{\frac{N-n}{Nn\bar{M}^2} \frac{\sum_{i=1}^{n} (x_i - \bar{x}_c M_i)^2}{n-1}} \tag{7-17}$$

总体均值的置信度为 95% 的置信区间为

$$\bar{x}_c \pm 2S_{\bar{x}_c}$$

根据表 7-3 的资料，可以得到执业注册会计师平均年薪的点估计为

$$\bar{x}_c = \frac{5\ 444}{128} = 42.531$$

由于表 7-3 中的年薪资料是以千元计量的，因此执业注册会计师的平均年薪的估计值为 42 531 元。故

$$\sum_{i=1}^{n}(x_i - \bar{x}_c M_i)^2 = 39\ 178.688$$

所以

$$S_{\bar{x}_c} = \sqrt{\frac{1\ 000-10}{1\ 000 \times 10 \times 12^2} \times \frac{39\ 178.688}{10-1}} = 1.730$$

因此，标准差为 1.730。从而得到平均年薪的置信度为 95% 置信区间为

$$42.531 \pm 2 \times 1.730 = 42.531 \pm 3.460$$

即(39.071,45.991)。

7.3.2 总体比率

整群抽样的总体比率的点估计公式如下：

$$\bar{p}_c = \frac{\sum_{i=1}^{n} a_i}{\sum_{i=1}^{n} M_i} \tag{7-18}$$

式中：a_i 为第 i 群中具有某种感兴趣特征的个体的数量。

该点估计量的标准误差的估计为

$$S_{\bar{p}_c} = \sqrt{\frac{N-n}{Nn\bar{M}^2} \frac{\sum_{i=1}^{n}(a_i - \bar{p}_c M_i)^2}{n-1}} \tag{7-19}$$

总体比率的置信度为 95% 的置信区间为

$$\bar{p}_c \pm 2S_{\bar{p}_c} \tag{7-20}$$

对注册会计师抽样调查，可以得到女性执业注册会计师的比率的估计为

$$\bar{p}_c = \frac{2+8+\cdots+9}{8+25+\cdots+33} = \frac{35}{128} = 0.273\ 4$$

$$\sum_{i=1}^{n}(a_i - \bar{p}_c M_i)^2 = 15.209\ 8$$

因此

$$S_{\bar{p}_c} = \sqrt{\frac{1\ 000-10}{1\ 000 \times 10 \times 12^2} \times \frac{15.209\ 8}{10-1}} = 0.034\ 1$$

所以，女性职业注册会计师比率的置信度 95% 置信区间为

$$0.273\ 4 \pm 2 \times 0.034\ 1 = 0.273\ 4 \pm 0.068\ 2$$

即(0.205 2,0.341 6)。

7.3.3 样本容量的确定

一旦群形成,确定样本容量的基本问题就是选择群的数量。整群抽样的过程同其他抽样方法类似。首先通过选择允许误差的值,规定可接受的精度水平,然后是建立满足所需要精度的 n 值的计算公式。每群平均个体的数量和群间方差是决定样本中包含群数多少的关键因素。如果各群相似,则群间方差小,因此中选群数就比较少。另外,如果每群平均个体数量较大,则中选群数也会比较少。准确确定样本容量的公式参见有关抽样的高级教材。

7.4 系统抽样

系统抽样常常用来代替简单随机抽样。对某些抽样情况,特别是大型总体,通过先确定随机数,然后根据抽样框寻找与随机数相对应的个体的方法来选择一个简单随机样本,这需要花费大量时间。在这种情况下,系统抽样可代替简单随机抽样。例如,需要从容量为 5 000 的总体中抽取一个容量为 50 的样本,我们可以从总体中每 100(即 5 000/50)个个体中抽选一个个体。这种情况的系统样本,是从抽样框的前 100 个个体中随机选择一个;根据选中的第一个个体位置,然后在其后面的抽样框中,每隔 100 个个体选择一个,可得到样本中其余的个体。实际上,通过系统排列总体以及在随机抽取第一个个体后每隔 100 个来选择一个个体,可以得到一个容量为 50 的样本。用这种方式选择容量为 50 的样本常常比用简单随机抽样容易。因为第一个个体的选择是随机的,因此系统样本常常假定具有简单随机样本的性质。当抽样框是由总体中的个体随机排列而形成时,这种假定通常是合适的。

习　题

1.用简单随机抽样,从总体容量为 800 的总体中选择一个容量为 50 的样本,样本均值 $\bar{x}=215$,样本标准差 $S=20$。

a.估计总体均值;

b.估计均值的标准误差;

c.构造总体均值的置信度为 95% 的置信区间。

2.选择一个样本来构造总体均值的置信度为 95% 的置信区间。假设总体包含 450 个个体,试点研究的结果表明 $S=70$。如果想构造宽度为 30 的置信度为 95% 的置信区间,应抽取多大容量的样本?

3.将一个总体划分为3层,其中 $N_1=300$,$N_2=600$,$N_3=500$。根据过去的调查,各层的标准差的估计如下:$S_1=150$,$S_2=72$,$S_3=100$。

a.若总体均值估计的允许误差 $B=20$,则样本容量应为多少?每层应分配多少容量?

b.若总体均值估计的允许误差 $B=10$,则样本容量应为多少?每层应分配多少容量?

4.一个会计事务所在银行业、保险业和经纪人行业有大量客户,其中有 $N_1=50$ 个银行,$N_2=38$ 个保险公司和 $N_3=35$ 个经纪人公司。雇用一个市场调查公司来调查这3个行业中的该会计师事务所的客户,就客户的业务和他们对会计事务所提供服务的满意情况,询问了大量问题。假设要估计123个客户的平均员工数量的置信度为95%置信区间,允许误差为 $B=45$。

a.根据一个试点调查得到 $S_1=80$,$S_2=150$ 和 $S_3=45$,选择总样本容量,并确定分配到3层中的样本容量。

b.假设进行试点检验,得到在选择样本容量时,每层的标准差都等于100,选择总样本容量,并确定每层的样本容量。

5.从包含25群300个元素的总体中选出4群。每群的 M_i、X_i、a_i 的值如下:

群(i)	M_i	X_i	a_i
1	7	95	1
2	18	325	6
3	15	190	6
4	10	140	2
合计	50	750	15

a.求总体均值、总体总量和总体比率的点估计值;

b.对以上各个估计量,分别估计它们的标准误差;

c.构造总体总量的置信度为95%的置信区间;

d.构造总体比率的置信度为95%的置信区间。

第8章　方差分析

对于工农业生产的每一种产品，影响其评价指标的因素都是众多的。对于管理者来说，了解哪些因素对产品质量或产量等指标有显著影响具有重要意义。检验某个(或某些)因素对产品指标有无显著影响就是检验在这个(或这些)因素的作用下，产品指标的均值是否相等(即在统计意义上相等)。要了解哪些因素对产品有影响就要进行试验，并取得试验结果(数据)，然后进行分析。

进行试验(实验)时，我们称可控制的试验条件为因素(factor)，因素变化的各个等级为水平(level)。如果在试验中只有一个因素在变化，其他可控制的条件不变，则称为单因素试验；若试验中变化的因素有两个或两个以上，则称为双因素或多因素试验。根据试验结果，怎样找出有显著作用的因素，以及找出在怎样的水平和工艺条件下能使指标最优以达到优质和高产的目的，这就是方差分析(analysis of variance，简称ANOVA)所要解决的问题。

8.1　方差分析的原理

下面通过例题来说明方差分析的基本统计思想。

例 8.1　某公司计划引进一条生产线。为了选择一条质量优良的生产线以减少日后的维修问题，他们对6种型号的生产线做了初步调查，每种型号调查4条生产线，结果列于表8-1中。这些结果表示每个型号的生产线上个月维修的小时数。试问由此结果能否判定由于生产线型号不同而造成它们在维修时间方面有显著差异？

表 8-1　对6种型号生产线维修时数的调查结果

型号 \ 序号	1	2	3	4
A型	9.5	8.8	11.4	7.8
B型	4.3	7.8	3.2	6.5
C型	6.5	8.3	8.6	8.2
D型	6.1	7.3	4.2	4.1
E型	10.0	4.8	5.4	9.6
F型	9.3	8.7	7.2	10.1

在这里，我们所研究的指标就是维修时间，记作 Y，通常假定它是一个服从正态分布的随机变量。控制因素是生产线的型号，分为6个水平，即A,B,C,D,E,F，把每

个水平所对应的指标看成一个总体 $Y_i(i=1,2,\cdots,6)$。现在的试验就是进行调查，每种型号调查4次，相当于每个总体中抽取一个容量为4的样本，得到的数据记作 $Y_{ij}(i=1,2,\cdots,6;j=1,2,3,4)$，即为表8-1中数据。

计算各样本平均数 $\bar{Y}_i$ 如下：

型号	A	B	C	D	E	F
$\bar{Y}_i$	9.4	5.5	7.9	5.4	7.5	8.8

要想比较各种型号生产线的维修时间是否显著相等，可以用第6章中两个总体平均值比较的检验法，把样本平均数两两组成对：

$\bar{Y}_1$ 与 $\bar{Y}_2$，$\bar{Y}_1$ 与 $\bar{Y}_3$，$\cdots$，$\bar{Y}_1$ 与 $\bar{Y}_6$，$\bar{Y}_2$ 与 $\bar{Y}_3$，$\cdots$，$\bar{Y}_5$ 与 $\bar{Y}_6$

共有15($C_6^2=15$)对。将这15对平均数一一进行比较检验，工作量显然比只有两个样本的情况繁重得多。此外，即使每对都进行了比较，并且都以0.95的置信度得出每对均值都相等的结论，但是由此得出这6个型号的维修时间的均值都相等这一结论的置信度仅是 $0.95^{15}=0.463\ 2$。对假设检验来说，这个置信度太低了，这样的方法是不能采用的。所以，当比较两个以上的样本平均数，检验这些样本是否来自同一总体时，还需要另外的方法。

按照统计假设检验的原理，在上例中原假设是：不同型号的生产线平均维修时间是相同的。如果这个原假设为真，那么各型号的样本平均数之间的变异程度就不可能太大。因此考虑使用方差或观测值的偏差平方和的概念来进行检验。

方差分析的基本原理依据的就是上述统计思想，即：

①将数据总的偏差平方和按照产生的原因分解成由因素的水平不同引起的偏差平方和以及由试验误差引起的偏差平方和两部分：

总的偏差平方和 = 由因素水平引起的偏差平方和 + 试验误差平方和

②上式右边两个平方和的相对大小可以说明因素的不同水平是否使得各平均值(各型号的平均维修时间)产生显著性差异，为此需要进行适当的统计假设检验。

8.2 单因素试验的方差分析

8.2.1 数学模型和数据结构

在单因素试验中，为了考察因素 A 的 k 个水平 $A_1,A_2,\cdots,A_k$ 对指标 Y 的影响(如第 k 种型号对维修时间的影响)，设想在固定的 A_i 条件下做试验。所有可能的试验结果组成一个总体 Y_i，它是一个随机变量。可以把它分解为两部分，即

$$Y_i = \mu_i + \varepsilon_i \tag{8-1}$$

其中，μ_i 纯属 A_i 作用的结果，称为在 A_i 条件下 Y_i 的真值(也称为在 A_i 条件下 Y_i 的理论平均)；ε_i 是试验误差(也称随机误差)，是服从正态分布的随机变量。

如果在独立地进行试验过程中，除 $A_1, A_2, \cdots, A_k$ 不同外，其余条件均不变，那么 $\varepsilon_1, \varepsilon_2, \cdots, \varepsilon_k$ 就应该是独立同分布的随机变量，即

$$\varepsilon_i \sim N(0, \sigma^2) \tag{8-2}$$

因为

$$E(Y_i) = \mu_i, D(Y_i) = D(\varepsilon_i) = \sigma^2$$

所以

$$Y_i \sim N(\mu_i, \sigma^2)$$

其中，μ_i 和 σ^2 都是未知参数($i = 1,2,\cdots,k$)。

为了估计和检验上述参数，就要做重复试验。假定在水平 A_i 下重复做 m 次试验，得到观测值 $Y_{i1}, Y_{i2}, \cdots, Y_{im}$(为方便起见，不再与小写字母 $y_{i1}, y_{i2}, \cdots, y_{im}$ 加以区别，也可以表示数值)，这相当于从第 i 个正态总体 $N(\mu_i, \sigma^2)$($i = 1,2,\cdots,k$)中，随机抽取一个容量为 m 的样本列成表 8-2。

表 8-2　不同水平条件下重复试验结果

	1	2	…	j	…	m	合计	平均
A_1	Y_{11}	Y_{12}	…	Y_{1j}	…	Y_{1m}	T_1	$\bar{Y}_1$
A_2	Y_{21}	Y_{22}	…	Y_{2j}	…	Y_{2m}	T_2	$\bar{Y}_2$
⋮	⋮	⋮		⋮		⋮	⋮	⋮
A_i	Y_{i1}	Y_{i2}	…	Y_{ij}	…	Y_{im}	T_i	$\bar{Y}_i$
⋮	⋮	⋮		⋮		⋮	⋮	⋮
A_k	Y_{k1}	Y_{k2}	…	Y_{kj}	…	Y_{km}	T_k	$\bar{Y}_k$

表 8-2 中，有

$$\bar{Y}_i = \frac{1}{m}\sum_{j=1}^{m} Y_{ij} \quad (i = 1,2,\cdots,k) \tag{8-3}$$

表中，Y_{ij} 表示在 A_i 条件下第 j 次试验的结果，用公式表示就是

$$Y_{ij} = \mu_i + \varepsilon_{ij} \quad (i = 1,2,\cdots,k; j = 1,2,\cdots,m) \tag{8-4}$$

值得注意的是：每次试验结果只能得到 Y_{ij}，而式(8-4)中的 μ_i 和 ε_{ij} 都不能直接观测到。

为了便于比较和分析因素 A 的水平 A_i 对指标影响的大小，通常把 μ_i 再分解为

$$\mu_i = \mu + \alpha_i \quad (i = 1,2,\cdots,k) \tag{8-5}$$

其中，$\mu = \frac{1}{k}\sum_{i=1}^{k}\mu_i$ 称为一般平均(grand mean)，它是比较 A_i 作用大小的一个基点，并

且称 $\alpha_i=\mu_i-\mu$ 为第 i 个水平 A_i 的效应，它表示水平 A_i 的真值 μ_i 与一般水平 μ 的差值。$\alpha_1,\alpha_2,\cdots,\alpha_k$ 满足约束条件

$$\alpha_1+\alpha_2+\cdots+\alpha_k=0 \tag{8-6}$$

把式(8-5)代入式(8-4)中，得

$$Y_{ij}=\mu+\alpha_i+\varepsilon_{ij};\sum\alpha_i=0 \quad (i=1,2,\cdots,k;j=1,2,\cdots,m)$$

在单因素试验的方差分析中，常采用这种分解式，并称满足条件 $\alpha_1+\alpha_2+\cdots+\alpha_k=0$ 的 $\mu_i=\mu+\alpha_i(i=1,2,\cdots,k)$ 为单因素方差分析的数学模型，称式(8-6)为数据结构方程，称 $\mu,\alpha_1,\alpha_2,\cdots,\alpha_k$ 为模型参数。单因素方差分析要解决的问题是：

①找出参数 $\mu,\alpha_1,\alpha_2,\cdots,\alpha_k$ 和 σ^2 的估计量；

②分析观测值的偏差；

③检验各水平效应 $\alpha_1,\alpha_2,\cdots,\alpha_k$ 有无显著差异。

8.2.2 参数点估计

下面介绍用最小二乘法求参数 $\mu,\alpha_1,\alpha_2,\cdots,\alpha_k$ 的估计量，然后寻求 σ^2 的无偏估计量。

我们希望所求参数 $\mu,\alpha_1,\alpha_2,\cdots,\alpha_k$ 的估计值能使在水平 A_i 下求得的观测值 Y_{ij} 与真值 μ_i 之间的偏差尽可能小。为满足此要求，一般考虑用最小平方和原则，也就是使观测值与真值的偏差平方和达到最小。由式(8-4)可知，此偏差平方和就是随机误差平方和(记作 S_ε)，可以表示为

$$S_\varepsilon=\sum_{i=1}^{k}\sum_{j=1}^{m}\varepsilon_{ij}^2=\sum\sum(Y_{ij}-\mu_i)^2=\sum\sum(Y_{ij}-\mu-\alpha_i)^2$$

根据以上原则，应求使 S_ε 达到最小值的解，并将该解作为参数的估计值。

根据极值的必要条件，令

$$\frac{\partial S_\varepsilon}{\partial\mu}=0,\quad \frac{\partial S_\varepsilon}{\partial\alpha_i}=0 \quad (i=1,2,\cdots,k)$$

由

$$\frac{\partial S_\varepsilon}{\partial\mu}=-2[\sum\sum(Y_{ij}-\mu)-\sum\sum\alpha_i]=0$$

解得

$$\hat{\mu}=\frac{1}{km}\sum\sum Y_{ij}=\bar{Y} \tag{8-7}$$

由

$$\frac{\partial S_\varepsilon}{\partial\alpha_i}=-2\sum_{j=1}^{m}(Y_{ij}-\mu-\alpha_i)=0$$

解得

$$\hat{\alpha}_i = \frac{1}{m}\sum_{j=1}^{m} Y_{ij} - \hat{\mu} = \bar{Y}_i - \bar{Y} \tag{8-8}$$

由此得 μ_i 的估计量为

$$\hat{\mu}_i = \hat{\mu} + \hat{\alpha}_i = \bar{Y}_i$$

至此,已求得参数 μ、α_i 和 μ_i 的估计量分别为

$$\left.\begin{aligned} \hat{\mu} &= \bar{Y} \\ \hat{\alpha}_i &= \bar{Y}_i - \bar{Y} \\ \hat{\mu}_i &= \bar{Y}_i \end{aligned}\right\} \tag{8-9}$$

按照上述原则求参数估计量的方法称为最小二乘法,$\hat{\mu}$、$\hat{\alpha}_i$ 和 $\hat{\mu}_i$ 称为最小二乘估计量。

可以证明,$\hat{\mu}$、$\hat{\alpha}_i$ 和 $\hat{\mu}_i$ 分别是参数 μ、α_i 和 μ_i 的无偏估计量。

将 μ 和 α_i 分别用它们的估计量代替,可以得到试验误差 ε_{ij} 的估计量为

$$e_{ij} = Y_{ij} - \bar{Y}_i \tag{8-10}$$

8.2.3 分解定理与自由度

为了从观测值的偏差中分析出各水平 A_i 的效应,下面研究三种偏差:$Y_{ij} - \bar{Y}$,$\bar{Y}_i - \bar{Y}$ 和 $Y_{ij} - \bar{Y}_i$。根据前面参数估计的讨论,它们分别表示对 $Y_{ij} - \mu$、α_i 和 ε_{ij} 的估计。关于这三种偏差的平方和有以下公式成立:

$$\sum_{i=1}^{k}\sum_{j=1}^{m}(Y_{ij} - \bar{Y})^2 = m\sum_{i=1}^{k}(\bar{Y}_i - \bar{Y})^2 + \sum_{i=1}^{k}\sum_{j=1}^{m}(Y_{ij} - \bar{Y}_i)^2 \tag{8-11}$$

证明:

令 $Y_{ij} - \bar{Y} = (\bar{Y}_i - \bar{Y}) + (Y_{ij} - \bar{Y}_i)$

两边平方后得到

$$(Y_{ij} - \bar{Y})^2 = (\bar{Y}_i - \bar{Y})^2 + 2(\bar{Y}_i - \bar{Y})(Y_{ij} - \bar{Y}_i) + (Y_{ij} - \bar{Y}_i)^2$$

依次对 i,j 求和,得

第一项

$$\sum_{i=1}^{k}\sum_{j=1}^{m}(\bar{Y}_i - \bar{Y})^2 = m\sum_{i=1}^{k}(\bar{Y}_i - \bar{Y})^2$$

第二项为0,因为

$$\sum_{j=1}^{m}(Y_{ij} - \bar{Y}_i) = 0$$

代入上式,定理证毕。

令 $S_T = \sum\sum(Y_{ij} - \bar{Y})^2$

$$S_A = m\sum(\bar{Y}_{i\cdot} - \bar{Y})^2$$

$$S_E = \sum\sum(Y_{ij} - \bar{Y}_i)^2$$

则分解定理(公式(8-11))可写成

$$S_T = S_A + S_E \tag{8-12}$$

上式中 S_T 称为总偏差平方和,它反映了全部数据 Y_{ij} 相对于 $\bar{Y}$ 的差异和离散程度;S_E 称为误差平方和(或组内平方和),它仅仅反映试验误差的大小;S_A 称为因素 A 的效应平方和(或组间平方和),它除了反映因素 A 各个水平效应的差异程度外,实际上还包含有试验误差,关于这一点下面还要进一步解释。

平方和的自由度是指和式中独立项的项数,是与 χ^2 分布自由度的意义相一致的。但当平方和的各项间有 r 个约束条件时,自由度应是项数减 r。

现在计算各平方和 S_T、S_A 及 S_E 的自由度。

S_T 的自由度 $f_T = km - 1$,因为它的项数是 km,有一个约束条件见式(8-7)。

S_A 的自由度 $f_A = k - 1$,因为它的项数是 k,有一个约束条件:

$$\sum m(\bar{Y}_i - \bar{Y}) = 0$$

S_E 的自由度 $f_E = km - k = k(m-1)$,因为它的项数是 km,有 k 个约束条件见式(8-3)。

容易看出,自由度之间也有类似于分解定理的关系,即

$$f_T = f_A + f_E \tag{8-13}$$

定理: S_E 和 S_A 的期望值分别是

$$E(S_E) = k(m-1)\sigma^2 \tag{8-14}$$

$$E(S_A) = (k-1)\sigma^2 + m\sum_{i=1}^{k}\alpha_i^2 \tag{8-15}$$

8.2.4 显著性检验

单因素方差分析中参数的假设检验是在以下假设条件下进行的:

①表 8-2 中的观测值 $Y_{ij}(i=1,2,\cdots,k;j=1,2,\cdots,m)$ 是相互独立的;

②在水平 A_i 条件下,$Y_{ij}(j=1,2,\cdots,m)$ 服从正态分布 $N(\mu_i,\sigma^2)$。

这时,要判断在因素 A 的 k 个水平 $A_1,A_2,\cdots,A_k$ 下真值 $\mu_1,\mu_2,\cdots,\mu_k$ 之间是否有显著性差异,即检验原假设

$$H_0': \mu_1 = \mu_2 = \cdots = \mu_k$$

是否成立。

这相当于检验原假设

$$H_0: \alpha_i = 0(i=1,2,\cdots,k); H_1: \alpha_i \text{ 不全为零}$$

是否成立。

可以证明,当 H_0 为真时,有

$$\left.\begin{aligned}\frac{S_T}{\sigma^2}&\sim\chi^2(km-1)\\\frac{S_A}{\sigma^2}&\sim\chi^2(k-1)\\\frac{S_E}{\sigma^2}&\sim\chi^2(k(m-1))\end{aligned}\right\}\qquad(8\text{-}16)$$

并且$\frac{S_A}{\sigma^2}$与$\frac{S_E}{\sigma^2}$相互独立。

由此可得

$$F_A=\frac{S_A/(k-1)\sigma^2}{S_E/k(m-1)\sigma^2}=\frac{S_A/(k-1)}{S_E/k(m-1)}\sim F(k-1,k(m-1))\qquad(8\text{-}17)$$

其中 $S_A/(k-1)$和 $S_E/k(m-1)$称为均方(mean square)。

于是,可以利用式(8-17)来检验原假设 H_0 是否成立。对于给定的显著水平 α,可以从 F 分布表查出临界值 $F_\alpha(k-1,k(m-1))$,再根据样本观测值算出 F_A 的值。

当 $F_A>F_\alpha(k-1,k(m-1))$时,拒绝 H_0;当 $F_A<F_\alpha(k-1,k(m-1))$时,接受 H_0。

将上述分析的结果列成表 8-3 的形式,称为方差分析表。

表 8-3 单因素方差分析表

方差来源	平方和	自由度	均方	F 比
组间(因素 A)	S_A	$k-1$	$\frac{S_A}{k-1}$	$F_A=\frac{S_A/k-1}{S_E/k(m-1)}$
组内(试验误差)	S_E	$k(m-1)$	$\frac{S_E}{k(m-1)}$	
总和	$S_T=S_A+S_E$	$km-1$	—	

下面继续讨论前面 6 种型号的生产线例子。根据调查结果,在 $\alpha=0.05$ 的显著水平时,检验这 6 种型号的生产线在平均维修时间方面有无显著差异。

根据实践经验,一般认为各种型号生产线的维修时间是近似服从正态分布的。

作统计假设:6 种型号的生产线平均维修时数无显著差异,即

$H_0:\alpha_i=0(i=1,2,\cdots,6)$;$H_1:\alpha_i$ 不全为零

欲检验这个统计假设,先要计算 S_A 及 S_E。为了计算方便起见,可将 S_A 及 S_E 分别写成如下形式:

$$S_A=m\sum_{i=1}^{k}(\bar{Y}_i-\bar{Y})^2=\frac{\sum T_i^2}{m}-\frac{T^2}{km}$$

$$S_E = \sum\sum(Y_{ij} - \bar{Y}_i)^2 = \sum\sum Y_{ij}^2 - \frac{\sum T_i^2}{m}$$

其中

$$T_i = \sum_{j=1}^{m} Y_{ij} \quad (i = 1,2,\cdots,k)$$

$$T = \sum T_i = \sum\sum Y_{ij}$$

将所需各项数据列于下表中进行计算：

型号 \ 序号	1	2	3	4	T_j	T_i^2	$\sum_{j=1}^{m} Y_{ij}^2$
A 型	9.5	8.8	11.4	7.8	37.5	1 406.25	358.49
B 型	4.3	7.8	3.2	6.5	21.8	475.24	131.82
C 型	6.5	8.3	8.6	8.2	31.6	998.56	252.34
D 型	6.1	7.3	4.2	4.1	21.7	470.89	124.95
E 型	10.0	4.8	5.4	9.6	29.8	888.04	244.36
F 型	9.3	8.7	7.2	10.1	35.3	1 246.09	316.03

$\sum T_i = 177.7$

$\sum T_i^2 = 5\ 485.07$

$\sum\sum Y_{ij}^2 = 1\ 427.99$

再将计算结果分别代入 S_A 与 S_E 两式中，得到

$$S_A = \frac{\sum T_i^2}{m} - \frac{T^2}{km} = \frac{5\ 485.07}{4} - \frac{177.7^2}{6\times 4} = 55.55$$

$$S_E = \sum\sum Y_{ij}^2 - \frac{\sum T_i^2}{m} = 1\ 427.99 - \frac{5\ 485.07}{4} = 56.72$$

第一自由度 $f_A = k - 1 = 6 - 1 = 5$

第二自由度 $f_E = k(m-1) = 6\times 3 = 18$

将以上结果列成如下方差分析表：

方差来源	平方和	自由度	均方	F 比
组间 S_A	55.55	5	11.11	$F_A = \frac{11.11}{3.15} = 3.53$
组内 S_E	56.72	18	3.15	
总和 S_T	112.27	23	—	

查 F 分布表得

$$F_{0.05}(5,18)=2.77$$

由于 $F_A=3.53>2.77$,故拒绝 H_0。该结论说明,至少有一种生产线型号的效应不为零,这等价于至少有两种型号的生产线的平均维修时数是有显著差异的。

8.2.5 多重比较与区间估计

当方差分析得出的结论是该因素各水平之间有显著差异时,我们并不能断言两两水平之间都有显著差异。有可能某些水平之间十分显著的差异掩盖了某些水平之间的差异不显著,而使总的结论为差异显著。为了找出哪两个水平之间差异显著,下面介绍一种多重比较的方法——q 检验法。

1.q 检验法

假设试验因素 A 共有 k 个水平,每个水平重复做 m 次试验,并且方差分析的结论是各水平之间差异显著,为进一步做多重比较,可按以下步骤进行。

q 检验法要求首先从"多重比较的 q 表"(见附表八)查出一个 $q_\alpha(k,f_E)$ 值,其中 α 为显著水平,k 为水平数,f_E 为误差平方和 S_E 的自由度。对于前面的试验来说,$f_E=k(m-1)$。然后由 $q_\alpha(k,f_E)$、S_E 和 m 计算

$$D=q_\alpha(k,f_E)\sqrt{\frac{S_E/f_E}{m}} \tag{8-18}$$

和任意两水平的差数,并进行比较:

当 $|\bar{Y}_i-\bar{Y}_s|\geqslant D$ 时,判断 $\bar{Y}_i$ 与 $\bar{Y}_s$ 差异显著;

当 $|\bar{Y}_i-\bar{Y}_s|<D$ 时,判断 $\bar{Y}_i$ 与 $\bar{Y}_s$ 差异不显著。

由于 $q_\alpha(k,f)$ 不仅取决于 α 与 S_E 的自由度 $k(m-1)$,而且与水平数 k 有关,k 愈大,$q_\alpha(k,f)$ 也愈大,从而保证在做多重比较时,犯第一类错误的概率不至于增大。此外进行两两比较时,虽然需要做 $\frac{k(k-1)}{2}$ 个比较,但因均以统一的 D 值作为标准,计算工作量只有一个 D 值和水平间的差数 $|\bar{Y}_i-\bar{Y}_s|$,因而计算得到简化。

继续研究前例。现在想要以 $\alpha=0.05$ 的显著性水平来判断哪两个型号的生产线在维修时间上有显著差异。具体做法如下。

将前例中各 $\bar{Y}_i(i=1,2,\cdots,k)$ 依大小顺序排列,按照下表的形式进行逐个比较以免遗漏。

$\bar{Y}_i$ \ $\bar{Y}_i-\bar{Y}_s$	$\bar{Y}_i-\bar{Y}_6$	$\bar{Y}_i-\bar{Y}_5$	$\bar{Y}_i-\bar{Y}_4$	$\bar{Y}_i-\bar{Y}_3$	$\bar{Y}_i-\bar{Y}_2$
A 型 $\bar{Y}_1=9.4$	4.0	3.9	1.9	1.5	0.6
F 型 $\bar{Y}_2=8.8$	3.4	3.3	1.3	0.9	

续表

$\bar{Y}_i$ \ $\bar{Y}_i-\bar{Y}_s$	$\bar{Y}_i-\bar{Y}_6$	$\bar{Y}_i-\bar{Y}_5$	$\bar{Y}_i-\bar{Y}_4$	$\bar{Y}_i-\bar{Y}_3$	$\bar{Y}_i-\bar{Y}_2$
C 型 $\bar{Y}_3=7.9$	2.5	2.4	0.4		
E 型 $\bar{Y}_4=7.5$	2.1	2.0			
B 型 $\bar{Y}_5=5.5$	0.1				
D 型 $\bar{Y}_6=5.4$					

由前例的方差分析表已知 $S_E=56.72$，相应的自由度 $f_E=18$，水平数 $k=6$，$m=4$，以显著水平 $\alpha=0.05$ 查 q 表得

$$q_{0.05}(6,18)=4.49$$

所以

$$D=q_{0.05}(6,18)\sqrt{\frac{S_E/f_E}{m}}=4.49\sqrt{\frac{3.15}{4}}=3.98$$

从上表可以看到，全部两两比较的结果中，属于 $|\bar{Y}_i-\bar{Y}_s|>D=3.98$ 的情况只有一个，即 $\bar{Y}_1$ 与 $\bar{Y}_6$，也就是说仅有 $\bar{Y}_1$ 与 $\bar{Y}_6$ 之间的差异显著，而其他均不显著。故结论是这 6 种型号的生产线只有 A 型与 D 型在平均维修时间方面有显著差异。

2.区间估计

要想进一步确定具有显著差异的两个水平的样本均值之差 $\bar{Y}_i-\bar{Y}_s$ 大致在什么范围，可以根据多重比较的过程求出置信系数为 $1-\alpha$ 的 $\mu_i-\mu_s$ 的置信区间为

$$(\bar{Y}_i-\bar{Y}_s)-D\leqslant\mu_i-\mu_s\leqslant(\bar{Y}_i-\bar{Y}_s)+D \tag{8-19}$$

其中 D 由式(8-18)所决定。

对于前例，$\mu_1-\mu_6$ 的 95% 置信区间为

$$4.0-4.49\sqrt{\frac{3.15}{4}}\leqslant\mu_1-\mu_6\leqslant4.0+4.49\sqrt{\frac{3.15}{4}}$$

$$0.02\leqslant\mu_1-\mu_6\leqslant7.98$$

即有 95% 的把握估计 A 型与 D 型的生产线在平均维修时间方面的差异在 0.02 ~ 7.98 h 之间。

当试验观测值 Y_{ij} 的数字位数太多不便于计算时，可以对 Y_{ij} 进行线性变换

$$Y'_{ij}=\frac{Y_{ij}-a}{b}\quad(i=1,2,\cdots,k;j=1,2,\cdots,m)$$

其中 a、$b(b\neq0)$是任意的两个实数。在实际问题中，如 a、b 选取得当，就可以减少计算量。容易证明，用线性变换前后的数据进行方差分析，所得的 F 值相等。

8.3 双因素方差分析

8.3.1 双因素方差分析的类型

在实际问题的研究中,有时需要考虑两个因素对试验结果的影响。例如饮料销售,除了关心饮料颜色之外,我们还想了解销售地区是否影响销售量。如果在不同的地区,销售量存在显著的差异,就需要分析原因。在市场占有率高的地区,要采用不同的销售策略,使该饮料品牌继续深入人心,保持领先地位;在市场占有率低的地区,应进一步扩大宣传,让更多的消费者了解、接受该产品。若把饮料的颜色看做影响销售量的因素 A,饮料的销售地区则是影响因素 B。对因素 A 和因素 B 同时进行分析,就属于双因素方差分析。双因素方差分析的内容是对影响因素进行检验:究竟是一个因素在起作用,还是两个因素都起作用,或是两个因素的影响都不显著。

双因素方差分析有两种类型:一个是无交互作用的双因素方差分析,它假定因素 A 和因素 B 的效应之间是相互独立的,不存在相互关系;另一个是有交互作用的双因素方差分析,它假定因素 A 和因素 B 的结合会产生出一种新的效应。例如,若假定不同地区的消费者对某种颜色有与其他地区消费者不同的特殊偏爱,这就是两个因素结合后产生的新效应,属于有交互作用的情形;否则,就是无交互作用的情形。有交互作用的双因素方差分析已超出本书的范围,这里介绍无交互作用的双因素方差分析。

8.3.2 数据结构

双因素方差分析的数据结构如表 8-4 所示。

表 8-4 双因素方差分析的数据结构

		因素 A				$\bar{X}_{i\cdot}$
		A_1	A_2	…	A_r	
因素 B	B_1	x_{11}	x_{12}	…	x_{1r}	$\bar{x}_{1\cdot}$
	B_2	x_{21}	x_{22}	…	x_{2r}	$\bar{x}_{2\cdot}$
	⋮	⋮	⋮		⋮	⋮
	B_k	x_{k1}	x_{k1}	…	x_{kr}	$\bar{x}_{k\cdot}$
$\bar{X}_{\cdot j}$		$\bar{x}_{\cdot 1}$	$\bar{x}_{\cdot 2}$	…	$\bar{x}_{\cdot r}$	$\bar{\bar{x}}$

表中,因素 A 位于列的位置,共有 r 个水平,$\bar{X}_{\cdot j}$代表第 j 种水平的样本平均数;

因素 B 位于行的位置，共有 k 个水平，$\bar{X}_{i\cdot}$ 代表第 i 种水平的样本平均数。$\bar{\bar{x}}$ 为样本总平均数，样本容量 $n = rk$。

每一个观察值 x_{ij} 都看做由 A 因素的 r 个水平和 B 因素的 k 个水平所组合成的 rk 个总体中抽取样本容量为 1 的独立随机样本。这 rk 个总体的每一个总体均服从正态分布，且有相同的方差。这是进行双因素方差分析的假定条件。

8.3.3 离差平方和的分解

进行双因素方差分析，需要将总离差平方和 SST 进行分解。二者的区别在于，这里需要将总离差平方和分解为三个组成部分，即 SSA、SSB 和 SSE，以分别反映因素 A 的组间差异、因素 B 的组间差异和随机误差 SSE 的离散状况。

它们的计算公式分别为

$$SST = \sum\sum(x_{ij} - \bar{\bar{x}})^2$$

$$SSA = \sum\sum(\bar{x}_{\cdot j} - \bar{\bar{x}})^2 = \sum k(\bar{x}_{\cdot j} - \bar{\bar{x}})^2$$

$$SSB = \sum\sum(\bar{x}_{i\cdot} - \bar{\bar{x}}) = \sum r(\bar{x}_{i\cdot} - \bar{\bar{x}})^2$$

$$SSE = SST - SSA - SSB$$

与各个离差平方和相对应的自由度分别是：总离差平方和 SST 的自由度为 $rk - 1 = n - 1$；因素 A 的离差平方和 SSA 的自由度为 $r - 1$；因素 B 的离差平方和 SSB 的自由度为 $k - 1$；随机误差 SSE 的自由度为 $(r - 1)(k - 1)$。

由离差平方和与自由度可以计算出均方差。

对因素 A 而言：

$$MSA = \frac{SSA}{r - 1}$$

对因素 B 而言：

$$MSB = \frac{SSB}{k - 1}$$

对随机变量而言：

$$MSE = \frac{SSE}{(r - 1)(k - 1)}$$

由此可以编制出双因素方差分析表，见表 8-5。

表 8-5 双因素方差分析表

误差来源	离差平方和	自由度	均方差	F 值
A 因素	SSA	$r - 1$	$MSA = SSA/(r - 1)$	$F_A = MSA/MSE$
B 因素	SSB	$k - 1$	$MSB = SSB/(k - 1)$	$F_B = MSB/MSE$

续表

误差来源	离差平方和	自由度	均方差	F值
误差	SSE	$(r-1)(k-1)$	$MSE=SSE/[(r-1)(k-1)]$	—
合计	SST	$n-1$	—	—

8.3.4 应用实例

下面通过一个例题,说明双因素方差分析的整个过程。

例 8.2 某商品有五种不同的包装方式(因素 A),在五个不同地区销售(因素 B),现从每个地区随机抽取一个规模相同的超级市场,得到该商品不同包装的销售资料如表 8-6 所示。

表 8-6 某种商品不同地区不同包装的销售资料

		包装方式(因素 A)				
		A_1	A_2	A_3	A_4	A_5
地区(因素 B)	B_1	20	12	20	10	14
	B_2	22	10	20	12	6
	B_3	24	14	18	18	10
	B_4	16	4	8	6	18
	B_5	26	22	16	20	10

现欲检验包装方式和销售地区对该商品销售是否有显著性影响($\alpha=0.05$)。

解 若五种包装方式的销售均值相等,则表明不同的包装方式在不同地区销售上没有差别。

(1)建立假设

对因素 A:

$H_0:\mu_1=\mu_2=\mu_3=\mu_4=\mu_5$ 包装方式之间无差别

$H_1:\mu_1,\mu_2,\mu_3,\mu_4,\mu_5$ 不全相等 包装方式之间有差别

对因素 B:

$H_0:\mu_1=\mu_2=\mu_3=\mu_4=\mu_5$ 地区之间无差别

$H_1:\mu_1,\mu_2,\mu_3,\mu_4,\mu_5$ 不全相等 地区之间有差别

(2)计算 F 值

由表 8-6 中的数据计算得因素 A 的列均值分别为

$$\bar{x}_{\cdot 1}=21.6,\bar{x}_{\cdot 2}=12.4,\bar{x}_{\cdot 3}=16.4,\bar{x}_{\cdot 4}=13.2,\bar{x}_{\cdot 5}=11.6$$

因素 B 的行均值分别为

$$\bar{x}_{1\cdot} = 15.2, \bar{x}_{2\cdot} = 14, \bar{x}_{3\cdot} = 16.8, \bar{x}_{4\cdot} = 10.4, \bar{x}_{5\cdot} = 18.8$$

则

$$总均值 = 15.04$$

于是,有

$$SST = (20 - 15.04)^2 + \cdots + (10 - 15.04)^2 = 880.96$$

$$SSA = 5(21.6 - 15.04)^2 + \cdots + 5(11.6 - 15.04)^2 = 335.36$$

$$SSE = 880.96 - 335.36 - 199.36 = 346.24$$

接下来计算

$$MSA = \frac{335.36}{5 - 1} = 83.84$$

$$MSB = \frac{199.36}{5 - 1} = 49.84$$

$$MSE = \frac{346.24}{(5 - 1)(5 - 1)} = 21.64$$

因此

$$F_A = \frac{MSA}{MSE} = \frac{83.84}{21.64} = 3.87$$

$$F_B = \frac{MSB}{MSE} = \frac{49.84}{21.64} = 2.30$$

(3)统计决策

对于因素 A,因为

$$F_A = 3.87 > F_{\text{crit}} = 3.01$$

故拒绝 H_0,接受 H_1,说明不同的包装方式对该商品的销售产生影响。

对于因素 B,因为

$$F_B = 2.30 < F_{\text{crit}} = 3.01$$

故接受 H_0,说明不同地区之间在该商品的销售上没有显著的差异。

8.4 正交试验设计

在工农业生产和科学研究中,经常会遇到多因素、多水平试验问题。如果对每个因素的每个水平都相互搭配进行全面试验,则试验次数是惊人的。如何设计试验才能科学合理地回答如下问题?

①各因素对指标的影响,哪个因素重要?哪个因素次之?哪些因素对指标产生重要影响?

②每个因素中,哪个水平为好?

③各个因素和水平依哪种情况搭配可使试验结果最佳?

这正是正交试验设计的主要内容。本节重点介绍正交试验设计的具体方法。

8.4.1 正交试验设计的基本思想

考虑进行一个三因素、每个因素有三个水平的试验。如果做全面试验,需做 $3^3=27$ 次。

从 27 次试验中选取一部分试验,常将 A 和 B 分别固定在 A_1 和 B_1 水平上,与 C 的三个水平进行搭配:$A_1B_1C_1$,$A_1B_1C_2$,$A_1B_1C_3$。做完这 3 次试验后,若 $A_1B_1C_3$ 最优,则取定 C_3 这个水平,让 A_1 和 C_3 固定,再分别与 B 因素的三个水平搭配:$A_1B_1C_3$(已做过试验),$A_1B_2C_3$,$A_1B_3C_3$。这 3 次试验做完以后,若 $A_1B_2C_3$ 最优,则取定 B_2、C_3 这两个水平,再做两次试验,即 $A_2B_2C_3$、$A_3B_2C_3$,然后与 $A_1B_2C_3$ 一起比较,若 $A_3B_2C_3$ 最优,则可断言 $A_3B_2C_3$ 是我们欲选取的最佳水平组合。这样仅做了 7 次试验就选出了最佳水平组合。

我们发现,这些试验结果都分布在立方体的一角(如图 8-1 所示),代表性较差,所以按上述方法选出的试验水平组合并不是真正的最佳组合。

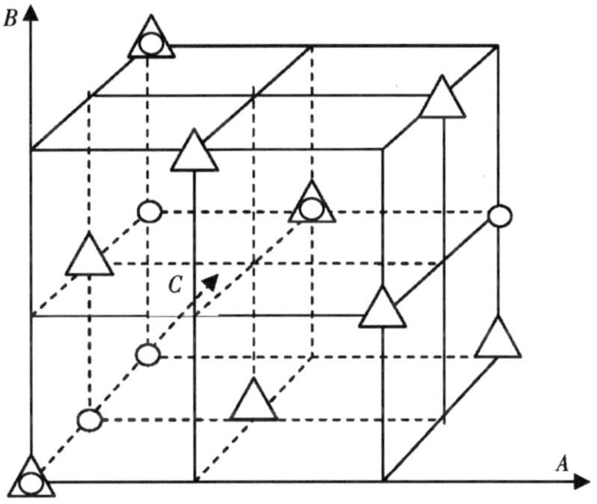

图 8-1 试验点分布图

如果进行正交试验设计,利用正交表安排试验,对于三因素三水平的试验来说,需要做 9 次试验,用"Δ"表示,标在图 8-1 中。如果每个平面都表示一个水平,共有 9 个平面,可以看到每个平面上都有三个"Δ"点,立方体的每条直线上都有一个"Δ"点,并且这些"Δ"点是均衡地分布着,因此这 9 次试验的代表性很强,能较全面地反映出试验的结果,这就是正交试验设计所特有的均衡分散性。我们正是利用这一特性来合理地设计和安排试验,以便通过尽可能少的试验次数,找出最佳水平组合。

通过上例可以看出,正交试验设计兼有全面试验和轮换比较试验的优点:既能使试验点分布均匀、分散,又能减少试验次数。下面还能看到正交试验计算分析简单,能够清楚地阐明试验条件与试验指标间的关系。

8.4.2 正交表与直观分析法

正交表是正交试验设计的工具。最简单的正交表是 $L_4(2^3)$,此外还有 $L_8(2^7)$、$L_9(3^4)$、$L_{16}(4^5)$等等。一般正交表记为 $L_n(S_1\times S_2\times S_3\times\cdots\times S_m)$,其中:$L$ 表示正交

表;n 表示试验次数;m 表示列数,即最多可能安排的因子数;$S_1, S_2, \cdots, S_m$ 分别表示第 1 列,第 2 列,…,第 m 列的水平数。如果有 $S_1 = S_2 = \cdots = S_m = S$,则正交表可改记为 $L_n(S^m)$。L 表示一张表,它的数字有三层不同的含义,以 $L_4(2^3)$ 为例加以说明。

①$L_4(2^3)$ 表的结构:有 4 行、3 列,表中只出现 1、2 两个反映水平的数字,如图 8-2 所示。

②$L_4(2^3)$ 表的用法:做 4 次试验,可以最多安排 3 个二水平的因素(也称因子),如图 8-3 所示。

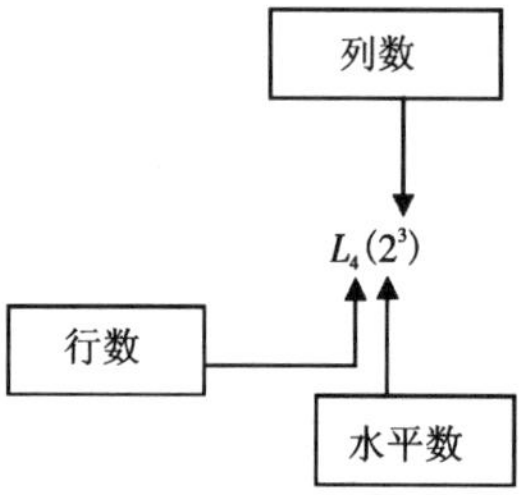

图 8-2　$L_4(2^3)$ 表的结构

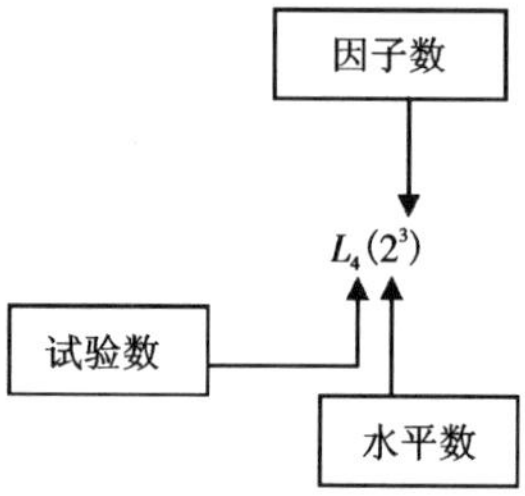

图 8-3　$L_4(2^3)$ 表的用法

③$L_4(2^3)$ 表的效率:3 个二水平的因子,它的全部不同的水平组合共有 $2 \times 2 \times 2 = 8$ 种,本应做完 8 次不同水平组合的试验,才能找到一个最佳的水平组合。而按正交表 $L_4(2^3)$,只需从 2^3 中选出 4 次进行试验,经过数据分析就可得出在 2^3 个不同水平组合中哪个较好或可能得出最好的结论,但仅做了全面试验次数的 $\frac{4}{2^3} = \frac{1}{2}$,如图 8-4 所示。

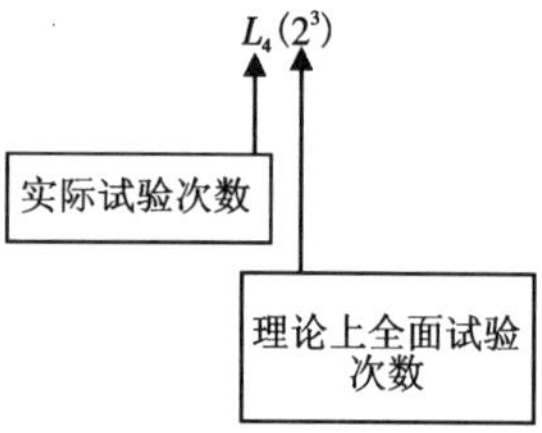

图 8-4　$L_4(2^3)$ 表的效率

$L_4(2^3)$ 的具体内容如表 8-7 所示。

表 8-7　$L_4(2^3)$ 表的内容

试验号 \ 列号	1	2	3
1	1	1	1
2	1	2	2
3	2	1	2
4	2	2	1

表 $L_4(2^3)$ 称为正交表。正交表具有以下两个特点,即:

①每一列中,不同的数字出现的次数相等,例如1和2,它们各出现了两次;

②任意两列中,将同一横行的两个数字看成有序数对时,每种数对出现的次数相等。例如,$L_4(2^3)$表中共有的四种有序数对(1,1),(1,2),(2,1),(2,2),它们各出现一次。

由此保证了用正交表安排的试验计划是均衡搭配的。

以下将通过例题来说明正交表的应用和直观分析法的内容。

例 8.3 某化工厂生产一种试剂,产率较低,现希望通过试验探索好的生产工艺以提高产率。考察的因子与水平如下表:

水平＼因子	A 反应温度(℃)	B 反应时间(h)	C 搅拌速度
一水平	30	1	快
二水平	40	1.5	中
三水平	50	2	慢

这是一个三水平的试验,我们可以在 $L_9(3^4)$和 $L_{27}(3^3)$中选一张合适的表。选择的原则是在试验因子能在正交表的列中安排得下的前提下,试验次数越少越好。本例只有三个因子,故选用 $L_9(3^4)$表,做9次试验即可。

选择了正交表后,将因子安排在 $L_9(3^4)$的表头上,将三个因子依次安排在1,2,3列,并且把表中各列的水平号用相应的实际因子水平写出来,就得到一张试验计划表,见表8-8。

表8-8 试验计划表

试验号＼列号	1 反应温度(℃)A		2 反应时间(h)B		3 搅拌速度 C	
1	1	30	1	1	1	快
2	1	30	2	1.5	2	中
3	1	30	3	2	3	慢
4	2	40	1	1	2	中
5	2	40	2	1.5	3	慢
6	2	40	3	2	1	快
7	3	50	1	1	3	慢
8	3	50	2	1.5	1	快
9	3	50	3	2	2	中

按以上所设计的方案进行了9次试验后，将各次试验结果依次填入试验计划表的最右边，并且在表上进行了一系列的计算，形成了表8-9的形式，常称之为计算表。

表8-9 计算表

试验号＼列号	1反应温度(℃)A	2反应时间(h)B	3搅拌速度C	试验结果产率(%)
1	1(30)	1(1)	1(快)	82
2	1(30)	2(1.5)	2(中)	81
3	1(30)	3(2)	3(慢)	76
4	2(40)	1(1)	2(中)	80
5	2(40)	2(1.5)	3(慢)	85
6	2(40)	3(2)	1(快)	82
7	3(50)	1(1)	3(慢)	64
8	3(50)	2(1.5)	1(快)	72
9	3(50)	3(2)	2(中)	64
I_1(一水平试验结果总和)	239	226	236	
I_2(二水平试验结果总和)	247	238	225	
I_3(三水平试验结果总和)	200	222	225	
$\text{I}_1/3$	79.7	75.3	78.7	
$\text{I}_2/3$	82.3	79.3	75.0	
$\text{I}_3/3$	66.7	74.0	75.0	
极差 R	15.6	5.3	3.7	

现在根据这9次试验结果来分析因素各水平对产率的影响。

先看A因素(反应温度)。它的水平为30℃的是第1,2,3号试验，其总产率$\text{I}_{1A}=82+81+76=239$；它的水平是40℃的是第4,5,6号试验，其总产率$\text{I}_{2A}=80+85+82=247$；它的水平是50℃的是第7,8,9号试验，其总产率$\text{I}_{3A}=64+72+64=200$。

在A因子水平相同的三组试验中，不同水平的B因子(反应时间)和不同水平的C因子(搅拌速度)都各出现一次。从整体上看，可以认为B、C两因子对产率的影响虽然在变动，但这种变动是均衡的。因此，比较这三个总产率就可以看出A因子各水平的差别对产率的影响。为便于说明，把上述三个总产率都取平均值，分别得到$\text{I}_{1A}/3=79.7$，$\text{I}_{2A}/3=82.3$，$\text{I}_{3A}/3=66.7$，这是试剂的平均产率。显然A因子取40℃最好，50℃最差。二者之差即极差$R_A=82.3-66.7=15.6$，它表示反应温度40℃与50℃相比，试剂的产率平均要提高15.6个百分点。

用同样的方法可以比较B因子和C因子的各水平的好与差。

比较各因子极差的大小，就可以看出哪个因子对产率的影响大，哪个因子影响小。反应温度的高低对试剂的平均产率的影响可以差到15.6个百分点，而搅拌速度的快慢对试剂的平均产率的影响只差到3.7个百分点，显然反应温度是否合适要比搅拌速度是否合适重要得多。根据这种比较，就可以回答本节开始提出的三个问题了。

①反应温度对产率影响最大，其次是反应时间，再次是搅拌速度。

②反应温度是40℃好，反应时间是1.5 h好，搅拌速度是快速好。

③好的生产工艺是：$A_2B_2C_1$，即

反应温度　40℃

反应时间　1.5 h

搅拌速度　快速

$A_2B_2C_1$ 这个条件在试验计划表中并没有出现，它是27次全面试验中的一种。由此可见，用正交表安排试验确实具有很强的代表性。虽然只做了9次试验，但是通过对这9次试验结果的计算与分析，不会漏掉最佳的水平组合。

以上比较各因子不同水平下试验结果平均值的方法为直观分析法，也叫做综合比较法。显然，只有在均衡搭配的试验情况下，才能进行综合分析。这也是正交表的一个特性，常称为“综合可比性”。

8.4.3 方差分析法

根据以上介绍的方法，利用正交表安排试验，并用直观分析法对试验结果进行分析。因为正交表具有“均衡分散”与“综合可比”的特点，这使得我们仅做一部分试验就能获得所需的结论，而且方法简便易行，计算量小，在一般情况下，结论也是可靠的。但是，在任何试验过程中，都存在着随机因素造成的试验误差，通常可以将它们忽略不计。可是当方差较大时，会影响结论的可靠性。这时，可以借用方差分析，将试验误差所引起的指标的变动与各因子及其水平不同所引起的指标变动区分开来，以便分析出影响试验结果的真正因素。下面通过例题介绍如何用方差分析法对试验结果进行分析。

仍继续讨论上例中化工试剂的生产工艺问题。

利用方差分析法来分析试验结果时，由于要考虑随机因素对指标的影响，因此在选取正交表安排试验时，要使表中的因子数大于实际的因子数。例如，试剂产率的试验是三因子三水平，仍然可以选用 $L_9(3^4)$ 表安排试验，将三因素依次放在表的第1、2、3列后，还空出一列无因素可安排，这一列可视为随机试验误差。按照此法安排试验，得出试验计划表及试验结果列于表8-10内，并在表上进行一系列的有关计算。

表 8-10　试验计划表和计算表

列号 试验号	1 反应温度(℃)		2 反应时间(h)		3 搅拌速度		4	试验结果:产率(%) y_I	$y_i = y_I - 80$
1	1	30	1	1	1	快	1	82	2
2	1	30	2	1.5	2	中	2	81	1
3	1	30	3	2	3	慢	3	76	-4
4	2	40	1	1	2	中	3	80	0
5	2	40	2	1.5	3	慢	1	85	5
6	2	40	3	2	1	快	2	82	2
7	3	50	1	1	3	慢	2	64	-16
8	3	50	2	1.5	1	快	3	72	-8
9	3	50	3	2	2	中	1	64	-16
I_1	-1		-14		-4		-9		
I_2	7		-2		-15		-13		
I_3	-40		-18		-15		-12		
I_1^2	1		196		16		81		$T = \sum y_i = -34$
I_2^2	49		4		225		169		$T^2 = 1\ 156$
I_3^2	1 600		324		225		144		$T^2/9 = 128.4$
$\mathrm{I}_1^2+\mathrm{I}_2^2+\mathrm{I}_3^2$	1 650		524		466		394		
$(\mathrm{I}_1^2+\mathrm{I}_2^2+\mathrm{I}_3^2)/3$	550		174.67		155.33		131.33		
$(\mathrm{I}_1^2+\mathrm{I}_2^2+\mathrm{I}_3^2)/3-T^2/9$	421.6		46.27		26.93		2.93		

在进行数据分析时,把试验结果的所有数据都减去同一常数,不会影响结论,故常用此法简化数据。

按本章前面介绍的方差分析方法,将试验结果产率 y 的变动(或波动、差异)用总偏差平方和 S_T 来表示,则

$$S_T = \sum(y_i - \bar{y})^2 = \sum y_i^2 - \frac{(\sum y_i)^2}{9} = \sum y_i^2 - \frac{T^2}{9}$$

其中

$$\bar{y} = \frac{\sum y_i}{9}$$

总偏差平方和可以分解为各因子的偏差平方和与试验误差的偏差平方和,即

$$S_T = S_A + S_B + S_C + S_E$$

各偏差平方和的计算如下。

例如 A 位于 $L_9(3^4)$ 表的第 1 列上，有 3 个一水平，3 个二水平，3 个三水平。如果这个试验只安排一个因子 A，则实验结果 y 的差异就完全是由 A 因子的水平变化与试验误差所引起的。这时，可以用 A 因子的各水平对产率 y 的平均影响 $\text{I}_{1A}/3$、$\text{II}_{2A}/3$、$\text{III}_{3A}/3$ 分别代替各个水平（每个水平有 3 个）对 y 的影响，所以因子 A 的偏差平方和 S_A 可以由 3 个 $\text{I}_{1A}/3$、3 个 $\text{I}_{2A}/3$ 和 3 个 $\text{I}_{3A}/3$ 与 $\bar{y}$ 的偏差平方和计算得到，即

$$S_A = 3\left(\frac{\text{I}_{1A}}{3} - \bar{y}\right)^2 + 3\left(\frac{\text{I}_{2A}}{3} - \bar{y}\right)^2 + 3\left(\frac{\text{I}_{3A}}{3} - \bar{y}\right)^2$$

经简单运算，上式可化简为

$$S_A = \frac{\text{I}_{1A}^2 + \text{I}_{2A}^2 + \text{I}_{3A}^2}{3} - \frac{T^2}{9}$$

将具体数值代入得

$$S_A = 421.6$$

类似地可求出因子 B、C 和试验误差 E 的偏差平方和 S_B、S_C、S_E 的值，分别为

$$S_B = \frac{\text{I}_{1B}^2 + \text{I}_{2B}^2 + \text{I}_{3B}^2}{3} - \frac{T^2}{9} = 46.27$$

$$S_C = \frac{\text{I}_{1C}^2 + \text{I}_{2C}^2 + \text{I}_{3C}^2}{3} - \frac{T^2}{9} = 26.93$$

$$S_E = \frac{\text{I}_{14}^2 + \text{I}_{24}^2 + \text{I}_{34}^2}{3} - \frac{T^2}{9} = 2.93$$

各因子与试验误差的自由度为

$$f_A = f_B = f_C = f_E = 3 - 1 = 2$$

为了进行各因子的显著性检验，列出方差分析表如表 8-11 所示。

表 8-11　方差分析表

方差来源	平方和	自由度	均方	F 比
因子 A	$S_A = 421.6$	2	210.8	$F_A = 143.4$
因子 B	$S_B = 46.26$	2	23.13	$F_B = 15.7$
因子 C	$S_C = 26.93$	2	13.47	$F_C = 9.2$
试验误差 E	$S_E = 2.93$	2	1.47	
总和	$S_T = 497.72$	8	—	—

由 F 分布表查得 $F_{0.10}(2,2) = 9$，$F_{0.05}(2,2) = 19$，$F_{0.01}(2,2) = 99$，比较各 F 值与 $F_{0.10}$、$F_{0.05}$、$F_{0.01}$ 的大小得出：

$F_A > F_{0.05}$，同时 $F_A > F_{0.01}$，故 A 因子非常显著；

$F_{0.10} < F_B < F_{0.05}$，故 B 因子比较显著。

本例方差分析的结论与直观分析法的结论是一致的，即反应温度对产率影响最大，搅拌速度影响最小。好的生产工艺条件仍然是 $A_2B_2C_1$。

习　题

1. 为了检验三家工厂生产的机器加工一批原料所需的平均时间是否相同，某化学公司得到了关于加工原料所需时间的数据如下表所示。利用这些数据检验三家工厂加工一批原料所需平均时间是否相同($\alpha = 0.05$)。

工厂	1	2	3
加工时间	20	28	20
	26	26	19
	24	31	23
	22	27	22

2. 一项调查研究了信息来源渠道对于信息传播效果的影响。在该研究中，信息来源分别为上级、同事和下属。下表列出了各种信息渠道的传播效果：数值越高表明信息传播效果越好。请检验信息来源对信息传播效果是否有显著影响($\alpha = 0.05$)。

上级	同事	下属	上级	同事	下属
8	6	6	6	3	3
5	6	5	7	4	5
4	7	7	5	7	7
6	5	4	5	6	5

3. 某杂志的一个研究得出这样的结论，自由职业者的工作压力比非自由职业者的工作压力大。在该研究中，为度量一些模糊的概念，专门设计了若干问题。这些问题按照从强烈同意到强烈反对分成 1～5 级进行评分，得分越高表明工作压力越大。现随机选取三类职业的从业人员：房地产代理商、建筑师和股票经纪人各 15 人，研究其工作压力，得到分值如下表所示。

房地产代理商	建筑师	股票经纪人
81	43	65
48	63	48
68	60	57
69	52	91
54	54	70
62	77	67
76	68	83
56	57	75
61	61	53
65	80	71
64	50	54
69	37	72
83	73	65
85	84	58
75	58	58

对于 $\alpha=0.05$,检验三种职业的工作压力是否有显著差异。

4.在试制高强度混凝土时,要掺入矿渣、石膏和铁粉以提高混凝土的强度。如果每个因素取三个水平,要求选择各因素的最优掺入量,因素与水平如下表所示。

水平 \ 因素	A	B	C
	矿渣掺量(%)	石膏掺量(%)	铁粉掺量(%)
1	10	2	3
2	15	3.5	6
3	20	5	9

①请根据因素和水平数选择合适的正交表;

②写出试验计划表;

③如果把 A、B、C 放在 $L_9(3^4)$ 表的第 1、2、3 列上,所得抗压强度依次为:765,810,758,857,891,765,907,867,860(单位:kg/cm^2),试用直观分析法分析试验结果。

第 9 章　一元线性回归

在社会经济中,各种经济变量之间联系紧密,一些因素影响另一些因素的现象十分普遍。回归分析就是统计学中研究变量间关系的一种重要方法。

本章将重点学习统计关系与回归分析的基本概念,一元线性回归模型的建立与总离差平方和的分解和样本相关系数计算方法,一元线性回归显著性检验与模型适合性分析方法,以及 $E(Y)$ 的区间估计和因变量 Y 的预测方法。

9.1　回归分析的基本概念

9.1.1　因变量(Y)与自变量(X)之间的关系

因变量与自变量之间的关系可以分为两种类型。

一种是函数关系,即对两个变量 X、Y 来说,当 X 值确定后,Y 值按照一定的规律唯一确定,即形成一种精确的关系。微积分学中所研究的一般变量之间的函数关系就属于此种类型。

另一种是统计关系,即当 X 值确定后,Y 值不是唯一确定的,但大量统计资料表明,这些变量之间还是存在着某种客观的联系。例如:图 9-1 在直角坐标平面上标出了 10 个观测点的坐标位置,表示以家庭为单位,某种商品年需求量与该商品价格之间的 10 对调查数据。

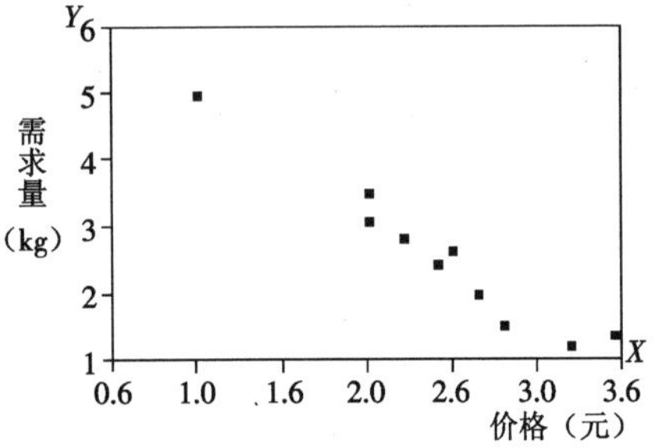

图 9-1　商品需求量与价格的关系

9.1.2　回归分析

回归分析(regression analysis)就是应用统计方法,对大量的观测数据进行整理、分析和研究,从而得出反映事物内部规律性的一些结论。

9.2 一元线性回归模型

9.2.1 统计关系的两个特征

统计关系具有以下两个特征：

①因变量 Y 随自变量 X 有规律地变化，而统计关系直线描述了这一变化的趋势；

②观测点散布在统计关系直线的周围，此种情况说明 Y 的变化除了受自变量 X 影响以外，还受其他因素的影响。

因此，试图建立一个回归模型，通过对此模型所做的一些假设，可以体现出上述统计关系所刻画的特征。

9.2.2 一元线性回归模型假设

根据统计关系特征，可以进行下述假设：

①对于自变量的每一水平 X，存在着 Y 的一个概率分布；

②这些 Y 的概率分布的均值，有规律地随 X 变化而变化。

9.2.3 一元线性回归模型

若 Y 与 X 具有统计关系而且是线性的，则可以建立下述一元线性回归模型：

$$Y_i = \beta_0 + \beta_1 X_i + \varepsilon_i \quad (i = 1, 2, \cdots, n) \tag{9-1}$$

其中，(X_i, Y_i)表示(X, Y)的第 i 个观测值，β_0、β_1 为参数，$\beta_0 + \beta_1 X_i$ 为反映统计关系直线的分量，ε_i 为反映在统计关系直线周围散布的随机分量，$\varepsilon_i \sim N(0, \sigma^2)$。

在模型中对于任意 X_i 满足以下条件：

①Y_i 服从正态分布；

②$E(Y_i) = \beta_0 + \beta_1 X_i$；

③$D(Y_i) = \sigma^2$；

④各 Y_i 间相互独立，$Y_i \sim N(\beta_0 + \beta_1 X_i, \sigma^2)$。

散点图 9-1 中需求量与价格之间线性统计关系的回归模型，具体描述如图 9-2。这里给出价格为 $X = 1$，$X = 2$ 与 $X = 3$ 时，需求量 Y 的概率分布。根据以上回归模型的假设，当 $X = 2$ 时，观测到的需求量 $Y = 3$，该值是对应于 X 这一水平的 Y 的一次随机抽取结果。

9.2.4 一元线性回归方程

在图 9-1 中，若 Y 与 X 之间为线性关系，要想描述其关系可以有无数条直线，需

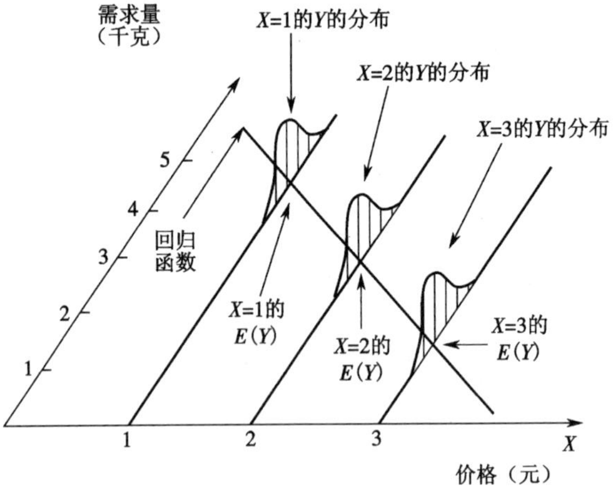

图 9-2 需求量与价格的线性统计关系

要在其中选出一条最能反映 Y 与 X 之间关系规律的直线，即对于式(9-1)，要适当选取 β_0 和 β_1。因此，要根据样本数据采用最小二乘法对参数 β_0 和 β_1 进行估计。

设 β_0 和 β_1 的估计值为 b_0 和 b_1，则可建立一元线性回归模型如下：

$$\hat{Y} = b_0 + b_1 X \tag{9-2}$$

假设找到一条回归直线如图 9-3 所示。一般而言，所求的 b_0 和 b_1 应能使每个样本观测点 (X_i, Y_i) 与回归直线之间的偏差尽可能小，即使观察值与拟合值的偏差平方和 Q 达到最小。

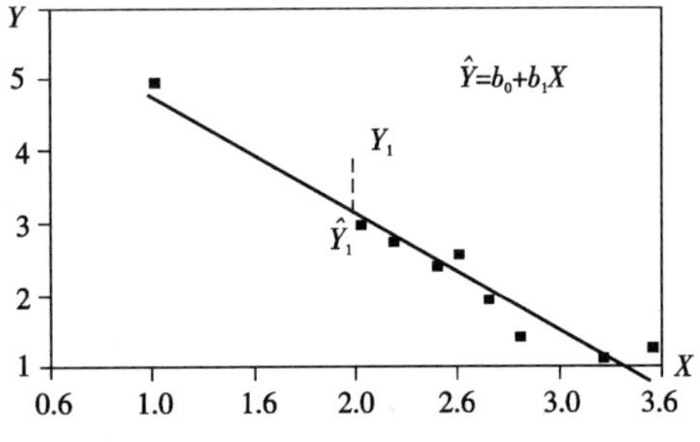

图 9-3 回归方程原理图

令

$$Q = \sum_{i=1}^{n} [Y_i - (b_0 + b_1 X_i)]^2 \tag{9-3}$$

使 Q 达到最小值的 b_0 和 b_1 称为最小二乘估计量。

显然，Q 是 b_0 和 b_1 的二元函数，根据微积分中极值的必要条件，首先分别求 Q 关于 b_0 和 b_1 的偏导数

$$\frac{\partial Q}{\partial b_0} = -2\sum_{i=1}^{n} [Y_i - (b_0 + b_1 X_i)]$$

$$\frac{\partial Q}{\partial b_1} = -2\sum_{i=1}^{n} [Y_i - (b_0 + b_1 X_i)] X_i$$

然后令这两个偏导数等于零，整理后得正规方程组

$$\left.\begin{aligned} nb_0 + b_1 \sum_{i=1}^{n} X_i &= \sum_{i=1}^{n} Y_i \\ b_0 \sum_{i=1}^{n} X_i + b_1 \sum_{i=1}^{n} X_i^2 &= \sum_{i=1}^{n} X_i Y_i \end{aligned}\right\} \tag{9-4}$$

解此方程组得到

$$b_1 = \frac{\sum_{i=1}^{n}(X_i - \bar{X})(Y_i - \bar{Y})}{\sum_{i=1}^{n}(X_i - \bar{X})^2} = \frac{\sum_{i=1}^{n} X_i Y_i - \frac{(\sum_{i=1}^{n} X_i)(\sum_{i=1}^{n} Y_i)}{n}}{\sum_{i=1}^{n} X_i^2 - \frac{(\sum_{i=1}^{n} X_i)^2}{n}} \tag{9-5}$$

$$b_0 = \bar{Y} - b_1 \bar{X} \tag{9-6}$$

9.2.5 最小二乘估计量 b_0、b_1 的特性

(1)线性特性

线性特性是指参数估计量 b_0、b_1 分别是样本观测值 Y_i 的线性组合,或者说 b_0 和 b_1 分别是变量 Y_i 的线性参数。在统计学里,具有此种性质的估计量称为线性估计。

由式(9-5)可以得出

$$b_1 = \frac{\sum_{i=1}^{n}(X_i - \bar{X})(Y_i - \bar{Y})}{\sum_{i=1}^{n}(X_i - \bar{X})^2} = \frac{\sum_{i=1}^{n}(X_i - \bar{X})Y_i}{\sum_{i=1}^{n}(X_i - \bar{X})^2}$$

令

$$C_i = \frac{X_i - \bar{X}}{\sum_{i=1}^{n}(X_i - \bar{X})^2}$$

则

$$b_1 = \sum_{i=1}^{n} C_i Y_i \tag{9-7}$$

这表明 b_1 是 Y_i 的线性组合,即估计量 b_1 为线性估计。同理,由式(9-6)和式(9-7)可以得到

$$b_0 = \sum_{i=1}^{n} k_i Y_i \tag{9-8}$$

其中

$$k_i = \frac{1}{n} - C_i \bar{X}$$

因此 b_0 也是线性估计。

(2)无偏性

无偏性是指 b_0 和 b_1 分别是 β_0 和 β_1 的无偏估计,可以证明:

$$E(b_0)=\beta_0 \quad E(b_1)=\beta_1$$

9.3 总平方和分解

9.3.1 总平方和分解

由 $Y_i-\bar{Y}=Y_i-\hat{Y}_i+\hat{Y}_i-\bar{Y}$ 可以得到

$$\sum_{i=1}^{n}(Y_i-\bar{Y})^2=\sum_{i=1}^{n}(Y_i-\hat{Y}_i)^2+2\sum_{i=1}^{n}(Y_i-\hat{Y}_i)(\hat{Y}_i-\bar{Y})+\sum_{i=1}^{n}(\hat{Y}_i-\bar{Y})^2$$

其中

$$\sum_{i=1}^{n}(Y_i-\hat{Y}_i)(\hat{Y}_i-\bar{Y})=0$$

所以

$$\sum_{i=1}^{n}(Y_i-\bar{Y})^2=\sum_{i=1}^{n}(Y_i-\hat{Y}_i)^2+\sum_{i=1}^{n}(\hat{Y}_i-\bar{Y})^2 \tag{9-9}$$

定义总离差平方和 $SSTO=\sum_{i=1}^{n}(Y_i-\bar{Y})^2$,它表示没有 X 的影响,单纯考察数据中 Y 的变动情况。

定义回归平方和 $SSR=\sum_{i=1}^{n}(\hat{Y}_i-\bar{Y})^2$,它表示各 $\hat{Y}_i$ 的变动程度,该变动是由于回归直线中各 X_i 的变动所引起的,并且通过 X 对 Y 的线性影响表现出来。

定义误差平方和 $SSE=\sum_{i=1}^{n}(Y_i-\hat{Y}_i)^2$,它表示各 Y_i 围绕所拟合的回归直线的变动程度,$SSTO=SSR+SSE$。因此

$$SSTO=\sum_{i=1}^{n}Y_i^2-\frac{(\sum_{i=1}^{n}Y_i)^2}{n}$$

$$SSR=b_1^2\left[\sum_{i=1}^{n}X_i^2-\frac{(\sum_{i=1}^{n}X_i)^2}{n}\right]$$

$$SSE=SSTO-SSR$$

总平方和的分解如图 9-4 所示。

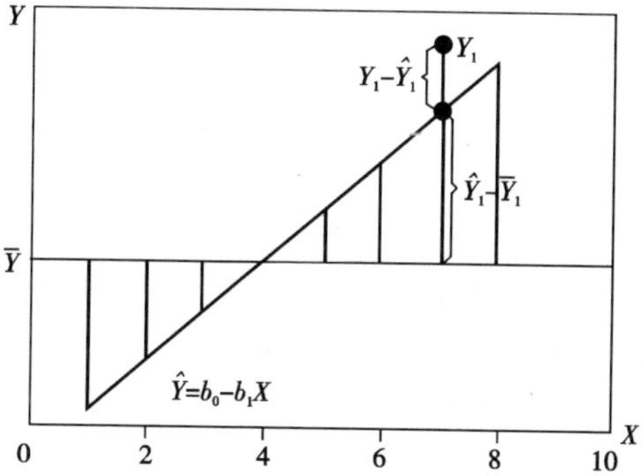

图 9-4　总平方和分解图

9.3.2　自由度的分解

总离差平方和 $SSTO$ 含有 n 个离差 $Y_i - \bar{Y}$，这些离差项之间有一个约束条件，即 $\sum_{i=1}^{n}(Y_i - \bar{Y}) = 0$，所以 $SSTO$ 的自由度 f_T 为 $n-1$。误差平方和 SSE 含有 n 个偏差 $Y_i - \hat{Y}_i$，但由于估计参数 β_0 和 β_1 时用了两个正规方程(式(9-4))，有两个约束条件，故 SSE 的自由度 f_E 为 $n-2$。

回归平方和 SSR 的自由度 f_R 为 1，这是因为回归函数中有两个参数，而偏差 $\hat{Y}_i - \bar{Y}$ 有一个约束条件 $\sum_{i=1}^{n}(\hat{Y}_i - \bar{Y}) = 0$，故自由度是 $2-1=1$。

因此，自由度的分解可以表示为

$$n-1 = 1 + (n-2)$$

$$f_T = f_R + f_E$$

9.3.3　回归均方与误差均方

定义平方和除以它相应的自由度为均方。根据上面讨论的结果，在回归分析中有两个均方，即回归均方与误差均方。回归均方记为 MSR，误差均方记为 MSE，其值分别为

$$MSR = \frac{SSR}{1} \tag{9-10}$$

$$MSE = \frac{SSE}{n-2} \tag{9-11}$$

9.4 样本确定系数与样本相关系数

9.4.1 样本确定系数

当 X 与 Y 具有因果关系时，我们常把由于 X 的变动影响 Y 的变动的程度说成是由 X 这一因素解释 Y 的变动时能解释多少；即 Y 的总变差中能被 X 解释的那部分所占的比率愈大，说明 X 与 Y 相关的程度愈紧密。因此，定义

$$r^2 = \frac{SSR}{SSTO} = \frac{SSTO - SSE}{SSTO} = 1 - \frac{SSE}{SSTO} \tag{9-12}$$

为简单确定系数。r^2 的取值范围为 $0 \leqslant r^2 \leqslant 1$。

当样本的全部观察值都落在所拟合的回归直线上时，$SSE = 0$，$SSR = SSTO - SSE = SSTO$，所以 $r^2 = 1$。

当 X 与 Y 无关，Y 的变差完全由于不确定因素（或随机因素）引起时，$SSR = 0$，所以 $r^2 = 0$。

一般地，r^2 常介于 0 与 1 之间，r^2 愈接近 1，说明 Y 与 X 线性相关的程度愈高。

9.4.2 样本相关系数

为了既能描述 Y 对于 X 的线性相关程度，又能描述 Y 随 X 变化的方向，常采用另一种尺度，即 r^2 的平方根，称为样本相关系数，定义如下：

$$r = \pm\sqrt{r^2}$$

按定义可以导出

$$r = \frac{\sum_{i=1}^{n}(X_i - \bar{X})(Y_i - \bar{Y})}{\sqrt{\sum_{i=1}^{n}(X_i - \bar{X})^2}\sqrt{\sum_{i=1}^{n}(Y_i - \bar{Y})^2}}$$

它与 b_1 具有相同的分子，且 r 与 b_1 的分母均为正，故 r 与 b_1 有相同的符号。各种情况如图 9-5 所示。

9.5 一元线性回归显著性检验

根据所得到的样本数据，采用最小二乘法总是可以拟合一条直线来描述 Y 和 X 之间的关系。但是，样本资料具有随机性，因此这里需要判断 Y 与 X 之间是否确实存在着线性关系，也就是需要判断 Y 对 X 的回归函数是否确实是一条直线。在回归函数 $E(Y) = \beta_0 + \beta_1 X$ 中，如果 $\beta_1 = 0$，则对于 X 的一切水平 $E(Y) = \beta_0$，说明 Y 的变

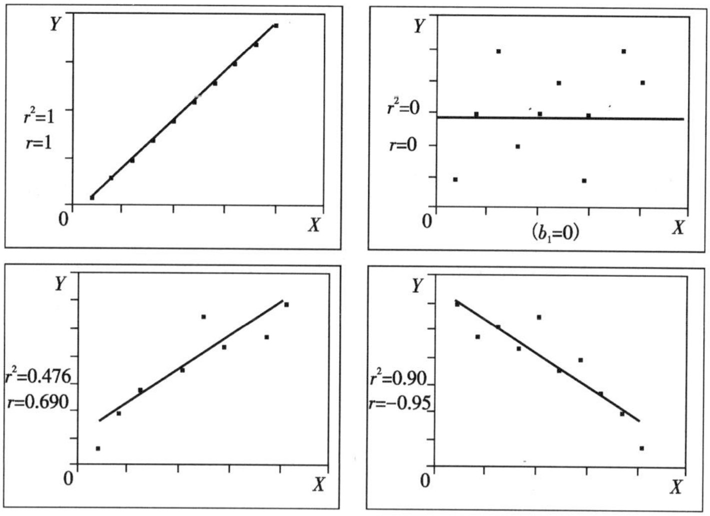

图 9-5　样本相关系数图示

化与 X 的变化无关,因而,我们不能通过 X 去预测 Y。所以,对模型 $Y_i=\beta_0+\beta_1X_i+\varepsilon_i$ 检验 $\beta_1=0$ 是否成立,等价于检验 Y 与 X 之间是否存在线性关系。

9.5.1　b_1 的抽样分布

为了检验 $\beta_1=0$ 是否成立,需要构造一个合适的统计量,因此首先讨论 b_1 的抽样分布。

因为 b_1 具有线性特性,即 b_1 是观测值 Y_i 的线性组合,而 Y_i 是正态分布的随机变量,且相互独立,故 b_1 也是服从正态分布的随机变量。又因 b_1 具有无偏性,即其均值 $E(b_1)=\beta_1$。

以下可以证明,b_1 的方差为

$$D(b_1)=\frac{\sigma^2}{\sum_{i=1}^{n}(X_i-\bar{X})^2} \tag{9-13}$$

因为 $b_1=\sum_{i=1}^{n}C_iY_i$,且 Y_i 相互独立,其中 $C_i=\frac{X_i-\bar{X}}{\sum_{i=1}^{n}(X_i-\bar{X})^2}$,所以

$$D(b_1)=\sum_{i=1}^{n}D(C_iY_i)=\sum_{i=1}^{n}C_i^2D(Y_i)=\frac{\sigma^2}{\sum_{i=1}^{n}(X_i-\bar{X})^2}$$

故 b_1 是服从 $N\left(\beta_1, \frac{\sigma^2}{\sum_{i=1}^{n}(X_i-\bar{X})^2}\right)$ 的随机变量。

9.5.2 F 检验

在一元线性回归中，为了检验 Y 对于 X 线性关系的统计显著性，要对 β_1 进行 F 检验，步骤如下。

①提出假设：$H_0:\beta_1=0; H_1:\beta_1\neq 0$。若原假设成立，则表明 Y 与 X 无显著线性关系。

②构造并计算统计量：

$$F=\frac{SSR/f_R}{SSE/f_E} \tag{9-14}$$

③规定显著性水平 α，查 F 分布临界值表，得临界值 $F_\alpha(1, n-2)$。

④比较：

若 $F < F_\alpha(1, n-2)$，则接受 H_0，认为 Y 与 X 不存在一元线性关系；

若 $F > F_\alpha(1, n-2)$，则拒绝 H_0，认为 Y 与 X 存在一元线性关系。

将各部分计算结果集中列于方差分析表 9-1 内。

表 9-1　方差分析表

变差来源	平方和	自由度	均方差	F 比
回归	$SSR=\sum_{i=1}^{n}(\hat{Y}_i-\bar{Y})^2$	1	$MSR=\frac{SSR}{1}$	$F=\frac{MSR}{MSE}$
误差	$SSE=\sum_{i=1}^{n}(Y_i-\hat{Y}_i)^2$	$n-2$	$MSE=\frac{SSE}{n-2}$	
总和	$SSTO=\sum_{i=1}^{n}(Y_i-\bar{Y})^2$	$n-1$	—	—

9.5.3 t 检验

对 β_1 进行 t 检验的步骤如下。

①提出假设 $H_0:\beta_1=0; H_1:\beta_1\neq 0$。若原假设成立表明 Y 与 X 无显著线性关系。

②构造并计算统计量：

$$t=\frac{b_1}{s(b_1)} \tag{9-15}$$

其中，　$s(b_1)=\sqrt{\frac{MSE}{\sum(X_i-\bar{X})^2}}$

③规定显著性水平 α，查 t 分布临界值表，得临界值 $t_{\alpha/2}(n-2)$。

④比较：

若 $|t| < t_{\alpha/2}(n-2)$，则接受 H_0，认为 Y 与 X 不存在一元线性关系；

若 $|t| > t_{\alpha/2}(n-2)$，则拒绝 H_0，认为 Y 与 X 存在一元线性关系。

9.5.4 利用样本相关系数进行统计检验

利用样本相关系数进行统计检验的步骤如下。

①提出假设：

$H_0: \rho = 0$

$H_1: \rho \neq 0$（ρ 为总体 Y 与 X 的线性相关系数）

②计算简单相关系数 r。

③规定显著性水平 α，查相关系数临界值表，得临界值 $r_\alpha(n-2)$。

④比较：

若 $|r| < r_\alpha$，接受 H_0，则认为 Y 与 X 不存在一元线性关系；

若 $|r| > r_\alpha$，拒绝 H_0，则认为 Y 与 X 存在一元线性关系。

9.6 模型适合性分析

在对一元线性回归模型的适合性进行分析时，由于误差项 ε 是不可观测或不可测量的，需借助残差 $e_i = Y_i - \hat{Y}_i$ 的图像来考察模型是否存在异方差性和自相关性。

9.6.1 误差项的异方差性检验

若 ε_i 不具有常数方差，则称模型存在异方差性。此时，残差如图 9-6 所示，数据点呈现发散或收敛趋势。在此种情况下，最小二乘法失效，因此需按照一定方法对数

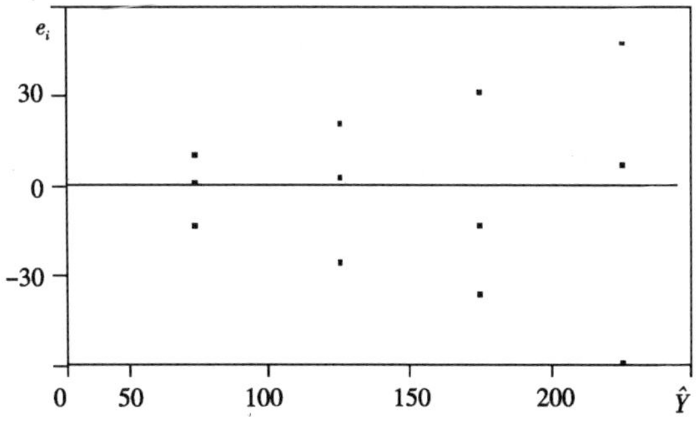

图 9-6　误差项具有异方差性的残差图

据进行变换。在计量经济学课程中,对此有详细讲述。

9.6.2 误差项的自相关性检验

如果观测值是来自一个时间序列的样本,则很可能出现误差项 ε_i 是不独立的,将残差 e_i 与时间 t 作残差图(如图 9-7 和图 9-8),将呈现出有规则的变化趋势。

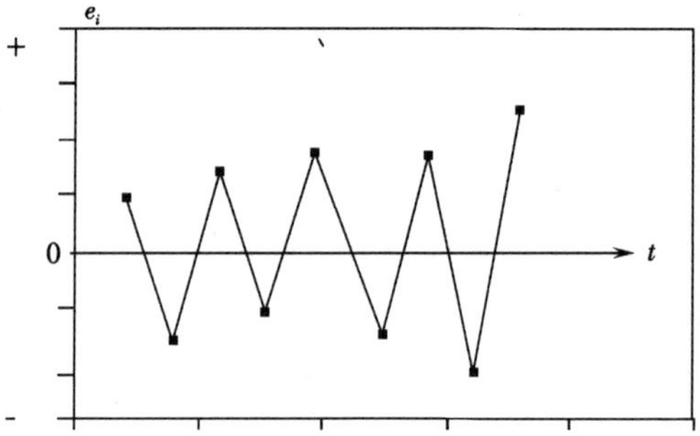

图 9-7 误差项具有负自相关性的残差图

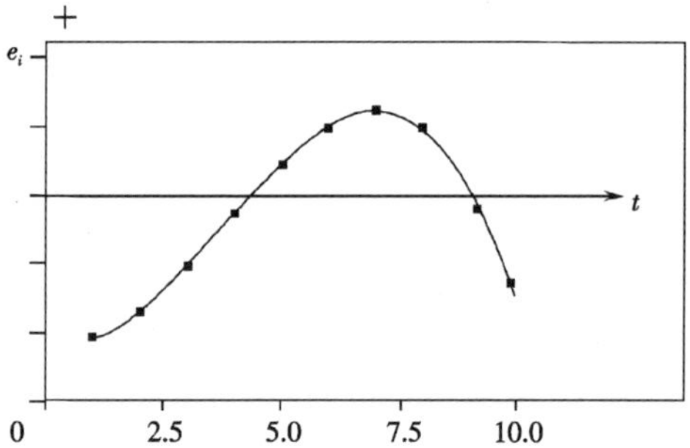

图 9-8 误差项具有正自相关性的残差图

这种情况下,我们称模型存在自相关(autocorrelation)现象,也需按一定方法对数据进行修正;这在计量经济学课程中亦有详细论述。

9.7 $E(Y)$的区间估计

因为误差项 ε_i 的方差(或 Y_i 的方差)σ^2 通常是未知的,因此 $\hat{Y}_0$ 的方差 $D(\hat{Y}_0)$也是未知的。由于 MSE 是σ^2 的无偏估计量,故可以用 MSE 代替σ^2,从而得到 $\hat{Y}_0$ 的估计方差,记为 $S^2(\hat{Y}_0)$,计算公式为

$$S^2(\hat{Y}_0)=MSE\left[\frac{1}{n}+\frac{(X_0-\bar{X}_0)^2}{\sum_{i=1}^{n}(X_i-\bar{X})^2}\right] \tag{9-16}$$

可以证明,对于一元线性模型,随机变量

$$t=\frac{\hat{Y}_0-E(Y_0)}{S(Y_0)} \tag{9-17}$$

服从自由度为 $n-2$ 的 t 分布。因此可以得到,在置信度为 $1-\alpha$ 时,$E(Y_0)$的置信区间为

$$\hat{Y}_0-t_{\alpha/2}(n-2)S(\hat{Y}_0)\leqslant E(Y_0)\leqslant \hat{Y}_0+t_{\alpha/2}(n-2)S(\hat{Y}_0) \tag{9-18}$$

其中, $S(\hat{Y}_0)=\sqrt{MSE\left[\frac{1}{n}+\frac{(X_0-\bar{X})^2}{\sum_{i=1}^{n}(X_i-\bar{X})^2}\right]}$

9.8 因变量 Y 的预测

设

$$d_0=Y_0-\hat{Y}_0 \tag{9-19}$$

因为 $\varepsilon_i(i=1,2,\cdots,n)$是相互独立的,故 Y_0 与 $\hat{Y}_0$ 也是相互独立的,所以

$$D(d_0)=D(Y_0-\hat{Y}_0)=D(Y_0)+D(\hat{Y}_0)=\sigma^2+D(\hat{Y}_0) \tag{9-20}$$

$D(d_0)$中也含有 σ^2,而 σ^2 未知,故用它的无偏估计量 MSE 代替,于是得到 $D(d_0)$的无偏估计量

$$\begin{aligned}S^2(d_0)&=MSE+S^2(\hat{Y}_0)\\&=MSE\left[1+\frac{1}{n}+\frac{(X_0-\bar{X})^2}{\sum_{i=1}^{n}(X_i-\bar{X})^2}\right]\end{aligned} \tag{9-21}$$

可以证明,随机变量

$$t=\frac{Y_0-\hat{Y}_0}{\sigma\sqrt{1+\frac{1}{n}+\frac{(X_0-\bar{X})^2}{\sum_{i=1}^{n}(X_i-\bar{X})^2}}} \tag{9-22}$$

服从自由度为 $n-2$ 的 t 分布。在给定置信度 $1-\alpha$ 情况下,因变量单个值 Y_0 的置信区间为

$$\hat{Y}_0-t_{\alpha/2}(n-2)S(d_0)\leqslant Y_0\leqslant \hat{Y}_0+t_{\alpha/2}(n-2)S(d_0) \tag{9-23}$$

习　题

1.10个同类企业的生产性固定资产价值和工业总产值资料如下表所示：

企业编号	生产性固定资产价值(万元)	工业总产值(万元)
1	318	524
2	910	1 019
3	200	638
4	409	815
5	415	913
6	502	928
7	314	605
8	1 210	1 516
9	1 022	1 219
10	1 225	1 624
合计	6 525	9 801

a.说明两变量之间的相关方向；

b.建立回归直线方程；

c.计算估计标准差；

d.估计生产性固定资产价值(自变量)为1 100万元时总产值(因变量)的可能值。

2.下表中的数据是主修信息系统专业并获得企业管理学士学位的学生毕业后的月薪(用 y 表示)和他在校学习时的总评分(用 x 表示)。由这些数据估计的回归方程是 $\hat{y}=1\,290.5+581.1x$。

总评分	月薪/元	总评分	月薪/元
2.6	2 800	3.2	3 000
3.4	3 100	3.5	3 400
3.6	3 500	2.9	3 100

a.计算 SST、SSR 和 SSE；

b.计算样本确定系数 r^2，请对拟合优度做出评述；

c.样本相关系数的数值是多少？

3.根据第2题回答下列问题。

a.t 检验是否表明在总评分和月薪之间存在一个显著的关系？你的结论是什么

(取 $\alpha = 0.05$)?

b.利用 F 检验,检验变量间的显著关系,你的结论是什么(取 $\alpha = 0.05$)?

c.做出 *ANOVA* 表。

4.若 x 表示公寓住宅的年租金(千元),y 表示该公寓住宅的销售价格(千元),一家房地产公司的营业部门对 x 和 y 之间的关系进行了回归分析,采集了近期出售的一些公寓住宅建筑的数据,经过计算机处理得到的输出如下:

回归方程是 $\hat{y} = 20.0 + 7.21x$			
预测量	系数	标准差	t 值
常数	20.000	3.221 3	6.21
x	7.210	1.362 6	5.29
方差分析			
来源	自由度	平方和	
回归	1	41 587.3	
误差	7		
总计	8	51 984.1	

a.样本中有多少公寓住宅建筑?

b.写出估计的回归方程;

c.$s(b_1)$的值是多少?

5.某公司采集了市场上办公用房的空闲率和租金率的数据。下面是选取的 18 个城市中心商业区的综合空闲率(%)和平均租金率(元/平方米)的数据。

地区编号	综合空闲率(%)	平均租金率(元/平方米)
1	21.9	18.54
2	6.0	33.70
3	22.8	19.67
4	18.1	21.01
5	12.7	35.09
6	14.5	19.41
7	20.0	25.28
8	19.2	17.02
9	16.0	24.04
10	6.6	31.42

续表

地区编号	综合空闲率(%)	平均租金率(元/平方米)
11	15.9	18.74
12	9.2	26.76
13	19.7	27.72
14	20.0	18.20
15	8.3	25.00
16	17.1	29.78
17	10.8	37.03
18	11.1	28.64

a.用横轴表示空闲率,对这些数据画出散点图;

b.这两个变量之间能显示出什么关系吗?

c.在办公用房的综合空闲率已知时,求出能用来预测平均租金率的回归方程;

d.在0.05显著性水平下检验关系的显著性;

e.估计的回归方程对数据的拟合好吗?请做出解释;

f.在一个综合空闲率是25%的中心商业区,预测该市场的期望租金率;

g.若某市的中心商业区综合空闲率是11.3%,预测该市中心商业区的期望租金率。

第 10 章　多元线性回归

对于一元线性回归，我们假设因变量主要只受一个自变量影响。事实上，经济变量经常受多个因素影响。研究因变量（被解释变量）对于两个或两个以上自变量（解释变量）之间的回归问题，称为多元回归分析。

10.1　多元线性回归模型

若因变量 Y 与解释变量 $X_1, X_2 \cdots, X_k$ 具有线性关系，则它们之间的线性回归模型可表示为

$$Y = \beta_0 + \beta_1 X_1 + \beta_2 X_2 + \cdots + \beta_k X_k + u$$

其中，u 为随机扰动项。

对于第 i 个观测值

$$Y_i = \beta_0 + \beta_1 x_{1i} + \beta_2 x_{2i} + \cdots + \beta_k x_{ki} + u_i \quad i = 1, 2, \cdots, n$$

即

$$\left.\begin{aligned} Y_1 &= \beta_0 + \beta_1 x_{11} + \beta_2 x_{21} + \cdots + \beta_k x_{k1} + u_1 \\ Y_2 &= \beta_0 + \beta_1 x_{12} + \beta_2 x_{22} + \cdots + \beta_k x_{k2} + u_2 \\ &\vdots \\ Y_n &= \beta_0 + \beta_1 x_{1n} + \beta_2 x_{2n} + \cdots + \beta_k x_{kn} + u_n \end{aligned}\right\} \tag{10-1}$$

表示为矩阵形式为

$$\begin{bmatrix} Y_1 \\ Y_2 \\ \vdots \\ Y_n \end{bmatrix} = \begin{bmatrix} 1 & x_{11} & x_{21} & \cdots & x_{k1} \\ 1 & x_{12} & x_{22} & \cdots & x_{k2} \\ \vdots & \vdots & \vdots & & \vdots \\ 1 & x_{1n} & x_{2n} & \cdots & x_{kn} \end{bmatrix} \begin{bmatrix} \beta_0 \\ \beta_1 \\ \beta_2 \\ \vdots \\ \beta_k \end{bmatrix} + \begin{bmatrix} u_1 \\ u_2 \\ \vdots \\ u_n \end{bmatrix} \tag{10-2}$$

也即

$$\boldsymbol{Y} = \boldsymbol{X\beta} + \boldsymbol{u} \tag{10-3}$$

在上述模型建立时需满足以下假设条件：

①$E(u_i) = 0$；

②$D(u_i) = E(u_i^2) = \sigma_u^2 \quad (i = 1, 2, \cdots, n)$，

$\mathrm{Cov}(u_i, u_j) = 0 \quad (i \neq j, i, j = 1, 2, \cdots, n)$；

③$\text{Cov}(x_j, u_i) = 0 \quad (j = 1,2,\cdots,k; i = 1,2,\cdots,n)$；

④$u \sim N(0, \sigma_u^2 I)$。

10.2 参数的最小二乘估计

与一元回归类似，对于多元线性回归方程

$$\hat{Y} = b_0 + b_1 x_1 + b_2 x_2 + \cdots + b_k x_k$$

我们试图找到参数 $\beta_0, \beta_1, \cdots, \beta_k$ 的适宜估计值 $b_0, b_1, \cdots, b_k$，使实际观察值与回归方程估计值之间残差平方和最小，即

$$Q = \sum e_i^2 = \sum (Y_i - \hat{Y}_i)^2 = \sum (Y_i - b_0 - b_1 x_{1i} - b_2 x_{2i} - \cdots - b_k x_{ki})^2$$

取最小值时有

$$\left.\begin{aligned} &\frac{\partial Q}{\partial b_0} = 0 \\ &\frac{\partial Q}{\partial b_1} = 0 \\ &\vdots \\ &\frac{\partial Q}{\partial b_k} = 0 \end{aligned}\right\} \tag{10-4}$$

整理得

$$\left.\begin{aligned} &n b_0 + b_1 \sum x_{1i} + b_2 \sum x_{2i} + \cdots + b_k \sum x_{ki} = \sum Y_i \\ &b_0 \sum x_{1i} + b_1 \sum x_{1i}^2 + b_2 \sum x_{2i} x_{1i} + \cdots + b_k \sum x_{ki} x_{1i} = \sum x_{1i} Y_i \\ &\vdots \\ &b_0 \sum x_{ki} + b_1 \sum x_{1i} x_{ki} + b_2 \sum x_{2i} x_{ki} + \cdots + b_k \sum x_{ki} x_{ki} = \sum x_{ki} Y_i \end{aligned}\right\} \tag{10-5}$$

求解上述联立方程组可得到 $b_0, b_1, \cdots, b_k$ 的值。

10.3 回归方程的显著性检验

10.3.1 总离差平方和分解

与一元回归模型类似，多元回归模型也可以将总离差平方和进行分解：

$$Y_i - \bar{Y} = (Y_i - \hat{Y}_i) + (\hat{Y}_i - \bar{Y})$$

同一元回归，可得

$$\sum (Y_i - \bar{Y})^2 = \sum (\hat{Y}_i - \bar{Y})^2 + \sum (Y_i - \bar{Y})^2 \tag{10-6}$$

即

$$SSTO = SSR + SSE$$

其中： 总离差平方和：$SSTO = \sum(Y_i - \bar{Y})^2$

回归平方和：$SSR = \sum(\hat{Y}_i - \bar{Y})^2$

残差平方和：$SSE = \sum(Y_i - \hat{Y}_i)^2$

10.3.2 样本决定系数对回归方程“拟合优度”的检验

样本决定系数(也称复决定系数,多重决定系数)

$$R^2 = \frac{SSR}{SSTO} = 1 - \frac{SSE}{SSTO} \tag{10-7}$$

如果直接应用 R^2 来描述拟合优度,则存在问题:R^2 与样本容量有关,随着 n 增大,R 也会随之增大。因此对 R^2 变形得到修正值

$$\bar{R}^2 = 1 - (1 - R^2)\frac{n-1}{n-k-1}$$

其中,n 为样本观测值,k 为自变量个数。

当 n 为小样本,自变量数很大时,$\bar{R}^2$ 为负,此时取 $\bar{R}^2$ 为 0。

R^2 与 $\bar{R}^2$ 均反映在给定样本下,回归方程与样本观测值拟合优度,但不能据此进行总体模型的推断。

10.3.3 回归方程的显著性检验

建立回归方程后,需分析因变量 Y 与这 k 个自变量之间是否确有线性回归关系,可用 F 统计量进行回归方程的显著检验。计算 F 统计量值时应用方差分析表(表 10-1)。

表 10-1 方差分析表

离差名称	平方和	自由度	均方差
回归	SSR	k	SSR/k(k 个解释变量)
残差	SSE	$n-k-1$	$SSE/(n-k-1)$
总离差	$SSTO$	$n-1$	

①提出假设 $H_0:\beta_1 = \beta_2 = \cdots = \beta_k = 0$

$H_1:\beta_i$ 不全为 0($i = 1,2,\cdots,k$)

②构造并计算统计量

$$F = \frac{SSR/k}{SSE/(n-k-1)} \sim F(k, n-k-1) \tag{10-8}$$

或

$$F = \frac{R^2/k}{(1-R^2)/(n-k-1)} \quad （k \text{ 为自变量个数）}$$

③规定显著性水平 α，查表得 $F_\alpha(k, n-k-1)$。

④若 $F > F_\alpha$，拒绝 H_0，即 β_i 不全为 0，回归方程显著。若 $F < F_\alpha$，接受 H_0，回归方程不显著。

10.4　回归系数的显著性检验

回归方程显著，并不意味着每个自变量对因变量 Y 的影响都重要，因此需要进行回归系数的显著性检验。

①提出假设 $H_0: \beta_i = 0\ (i = 1, 2, \cdots, k)$

$H_1: \beta_i \neq 0\ (i = 1, 2, \cdots, k)$

②构造并计算统计量

$$T_i = \frac{b_i}{s(b_i)} (i = 1, 2, \cdots, k) \tag{10-9}$$

其中 $s(b_i)$ 为 b_i 的标准差。

③查表得 $t_{\frac{\alpha}{2}}(n-k-1)$。

④比较：若 $|T_i| < t_{\frac{\alpha}{2}}$，接受 H_0；若 $|T_i| > t_{\frac{\alpha}{2}}$，拒绝 H_0。

关于模型的异方差、自相关、多重共线性问题的检验，请参考计量经济学有关教材。

习　题

1. 一家鞋店建立了销售收入与存货投资和广告费用估计的回归方程如下：

$$\hat{y} = 25 + 10x_1 + 8x_2$$

式中：x_1 为存货投资（千元）；x_2 为广告费用（千元）；y 为销售收入（千元）。

a. 如果这家鞋店有存货投资 15 000 元，广告预算费用为 10 000 元，估计它的销售收入；

b. 对估计的回归方程中的 b_1 和 b_2 做出解释。

2. 某公司的管理者认为每周的收入是广告费用的函数，并想对每周的总收入做出估计。由 8 周的历史数据组成的样本如下表所示。

每周的总收入/千元	电视广告费用/千元	报纸广告费用/千元
96	5.0	1.5
90	2.0	2.0
95	4.0	1.5
92	2.5	2.5
95	3.0	3.5
94	3.5	2.3
94	2.5	4.2
94	3.0	2.5

a.将电视广告费用作为自变量,建立回归方程;

b.将电视广告费用与报纸广告费用作为自变量,建立回归方程;

c.在上面建立的估计的回归方程中,电视广告费用的系数相同吗?对每一种情形的系数做出解释;

d.若电视广告费用为3 500元,报纸广告费用为1 800元,一周总收入的估计值是多少?

e.对于模型 $y=\beta_0+\beta_1x_1+\beta_2x_2+\varepsilon$,其中:$x_1$ 为电视广告费用(千元),x_2 为报纸广告费用(千元),在 $\alpha=0.05$ 水平下,检验假设:$H_0:\beta_1=\beta_2=0$;$H_1:\beta_1$ 和 β_2 中至少有一个不为零;

f.在 $\alpha=0.05$ 水平下,检验 β_1 的显著性,x_1 应该从模型中删除吗?

g.在 $\alpha=0.05$ 水平下,检验 β_2 的显著性,x_2 应该从模型中删除吗?

3.飞鸽公司是一家生产自行车和与自行车相关零部件的企业,管理人员认为自行车的销售量依赖于本公司自行车的价格及其竞争对手的价格,并希望建立自行车的销售量与该公司自行车价格和竞争厂商自行车价格的回归方程。下表列出了10个城市的价格资料。

竞争厂商的价格(x_1)/元	该公司的价格(x_2)/元	销售数量(y)/千辆
256	240	102
280	260	100
380	352	120
260	300	77
310	320	46
350	300	93

续表

竞争厂商的价格(x_1)/元	该公司的价格(x_2)/元	销售数量(y)/千辆
250	300	26
290	300	69
360	400	65
300	350	85

a.建立回归方程,要求它能在竞争厂商自行车的价格和该公司自行车的价格已知时预测自行车的销售量;

b.对回归方程中的 b_1 和 b_2 做出解释;

c.如果在一个城市飞鸽公司自行车的销售价格为 270 元,竞争厂商的自行车价格为 280 元,预测在该城市自行车的销售量。

第 11 章　时间序列和指数

本章将介绍时间序列的趋势成分、循环成分、季节成分、不规则成分,研究时间序列预测方法,并对指数方法进行分析。

11.1　时间序列的成分

在一个时间序列中,资料的轨迹或行为通常假定是四种独立的成分——趋势、循环、季节和不规则,将它们混合在一起得出时间序列的具体值。下面仔细研究其中的每一种成分。

11.1.1　趋势成分

在时间序列的分析中,可以每小时、每天、每年或每隔任何一段时间进行测量。尽管时间序列的资料一般呈现随机起伏的形态,但在一段较长的时间内,时间序列仍然呈现逐渐增加或逐渐减少的变化趋势。时间序列的逐渐转变称为时间序列的趋势,通常是长期因素影响的结果,如人口总量的变化、人口总体统计特征的变化、方法的变化和顾客偏爱的变化等。

11.1.2　循环成分

尽管一个时间序列可以显示长期趋势,但时间序列的所有未来值不可能准确地落在趋势线上。事实上,时间序列常常环绕趋势线上下波动。时间间隔超过一年,环绕趋势线上下的波动一般可归结为时间序列的循环成分。

11.1.3　季节成分

尽管时间序列的趋势和循环成分可以根据各年历史资料的变化进行识别,但许多时间序列往往显示在一年内有规则的运动。例如,一个游泳衣生产商在秋季和冬季各月有较低的销售量,而在春季和夏季各月有较高的销售量。但是,铲雪设备和防寒衣物制造商的期望却正好相反。描述数据中因季节影响而出现变异的时间序列成分称为季节成分。尽管我们一般考虑时间序列的季节成分是在一年内出现,但季节成分也可用来描述任何持续时间小于一年的、有规则的、重复的运动。例如,每天的交通流量资料显示在一天内的“季节”情况,在上下班拥挤时刻流量出现高峰,在一天的休息时刻和傍晚出现中等流量,在午夜到清晨出现小流量。

11.1.4 不规则成分

时间序列的不规则成分是剩余的或“包罗万象”的因素，它用来说明在分离了趋势、循环和季节成分的影响后，时间序列值的真正偏差。不规则成分是由那些影响时间序列的短期的、不可预期的和不重复出现的因素引起的。因为这种成分说明的是时间序列中的随机变动，所以它是无法预测的，因此我们不能预测它对时间序列的影响。

11.2 利用平滑法进行预测

本节讨论三种预测方法：移动平均法、加权移动平均法和指数平滑法。每一种方法的目的都是要“消除”由时间序列的不规则成分所引起的随机波动，所以它们都被称为平滑方法。平滑方法对稳定的时间序列(即没有明显的趋势、循环和季节影响的时间序列)是合适的，这时平滑方法很适应时间序列的水平变化。

平滑方法很容易使用，而且能对近距离的预测(如下一个时期的预测)提供较高的精度水平。

指数平滑法对资料的要求最低。因此，当对大量的项目进行预测时，它是最适合的方法。

11.2.1 移动平均法

移动平均法使用时间序列中最近几个时期数据值的平均数作为下一个时期的预测值。因此，移动平均数的计算公式为

$$\text{移动平均数} = \frac{\text{最近 } n \text{ 期数据之和}}{n} \tag{11-1}$$

使用“移动”项是因为每一时期新的观测值对时间序列都是有用的，用它代替式(11－1)中最旧的观测值，可计算一个新的平均数。因此，当新的观测值变得有用时，平均数将变化或移动。

11.2.2 加权移动平均法

在移动平均法中，计算移动平均数时每个观测值都用相同的权数。但在加权移动平均法中，需要对每个数据值选择不同的权数，然后计算最近 n 个时期数值的加权平均数作为预测值。在大多数情况下，最近时期的观测值被赋予最大的权数，而比较远的时期的权数依次递减。

11.2.3 指数平滑法

指数平滑法是加权移动平均法的一种特殊情况，仍是用过去时间序列值的加权

平均数作为预测值。与加权移动平均法不同的是,我们只选择一个权数,即最近时期观测值的权数,其他时期数据值的权数可以自动推算出来,而且离预测期越远,权数变得越小。基本指数平滑法模型为

$$F_{t+1} = \alpha Y_t + (1-\alpha) F_t \tag{11-2}$$

式中:F_{t+1}为 $t+1$ 期时间序列的预测值;

Y_t 为 t 期时间序列的实际值;

F_t 为 t 期时间序列的预测值;

α 为平滑常数($0 \leqslant \alpha \leqslant 1$)。

式(11-2)表明,$t+1$ 期的预测值是 t 期实际值和预测值的加权平均数。尤其要注意的是,t 期实际值的权数为 α,t 期预测值的权数为 $1-\alpha$。我们现在根据包含三个时期资料的时间序列 Y_1、Y_2、Y_3 来说明任何时期指数平滑法的预测值同样也是以前所有时期实际值的一个加权平均数。在开始计算时,令 F_1 等于 1 期时间序列的实际值,即 $F_1 = Y_1$。2 期的预测值为

$$F_2 = \alpha Y_1 + (1-\alpha) F_1 = \alpha Y_1 + (1-\alpha) Y_1 = Y_1$$

因此,2 期指数平滑预测值等于 1 期时间序列的实际值。3 期预测值为

$$F_3 = \alpha Y_2 + (1-\alpha) F_2 = \alpha Y_2 + (1-\alpha) Y_1$$

最后,将 F_3 的表达式代入 F_4 的表达式中,有

$$\begin{aligned} F_4 &= \alpha Y_3 + (1-\alpha) F_3 = \alpha Y_3 + (1-\alpha)[\alpha Y_2 + (1-\alpha) Y_1] \\ &= \alpha Y_3 + \alpha(1-\alpha) Y_2 + (1-\alpha)^2 Y_1 \end{aligned}$$

因此,F_4 是前三个时间序列数值的加权平均数。Y_1、Y_2 和 Y_3 的系数或权数之和等于 1。一般地,可以得到一个与加权移动平均法相似的结论,即任何预测值 F_{t+1} 都是以前所有时间序列数值的加权平均数。

但我们没有必要保留所有过去资料,以用来计算下一个时期的预测值。式(11-2)表明,对给定的 α,只要知道 t 期时间序列的实际值和预测值,即 Y_t 和 F_t,就可计算 $t+1$ 期的预测值。

11.3 利用趋势推测法进行预测

本节将说明如何对拥有长期线性趋势的时间序列进行预测。这类时间序列随时间呈现持续增加或减少的趋势,因此趋势推测法是可行的。因为这类时间序列是不稳定的,所以上节介绍的平滑法是不适合的。

例 11.1 某超市过去 10 年的自行车销售量时间序列资料见表 11-1。第 1 年销售量为 21 600 辆,第 2 年销售量为 22 900 辆,…,第 10 年(即最近一年)销售量为 31 400 辆。尽管图 11-1 显示过去 10 年的销售量有上下波动,但时间序列总的趋势

是增长的或向上的。

表 11-1 自行车销售量时间序列

年(t)	销售量/千辆	年(t)	销售量(千辆)
1	21.6	6	27.5
2	22.9	7	31.5
3	25.5	8	29.7
4	21.9	9	28.6
5	23.9	10	31.4

我们不想关注时间序列的每一时间趋势成分和每一次向上或向下的波动,但趋势成分反映了时间序列的一种逐渐变动,如这个例子中波动是向上的。观察表 11-1 中的时间序列资料和图 11-1 之后,我们认为在图 11-2 中显示的线性趋势能够对时间序列的长期运动提供合理的描述。

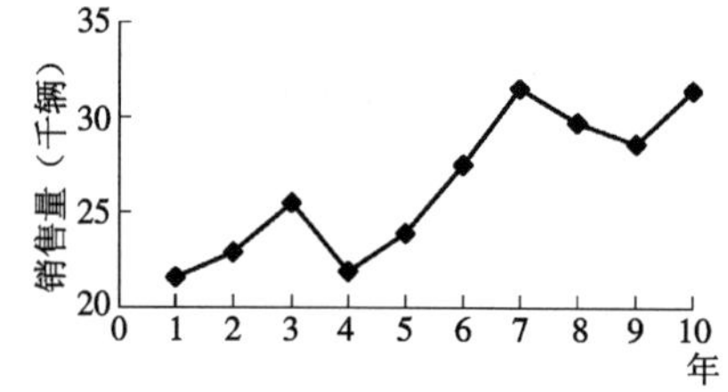

图 11-1 自行车销售时间序列的图形

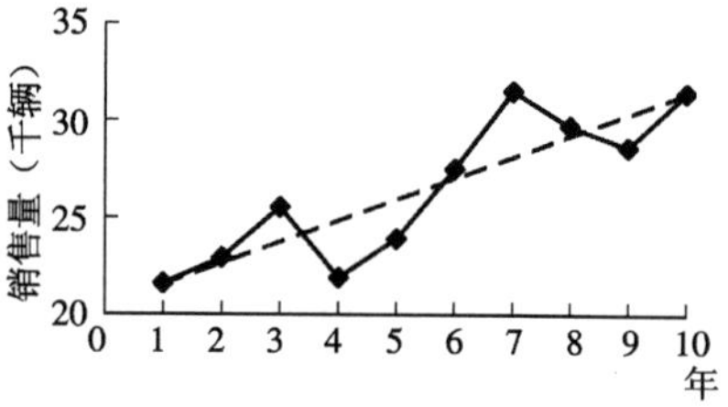

图 11-2 用线性函数对自行车销售量的趋势描述

用自行车销售量的资料可说明应用回归分析确定线性趋势的计算问题。在第 9 章介绍了如何用最小二乘法来建立两个变量的线性关系,在这里,最小二乘法也是建立自行车销售量时间序列的线性趋势的方法。特别地,我们将用回归分析来估计时间和销售量之间的关系。

线性趋势方程

$$T_t = b_0 + b_1 t \tag{11-3}$$

式中:T_t 为第 t 期时间序列的趋势值;

b_0 为线性趋势的截距;

b_1 为线性趋势的斜率;

t 为时间。

在式(11-3)中,令 $t=1$ 表示时间序列的第一个观察值所对应的时间,$t=2$ 表示时间序列的第二个观察值所对应的时间,以此类推。注意在自行车销售量时间序列中,$t=1$ 表示最远的时间值,$t=10$ 表示最近的时间值。式(11-3)中要估计的回归系数(和)可根据前面章节中给出的计算公式计算得出。

计算斜率 b_1 和截距 b_0 的公式为

$$b_1 = \frac{\sum tT_t - (\sum t \sum T_t)/n}{\sum t^2 - (\sum t)^2/n} \tag{11-4}$$

$$b_0 = \bar{T} - b_1 \bar{t} \tag{11-5}$$

式中：T_t 为 t 期时间序列的值；

n 为时期的个数；

$\bar{T}$ 为时间序列的平均值，即 $\bar{T} = \sum T_t / n$；

$\bar{t}$ 为 t 的平均值，即 $\bar{t} = \sum t / n$。

根据式(11-4)、式(11-5)以及表 11-1 的自行车销售量资料，有

$$\bar{t} = \frac{55}{10} = 5.5$$

$$\bar{T} = \frac{264.5}{10} = 26.45$$

$$b_1 = \frac{1\,545.5 - 55 \times 264.5/10}{385 - 55^2/10} = 1.10$$

$$b_0 = 26.45 - 1.10 \times 5.5 = 20.4$$

因此，自行车销售量时间序列的线性趋势成分的表达式为

$$T_t = 20.4 + 1.1t \tag{11-6}$$

11.4 利用趋势和季节成分进行预测

上一节介绍了如何对有趋势成分的时间序列进行预测。本节将把这种讨论扩展到对同时拥有趋势成分和季节成分的时间序列进行预测的情形。

经济管理中的许多情形需要当期与前一期进行比较。例如，我们想研究和了解失业人数是否比上个月上升 1%，钢产量是否比上个月上升 5% 等问题。在使用这些资料时，必须十分小心。因为每当描述季节影响时，这样的比较会使人产生误解。例如，9 月份电能消耗量比 8 月份下降 3%，可能仅仅是由于这一季节空调使用减少引起的，而不是因为长期用电量的减少。事实上，在调整季节影响后，我们甚至可以发现用电量是增加的。剔除季节影响后，不同时期的对比将更有意义，而且可以帮助我们确定是否存在趋势成分。本节所介绍的方法适用于只有季节成分的情形或同时有季节和趋势两种成分的情形。首先是计算季节指数，并用它们得到消除季节影响的资料，然后，如果消除季节影响的资料有明显的趋势，则用回归分析估计该资料的趋势成分。

11.4.1 乘法模型

除了趋势成分（T）和季节成分（S）外，假设时间序列还有不规则的成分（I）。不规则成分说明时间序列中不能由趋势和季节成分解释说明的任何随机影响。设用 T_t、S_t 和 I_t 分别表示 t 期的趋势成分、季节成分和不规则成分。用 Y_t 表示时间序列的数值，则它可由下列时间序列的乘法模型描述为

$$Y_t = T_t S_t I_t \tag{11-7}$$

在上述模型中，T_t 是被预测项目所测量出的趋势，S_t 和 I_t 成分由相应的项目测量，其数值大于 1.00 表示它们的影响在趋势之上，而小于 1.00 表示它们的影响在趋势之下。

例 11.2　根据表 11-2 和图 11-3 中的季度资料是某公司在过去 4 年中家用台式电脑的销售量(单位：千台)。我们用这些资料来说明拥有趋势成分、季节成分和不规则成分的乘法模型的使用。

表 11-2　家用台式电脑销售量的季度资料

年	季度	销售量(千台)
1	1	9.6
	2	8.2
	3	12.0
	4	13.0
2	1	11.6
	2	10.4
	3	13.6
	4	14.8
3	1	12.0
	2	11.2
	3	15.0
	4	15.6
4	1	12.6
	2	11.8
	3	16.0
	4	16.8

11.4.2 季节指数的计算

图 11-3 表明每年第 2 季度的销售量最小，第 3 和第 4 季度的销售量是增加的，显然家用台式电脑销售量受季节影响。首先通过计算移动平均数，将趋势成分与季节及不规则成分 T_t 和 I_t 分开，然后使用计算程序，确定每个季度的季节影响。

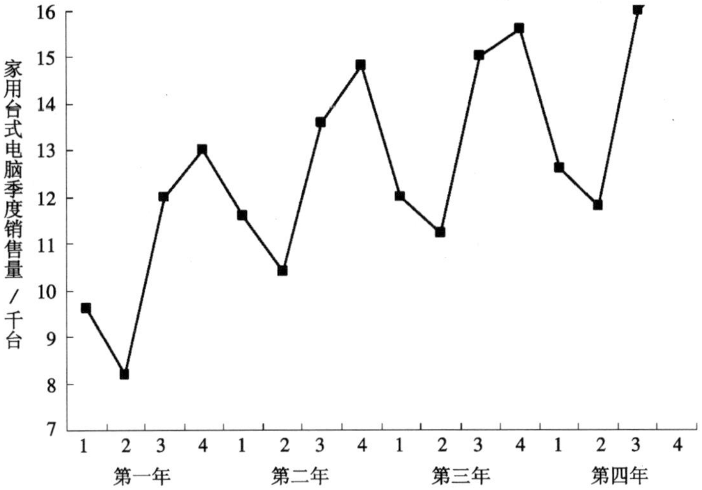

图 11-3　家用台式电脑销售量时间序列的季度图形

由于所利用的是季节资料,所以在计算每一个移动平均数时使用 4 项数据,即一年的资料。第一个 4 季度家用台式电脑销售量的移动平均数计算结果为

$$第一个移动平均数 = \frac{9.6 + 8.2 + 12.0 + 13.0}{4} = 10.7$$

再加上第 2 年第一季度的数值 5.8,去掉第一年第一季度的数值 4.8,进而得到第二个移动平均数

$$第二个移动平均数 = \frac{8.2 + 12.0 + 13.0 + 11.6}{4} = 11.2$$

同理,第三个移动平均数为(12.0 + 13.0 + 11.6 + 10.4)/4 = 11.75。

在对整个时间序列进行移动平均数计算之前,再看一看第一个移动平均的结果,其数值为 10.7。而 10.7 正好是第一年各季度销售量的平均数,应该对应在移动平均数的所有季度的中间位置。本例中移动平均数的步长是 4 个季度,没有中间季度,因此 10.7 应该对应在第 2 季度和第 3 季度中间。同样,下一个移动平均数为 11.2,它应该对应在第 3 季度和第 4 季度的中间。

计算移动平均数的目的是分离趋势成分和季节成分、不规则成分。但是,我们计算出的移动平均数不能直接对应在时间序列的季度上,因此,用这一连串计算出来的移动平均的中间值来解决这个问题。例如,如上所述,10.7 对应为第 2、第 3 季度的中值,11.2 对应为第 3、第 4 季度的中值,故用(10.7 + 11.2)/2 = 10.95 作为第 3 季度的移动平均数。同样(11.2 + 11.75)/2 = 11.475 为第 4 季度的移动平均数。这个结果称为中心化的移动平均数。表 11-3 是家用台式电脑销售量资料的移动平均数计算的全部结果。

表 11-3 家用台式电脑销售量时间序列的中心化移动平均数的计算结果

年	季度	销售量/千件	4 个季度的移动平均数	中心化的移动平均数
1	1	9.6		
	2	8.2		
			10.70	
	3	12.0		10.950
			11.20	
	4	13.0		11.475
			11.75	
2	1	11.6		11.950
			12.15	
	2	10.4		12.375
			12.60	
	3	13.6		12.650
			12.70	
	4	14.8		12.800
			12.90	
3	1	12.0		13.075
			13.25	
	2	11.2		13.350
			13.45	
	3	15.0		13.525
			13.60	
	4	15.6		13.675
			13.75	
4	1	12.6		13.875
			14.00	
	2	11.8		14.150
			14.30	
	3	16.0		
	4	16.8		

图 11-4 是时间序列实际值和中心化的移动平均数的散点图。从图上可以看到，中心化的移动平均数在“消除”了时间序列的季节和不规则波动之后，有非常明显的趋势。计算出的 4 个季度的移动平均数中，将不包含由于季节影响产生的波动，中心化的移动平均数中每一个点表示的是没有季节或不规则波动的时间序列的值。

用时间序列的每一个观察值除以相应的中心化的移动平均数，可以确定时间序列的季节不规则影响值。例如，第一年第 3 季度的季节不规则值为 12.0/10.950 = 1.096。表 11-4 是时间序列季节不规则值的全部结果。

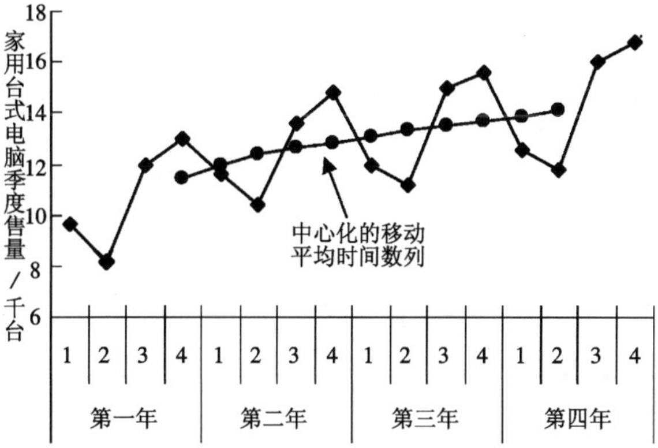

图 11-4 家用台式电脑季节销售量时间序列和中心化的移动平均数的图形

表 11-4 家用台式电脑销售量时间序列的季节不规则值

年	季度	销售量/千台	中心化的移动平均数	季节不规则值
1	1	9.6		
	2	8.2		
	3	12.0	10.950	1.096
	4	13.0	11.475	1.133
2	1	11.6	11.950	0.971
	2	10.4	12.375	0.840
	3	13.6	12.650	1.075
	4	14.8	12.800	1.156
3	1	12.0	13.075	0.918
	2	11.2	13.350	0.839
	3	15.0	13.525	1.109
	4	15.6	13.675	1.141
4	1	12.6	13.875	0.908
	2	11.8	14.150	0.834
	3	16.0		
	4	16.8		

第 1、第 2 和第 3 年的第 3 季度的季节不规则值分别为 1.096、1.075 和 1.109。可见，在整个过程中，第 3 季度季节不规则值高于总平均水平。因为季节不规则值一年与一年的波动仅仅是由于不规则成分引起的，因此，可计算其平均数，以消除不规则的影响，从而得到

$$第3季度的季节影响值 = (1.096 + 1.075 + 1.109)/3 = 1.09$$

1.09 被称为第 3 季度的季节指数。表 11-5 给出了家用台式电脑销售量时间序列的季节指数的计算结果。4 个季度的季节指数分别为：第 1 季度 0.93，第 2 季度

0.84,第 3 季度 1.09,第 4 季度 1.14。

表 11-5 家用台式电脑销售量时间序列的季节指数计算结果

季度	季节不规则成分的数值(S_tI_t)	季节指数(S_t)
1	0.971,0.918,0.908	0.93
2	0.840,0.839,0.934,	0.84
3	1.096,1.075,1.109	1.09
4	1.113,1.156,1.141	1.14

表 11-5 中提供了家用台式电脑销售的季节成分的有关信息。最佳销售季度是第 4 季度,它的销售水平比总平均水平高出 14%,最差或最低的销售季度是第 2 季度,它的季度指数为 0.84,说明其销售水平比总平均季度销售水平低 16%。

在计算季节指数时,有时候需要对季节指数进行调整。乘法模型要求平均季节指数等于 1.00,因此,表 11-5 中 4 个季度的季节指数总和必须等于 4.00。换句话说,季节影响在一年内是持平的。在这个例子中,季节指数的平均数等于 1.00,因此它不需要调整。对其他情形,有时需要进行相应的调整。

11.4.3 消除时间序列的季节影响

找出季节指数的目的是为了从时间序列中消除季节影响。根据乘法模型,有

$$Y_t = T_tS_tI_t$$

用时间序列的每个观察值除以相应的季节指数,则可以对时间序列消除季节影响。表 11-6 和图 11-5 是家用台式电脑销售量消除季节影响后的时间序列资料。

表 11-6 家用台式电脑销售量时间序列消除季节影响后的数据

年	季度	销售量(千台) Y_t	季节指数 S_t	消除季节影响的销售量 $Y_t/S_t = T_tI_t$
1	1	9.6	0.93	10.32
	2	8.2	0.84	9.76
	3	12.0	1.09	11.10
	4	13.0	1.14	11.40
2	1	11.6	0.93	12.48
	2	10.4	0.84	12.38
	3	13.6	1.09	12.48
	4	14.8	1.14	12.98
3	1	12.0	0.93	12.90
	2	11.2	0.84	13.34
	3	15.0	1.09	13.76

续表

年	季度	销售量(千台) Y_t	季节指数 S_t	消除季节影响的销售量 $Y_t/S_t = T_tI_t$
	4	15.6	1.14	13.68
4	1	12.6	0.93	13.54
	2	11.8	0.84	14.04
	3	16.0	1.09	14.68
	4	16.8	1.14	14.74

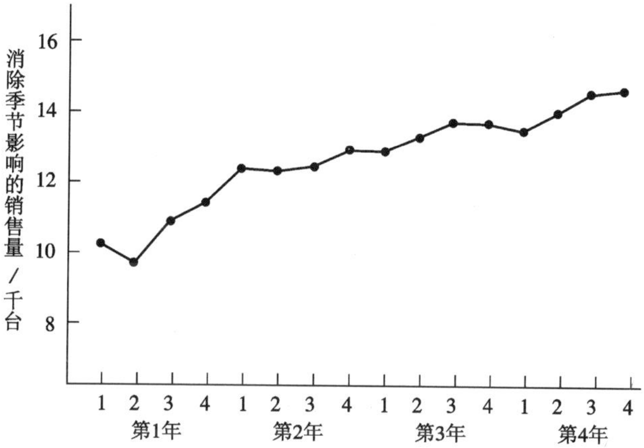

图 11-5 消除季节影响的家用台式电脑销售量时间序列

11.4.4 利用消除季节影响的时间序列确定趋势

尽管图 11-5 中的图形显示过去 16 个季度的资料有一些上下的随机波动，但时间序列显然有一个向上的线性趋势。在这种情形中，所用的资料是消除季节影响的季度销售量数据。因此对于这个线性趋势，估计的销售量被作为时间的函数，即

$$T_t = b_0 + b_1 t$$

式中：T_t 为 t 期家用台式电脑销售量的趋势值；

b_0 为趋势线的截距；

b_1 为趋势线的斜率。

同前面一样，$t = 1$ 对应时间序列的第 1 个观察值的时间，$t = 2$ 对应时间序列第 2 个观察值的时间，依此类推。因此，对消除季节影响的家用台式电脑销售量时间序列来说，$t = 1$ 对应消除季节影响后的第 1 个季度的销售量，$t = 16$ 对应消除季节影响后的最近一个季度的销售量。所以，计算 b_0 和 b_1 的公式为

$$\left.\begin{aligned} b_1 &= \frac{\sum tT_t - (\sum t \sum T_t)/n}{\sum t^2 - (\sum t)^2/n} \\ b_0 &= \bar{T} - b_1 \bar{t} \end{aligned}\right\} \tag{11-9}$$

注意，T_t 此时表示第 t 期消除季节影响后的时间序列数值，而不是时间序列的实际值。根据给出的 b_0 和 b_1 的表达式及表 11-6 中消除季节影响的销售量资料，有如下的计算结果：

$$b_1 = 0.295$$

$$b_0 = 10.208$$

因此，时间序列的线性趋势成分的表达式为

$$T_t = 10.208 + 0.295t$$

斜率 0.295 表明在过去的 16 个季度中，当消除季节影响之后，公司每个季度销售量平均增长 295 台。如果我们假设过去 16 个季度销售资料的趋势对预测未来相当合适，则这个方程可用来推测未来季度时间序列的趋势成分。例如，将 $t = 17$ 代入方程，可得到下一个季度的趋势推测值：

$$T_{17} = 10.208 + 0.295 \times 17 = 15.223$$

因此，由趋势方程产生的下一个季度家用台式电脑销售量的推测值为 15 223 台。同样，由趋势方程可分别产生第 18、第 19 和第 20 季度的家用台式电脑销售量推测值为 15 518 台、15 813 台和 16 108 台。

11.4.5 季节调整

对同时有趋势成分和季节成分的时间序列，进行预测的最后一步是用季节指数调整趋势推测值。再回到家用台式电脑销售量的例子，我们现在已得到了未来 4 个季度的趋势推测值，下面必须用季节影响调整预测值。第 5 年第 1 季度（$t = 17$）的季度指数为 0.93，因此用趋势值（$T_{17} = 15.223$）乘以季节指数（0.93），得到这个季度的预测值为 14.157千台。表 11-7 给出了 17 ~ 20 季度的季度预测值。第 4 季度有最高销售量，其预测值为 18.363 千台；第 2 季度有最低销售量，其预测值为 13.035 千台。

表 11-7　家用台式电脑销售量时间序列的季度预测值

年	季度	趋势预测值（千台）	季节指数	季度预测值（千台）
5	1	15.223	0.93	$15.223 \times 0.93 = 14.157$
	2	15.518	0.84	$15.518 \times 0.84 = 13.035$
	3	15.813	1.09	$15.813 \times 1.09 = 17.236$
	4	16.108	1.14	$16.108 \times 1.14 = 18.363$

11.4.6 基于月度资料的模型

在前面家用台式电脑销售量的例子中，我们利用季度资料来说明季节指数的计算，但是在许多商业情况预测中月度资料更为常见。在这种情况下，上面所介绍的方法要做一些调整才能应用。首先用12个月的移动平均数代替4个季度的移动平均数，然后是计算每个月的季节指数，而不是每个季度的季节指数。除了这些改变以外，计算和预测方法都是一样的。

11.4.7 循环成分

有时，式(11-8)的乘法模型可扩展到包括循环成分在内，即

$$Y_t = T_t \times C_t \times S_t \times I_t \tag{11-10}$$

同季节成分一样，循环成分也可表示为趋势的百分比。正如11.1节所提到的，循环成分是由于时间序列的多年循环而出现的，它与季节成分类似，但是它的时间周期更长一些。由于包含时间长度，因此获得比较恰当的资料来估计循环成分常常是非常困难的。另一个困难是循环的长度也是变化的。本节不对循环成分做进一步的讨论。

11.5 指数

指数实际上就是相对比率。对于时间序列

$$y_1, y_2, \cdots, y_i, \cdots, y_n$$

如选其中 y_b 为基准，那么第 i 时期的指数

$$I_i = \frac{y_i}{y_b} \times 100$$

于是 $I_b = 100$。例如，我国铁路历年客运量编制的铁路客运量指数，以1952年的客运量(16 352万人)指数为100，就可求出历年客运量指数，2005年客运量为115 583万人，客运量指数就是

$$(115\ 583/16\ 352) \times 100 = 706.8$$

在《中国统计年鉴》中，有各种物价指数，如零售物价指数、农副产品收购价格指数等，也有表示数量的社会总产值指数、工农业总产值指数、职工生活费用指数等，还有表示效率的如劳动生产率的指数等。但是从历史形成过程来看，指数理论是从价格指数的编制实践和学术讨论中发展起来的。

11.5.1 指数的作用

指数可以用做衡量同一变量在不同时期变化的方向和程度，也可为有关变量变

化情况的比较提供根据,例如在比较历年铁路、水路或航空的客运量情况时,不能用绝对数来比较,只能用指数来比较,指数可以作为政府制定生产、分配、消费政策的依据;也可以综合显示经济情况的繁荣或衰退,可以作为不同地区或不同行业发展情况比较的基础。

此外,指数可以用来调整在不同时期变量变化的实际情况。例如某人经过一段时间,其收入由 1 000 元增长到 1 500 元,但消费指数在同期由 100 增到 130,那么他的真实收入实际是

$$\text{真实收入} = \frac{\text{名义收入}}{\text{消费指数}} \times 100 = \frac{1\ 500}{130} \times 100 = 1\ 153.8 \text{ 元}$$

在国民经济指数核算中,按照指数性质的不同,指数可以分为物价指数和物量指数。物价是价格的一般水平,物量是同一物价水平下的可比数量。

11.5.2 指数的分类

从研究对象的品种数目来看,可以分为单一品种的指数和多品种的综合指数。例如在表 11-8 中,各类产品都可被认为是单一品种的价格指数(当然各类还可细分)。工厂所生产某种产品在历年的产量指数和价格指数也是单一品种指数。而零售物价指数和职工生活费用指数都是多品种的综合指数。对于多品种的综合指数,为了能充分反映所研究问题的性质,选择哪些品种参加计算是应当慎重考虑的问题。

表 11-8 我国农副产品收购牌价分类指数(以 1980 年价格为 100)

	小麦	稻谷	玉米	大豆
1994	152.2	154.0	151.3	114.6
1995	133.1	120.8	140.9	113.1
1996	109.2	104.2	95.4	128.2
1997	89.0	88.2	94.2	100.1
1998	95.8	88.1	101.9	85.2

从比率的基准来看,指数可分为定基指数和环比指数。例如在表 11-8 中,整个序列都以 1980 年价格为基准(1980 年的指数为 100),这就是定基指数,1980 年为基年。如各年分别以上一年为基准(1995 年的指数是以 1994 年的为 100,1996 年的指数以 1995 年为 100,以此类推),这就是环比指数。定基指数的基期要选择在变量(价格、数量)变化比较稳定的时期。如果没有合适的基准,也有取若干年的平均数作为基准的。

11.5.3 定基综合价格指数计算公式

单品种的价格指数和数量指数都是容易计算的。以基期价格为 p_0,报告期价格

为 p_1,报告期价格指数

$$I_p = \frac{p_1}{p_0} \times 100 \tag{11-11}$$

以基期数量为 q_0,报告期数量为 q_1,报告期数量指数

$$I_q = \frac{q_1}{q_0} \times 100 \tag{11-12}$$

但是对多品种的情形就不同了。

根据下列资料,做出学校办公用消耗品价格指数。

编号 i	品种	单位	1978 年		1979 年	1980 年
			数量 q_0	价格 p_0	价格 p_1	价格 p_2
1	粉笔	箱	200	2.84	3.14	3.31
2	日光灯	盒	130	22.60	25.58	26.98
3	蜡纸	箱	100	41.71	57.82	64.00
4	清洁剂	桶	290	14.62	17.14	17.77
5	玻璃	块	15	10.93	12.57	12.26
6	油漆	桶	175	7.58	7.97	8.83

求综合价格指数时,不能简单相加,如 $\frac{\sum p_1}{\sum p_0}$, $\frac{\sum p_2}{\sum p_0}$($\sum p_1$ 是 $\sum p_{1i}$ 的省略记号, $\sum p_0$, $\sum p_2$ 也类似)。不能这样处理的原因有两点:①各 p_{1i} 的单位不同,它们分别是元/箱、元/盒、元/桶等等;②各品种作为办公用消耗品,它们的重要性也不同。

为了解决这个问题,常用的方法是加权。以消耗数量 q 加权,$p_{0i}q_{0i} = v_{0i}$ 是 1998 年第 i 品种所耗金额(元),于是各 v_{0i} 是可以相加的。另外,q_{0i} 也反应了第 i 品种在全体消耗品中的重要性。对于分子 p_{1i},也要以 q_{0i} 加权,而不是以 q_{1i} 加权,表明消耗的数量不变,于是指数就只反应价格的变化,其经济意义是明显的。这样得到的指数公式称为 Laspeyres 价格指数(为了比较不同报告期的指数,报告期下标用 n 表示),其计算公式为

$$I_n = \frac{\sum p_n q_0}{\sum p_0 q_0} \times 100 \tag{11-13}$$

现在计算上例的 Laspeyres 价格指数如下表所示。

I	p_0q_0	p_1q_0	p_2q_0
1	568	628	662
2	2 938	3 325	3 507
3	4 171	5 782	6 400
4	4 240	4 971	5 153
5	164	189	184
6	1 327	1 395	1 545
合计	13 408	16 290	17 451

故学校办公用消耗品 Laspeyres 价格指数(1978 年为 100)为

1979 年 $I_1 = \dfrac{16\ 290}{13\ 408} \times 100 = 121.5$

1980 年 $I_2 = \dfrac{17\ 451}{13\ 408} \times 100 = 130.2$

有时不以基期消耗 q_0 加权,而以报告期 q_n 加权,所得指数称为 Paasche 价格指数,其计算公式为

$$I_n = \frac{\sum p_n q_n}{\sum p_0 q_n} \times 100 \tag{11-14}$$

用该公式计算得的结果当然与前不同,它的经济意义也不同。它表示学校要购买各品种的当前消耗数量时,价格和所需费用的变动情况。所以两种价格指数各有不同的作用。Laspeyres 价格指数在计算上有便利之处,可以不必经常收集各时期的消耗数量 q_{in};另一个优点是用它计算的各时期的指数相互比较是有意义的,因为权重相同。而 Paasche 价格指数只便于和基期相比。在价格有上升趋势的情形下,人们常常会多买一些价格低的商品,少买一些价格高的商品,这样,Laspeyres 公式的分子就比实际情形偏大,算出的指数就比实际的数值偏高。相反,在这种情形下,Paasche 价格指数就要比实际的偏低。

11.5.4 综合数量指数

如工业产品生产量指数、农产品收获量指数和商品销售量指数都是多品种综合数量指数。和价格指数一样,各品种的数量 q 不能直接相加,必须用加权的方法。以价格 p 为权,可能有三种形式。

①用报告期价格 p_{1i} 为权,得

$$I_1 = \frac{\sum q_1 p_1}{\sum q_0 p_1} \tag{11-15}$$

②用基期价格 p_{0i} 为权,得

$$I_1 = \frac{\sum q_1 p_0}{\sum q_0 p_0} \tag{11-16}$$

③用固定价格 p_{ki} 为权,得

$$I_1 = \frac{\sum q_1 p_k}{\sum q_0 p_k} \tag{11-17}$$

式中:p_{ki} 表示第 i 品种在某一段时期的固定价格(不变价格)。例如:我国在计算工业生产量指数和农业产量指数时就用这种方法。

11.5.5 基期的变换和指数序列的拼接

当两个不同基期的指数序列需要彼此前后对照时,就要换成共同的基期。这并不需要重新用公式计算。例如,对于下述以 1999 年为基期的指数序列:

年份	1996	1997	1998	1999	2000	2001
指数	75	88	92	100	110	122

如要换成以 1996 年为基期,只要用各年的指数分别除以 1996 年的指数 0.75 就可以了。1996 年的指数变成 75/0.75 = 100,1997 年的指数变成 88/0.75 = 117.3,从而得到新的指数序列:

年份	1996	1997	1998	1999	2000	2001
指数	100	117.3	122.7	133.3	146.7	162.7

由于基期不同,所以各年指数数值发生了变化,但相对的比率关系不变。在编制较长时期的指数序列时,若一直使用同一基期,如果指数不断增加,数值可能很大,使用并不方便。因此常常改变基期。

例 11.3 日本政府规定,各指数每 5 年(公元年末位为 0 或 5 的年份)改变一次,这样便于短时期的比较。但有时有必要做长时期的观察,这就需要拼接成同一基期的指数序列。表 11-9 左半边是日本 1965—1980 年的消费物价指数,是分别以 1965 年、1970 年、1975 年为基期的,右半边是拼接成以 1975 年为基期的指数序列。

表 11-9 日本消费物价指数

年份	基期			拼接后(以 1975 年为基期)
	1965	1970	1975	
1965	100.0			44.5

续表

年份	基期			拼接后（以1975年为基期）
	1965	1970	1975	
1966	105.2			46.7
1967	109.2			48.6
1968	115.1			51.2
1969	121.1			53.9
1970	130.3	100.0		58.0
1971		106.0		61.5
1972		110.9		64.3
1973		124.0		71.9
1974		154.1		89.4
1975		172.4	100.0	100.0
1976			109.3	109.3
1977			118.1	118.1
1978			122.6	122.6
1979			127.0	127.0
1980			137.2	137.2

以1970年为基期的数值再除以1.724，以1965年为基期的数值再除以1.303，即得到拼接后的指数序列。

习　　题

1.下面是某公司12个月中建筑物合同(单位:百万元)的有关资料。

240　350　230　260　280　320　220　210　240　310　240　230

a.计算3个月的移动平均预测值。

b.下一个月的预测值是多少?

2.考虑下面的时间序列

t	1	2	3	4	5
T_t	6	11	9	14	15

建立这个时间序列的线性趋势成分方程。当 $t=6$ 时的预测值是多少?

3.在过去6年中,某大学入学人数资料如下(单位:千人):

年	1	2	3	4	5	6
入学人数	20.5	20.2	19.5	19.0	19.1	18.8

建立这个时间序列的线性趋势成分方程,评论该校入学人数的变动情况。

4.考虑下面的时间序列资料。

季度	年份		
	1	2	3
1	4	6	7
2	2	3	6
3	3	5	6
4	5	7	8

a.计算该时间序列的4个季度的移动平均数和中心化的移动平均数;

b.计算4个季度的季节指数。

5.某公司过去7年里每年无线电设备的销售量如下表所示:

年	1	2	3	4	5	6	7
销售数量	35	50	75	90	105	110	130

假设7年来季度销售量的历史资料如下:

年	1季度	2季度	3季度	4季度	年销售总量
1	6	15	10	4	35
2	10	18	15	7	50
3	14	26	23	12	75
4	19	28	25	18	90
5	22	34	28	21	105
6	24	36	30	20	110
7	28	40	35	27	130

a.计算该时间序列4个季度的移动平均数。在同一张图上绘出原始时间序列和移动平均数序列的图形。

b.计算4个季度的季节指数。

c.该公司什么时候经受最大的季节影响?

6.某制造商从三个独立的供应商处购买同一部件,其价格和数量各不相同。1999年和2004年的有关资料如下:

供应商	1999年数量	单价/美元	
		1999年	2004年
A	150	5.45	6.00
B	200	5.60	5.95
C	120	5.50	6.20

a.分别计算每个供应商的部件的Laspeyres价格指数,比较两个时期各供应商价格的增长情况;

b.计算2004年该部件的简单综合物价指数;

c.计算2004年该部件的加权综合物价指数。

7.某化学公司生产一种特殊的工业化学用品,它是三种化学成分的混合物。年初与年底每吨的成本及混合物的构成比例如下:

成分	每吨成本/千元		每100吨产品的用量/吨
	年初	年底	
A	2.50	3.95	25
B	8.75	9.90	15
C	0.99	0.95	60

a.计算三种成分的Laspeyres价格指数;

b.用产品的原始资料,计算一年成本的加权平均指数,你如何解释这个指数?

附　录

附录 1.1　用 SPSS 创建频数分布表

例 1　下表为 10 个人对两个不同的问题做出的回答(回答为“Yes”或“No”)后得到的数据,利用 SPSS 为该数据创建频数分布表。

附表 1　关于两个不同问题回答的原始记录

sample1	sample2	gender
No	Yes	男
Yes	No	女
No	Yes	男
No	No	男
No	No	女
Yes	Yes	男
Yes	Yes	男
Yes	Yes	女
No	Yes	女
No	Yes	男

①在数据输入区输入需要进行描述性统计分析的数据(如下图所示)。

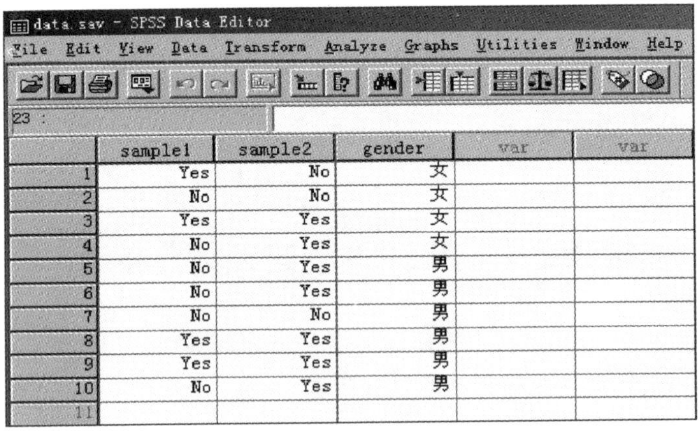

附图 1　输入数据

②选择“Analyze”下拉菜单。

③选择“ Descriptive Statistics”选项。

④在子菜单中选择“Frequencies ”。如下图所示。

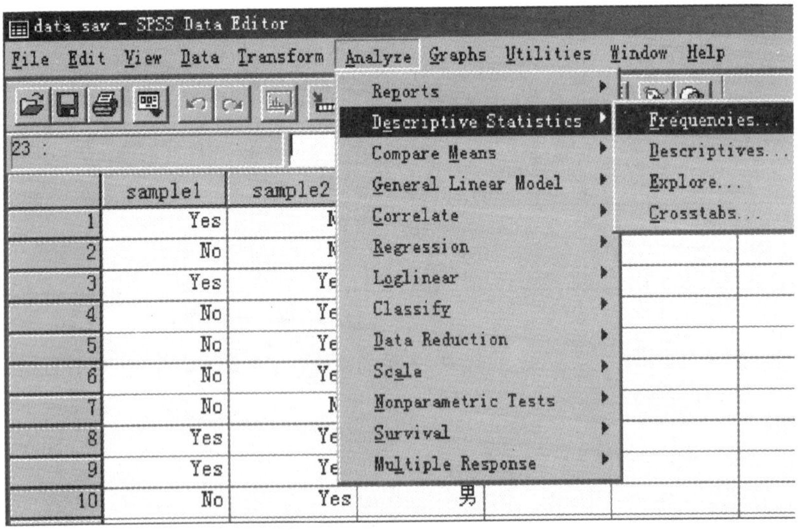

附图 2　“Analyze”下拉菜单

⑤在左侧选择需要分析的参数进入右侧的分析列表，如下图。

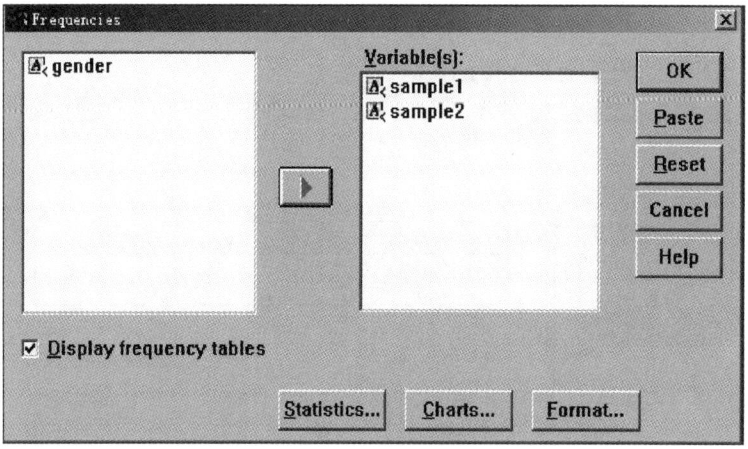

附图 3　分析列表

⑥在“Statistics”选项中选择需要进行分析的参数后选择“Continue”,如下图。

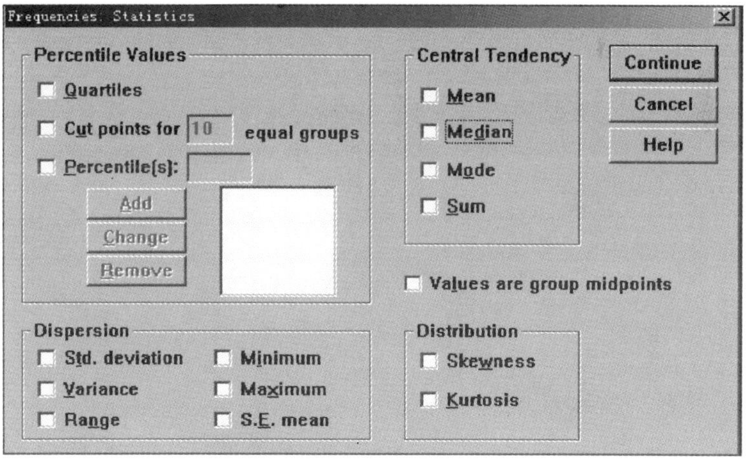

附图 4　“Statistics”选项

⑦输出分析结果如下图所示。

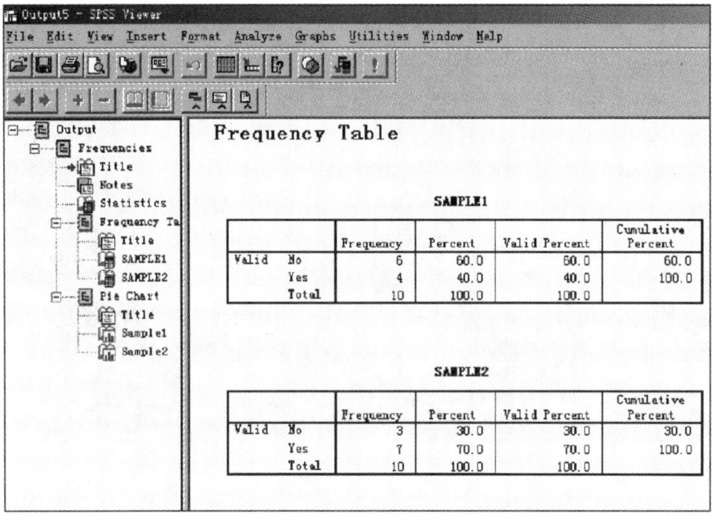

SAMPLE1

		Frequency	Percent	Valid Percent	Cumulative Percent
Valid	No	6	60.0	60.0	60.0
	Yes	4	40.0	40.0	100.0
	Total	10	100.0	100.0	

SAMPLE2

		Frequency	Percent	Valid Percent	Cumulative Percent
Valid	No	3	30.0	30.0	30.0
	Yes	7	70.0	70.0	100.0
	Total	10	100.0	100.0	

附图 5 输出分析结果

附录 1.2 用 Excel 作频数分布表和图形

例 2 一家市场调查公司为研究不同品牌饮料的市场占有率，对随机抽取的一家超市进行了调查。调查员在某天对 50 名顾客购买饮料的品牌进行了记录，如果一个顾客购买某一品牌的饮料，就将这一饮料的品牌名字记录下来。附表 2 是记录的原始数据。

附表 2 顾客购买饮料的品牌名称

旭日升冰茶	可口可乐	旭日升冰茶	汇源果汁	露露
露露	旭日升冰茶	可口可乐	露露	可口可乐
旭日升冰茶	可口可乐	可口可乐	百事可乐	旭日升冰茶
可口可乐	百事可乐	旭日升冰茶	可口可乐	百事可乐
百事可乐	露露	露露	百事可乐	露露
可口可乐	旭日升冰茶	旭日升冰茶	汇源果汁	汇源果汁
汇源果汁	旭日升冰茶	可口可乐	可口可乐	可口可乐
可口可乐	百事可乐	露露	汇源果汁	百事可乐
露露	可口可乐	百事可乐	可口可乐	露露
可口可乐	旭日升冰茶	百事可乐	汇源果汁	旭日升冰茶

调查员需要对不同品牌的饮料作一张频数分布表，并用条形图显示其分布状况。

我们用 Excel 完成上面的工作。为了建立一张频数分布表和绘制条形图，必须首先将不同品牌的饮料分别用一个数字代码表示，比如，对各种品牌饮料指定的代码是：

1. 可口可乐；2. 旭日升冰茶；3. 百事可乐；4. 汇源果汁；5. 露露

然后，将各品牌代码输入到 Excel 表格中。假定将品牌代码输入到 Excel 中的 B2：B51。

Excel 现在把代码视为数值型数据。为建立频数分布表和条形图，Excel 要求对每个品牌代码指定一个上限，将代码上限输入到工作的 C4：C8。Excel 对数据值小于或等于每一个品牌的项目数据进行记数。这样，Excel 提供的合计数就是各品牌的频数分布。下面给出使用 Excel 产生频数分布表和条形图的步骤。

第一步：选择“工具”下拉菜单。

第二步：选择“数据分析”选项（需要从 Office 安装盘安装数据分析库），如下图所示。

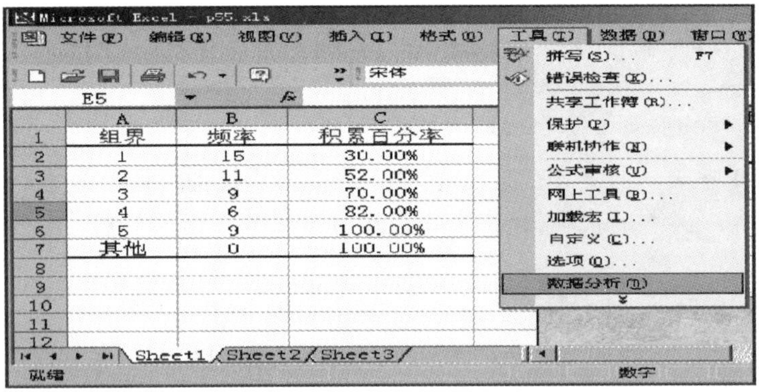

附图 6 “工具”下拉菜单

第三步:在分析工具中选“直方图”。

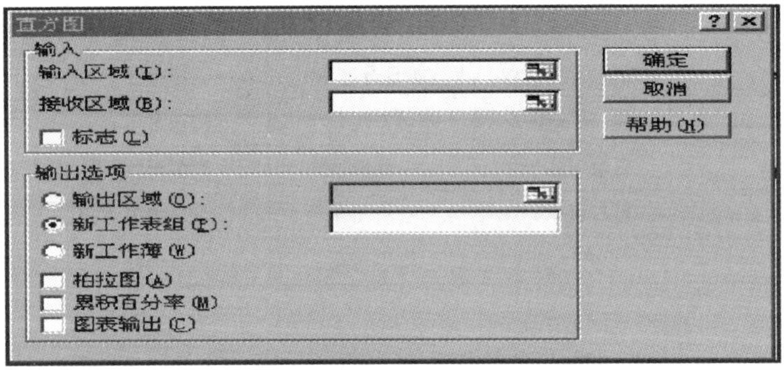

附图 7 分析工具中的“直方图”

第四步:当出现对话框时:在“输入区域”方框内键入 B2:B51;在“接收区域”方框内键入 C4:C8;在“输出区域”方框内键入 E3;选择“累积百分率”;选择“图表输出”;选择“确定”。Excel 输出的结果如附图 8 所示。

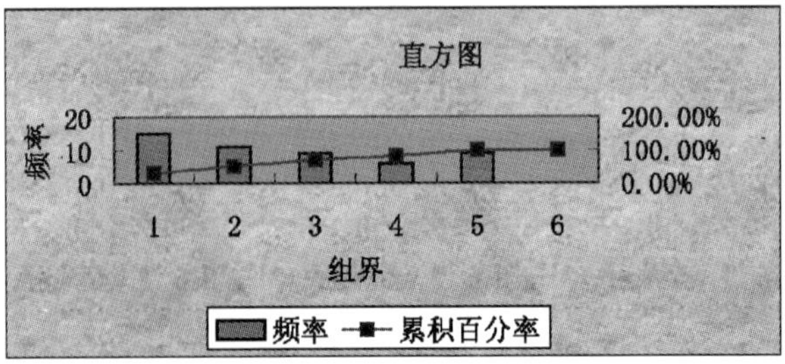

附图 8 Excel 输出结果

附录 2.1　用 SPSS 计算描述统计量

在本试验中,将展示如何用 SPSS 来计算测度数据集中趋势和离散程度的常用统计量。为了说明方便,假定已将 50 个数据输入到 SPSS 工作表中。下面给出用 SPSS 计算这些数据描述统计量的具体步骤。

附表 3　SPSS 工作表

117	122	124	129	139	107	117	130	122	125
108	131	125	117	122	133	126	122	118	108
110	118	123	126	133	134	127	123	118	112
112	134	127	123	119	113	120	123	127	135
137	114	120	128	124	115	139	128	124	121

①在数据输入区输入需要进行描述性统计分析的数据如下图所示。

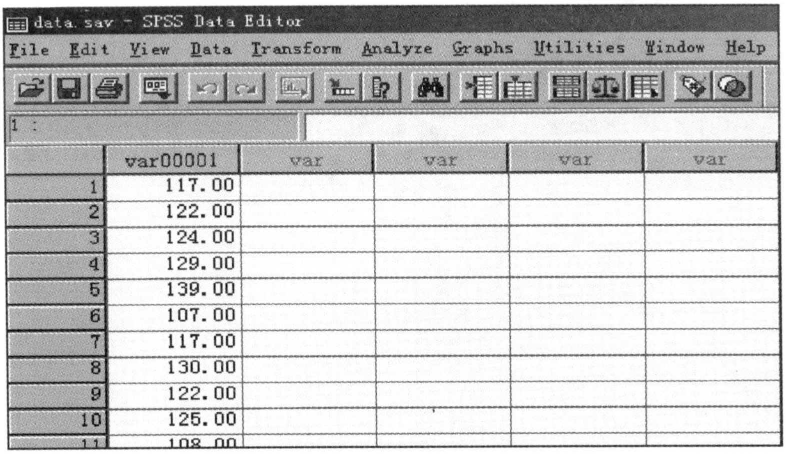

附图 9　输入数据

②选择“Analyze”下拉菜单。

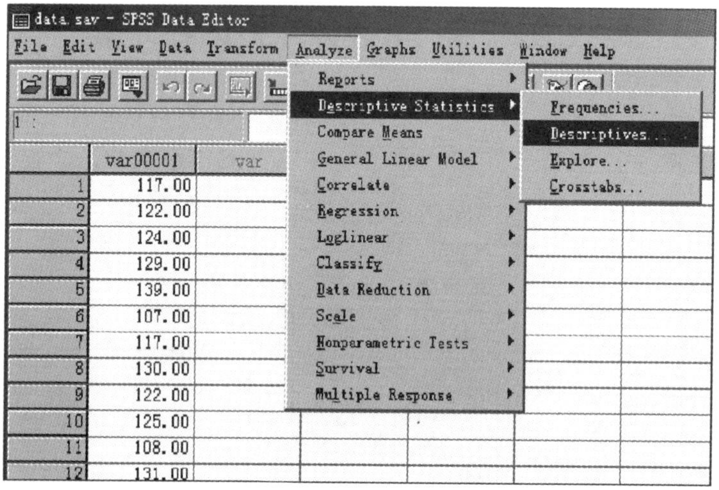

附图 10 “Analyze”菜单

③选择“Descriptive Statistics”选项。

④在子菜单中选择“Descriptive”。

⑤在左侧选择需要分析的参数进入右侧的分析列表，如下图所示。

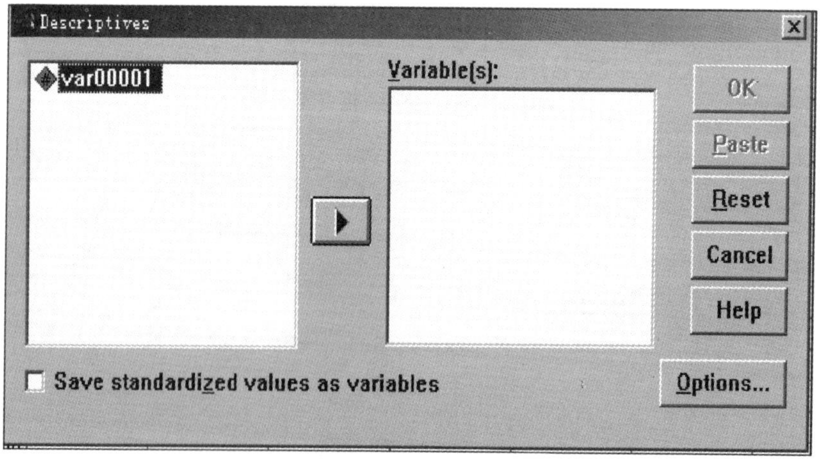

附图 11 分析列表

⑥在“Option”选项中选择需要进行分析的参数。

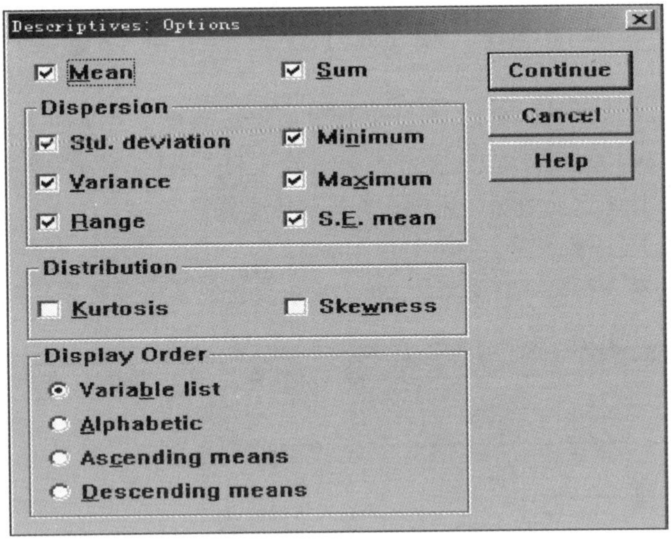

附图 12 “Options”菜单

⑦输出分析结果及结果说明如下。

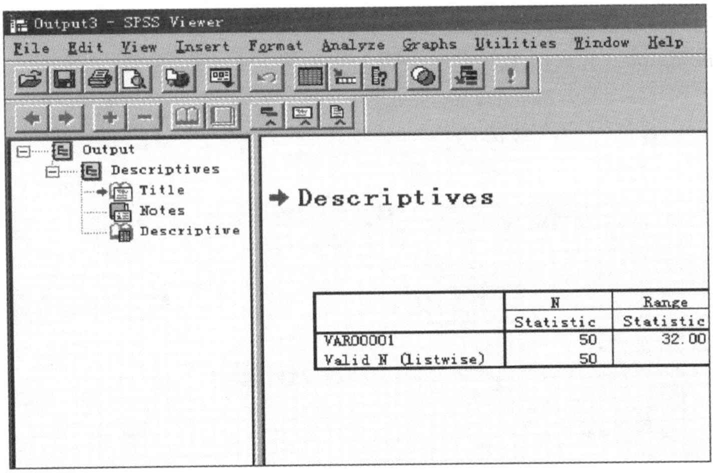

附图 13 输出分析结果

附表 4 结果说明

	N	Range	Minimum	Maximum	Sum	Mean		Std. Deviation	Variance
						Statistic	Std. Error		
输出结果说明	变量数	级差	最小值	最大值	总和	均值	均值的标准误差	标准差	方差
结果	50	32.00	107.00	139.00	6 149.00	122.980 0	1.135 1	8.026 7	64.428

附录 2.2　用 Excel 计算描述统计量

在本试验中,将展示如何用 Excel 来计算测度数据集中趋势和离散程度的常用统计量。为了说明方便,假定已将 50 个数据输入到 Excel 工作表(见附表 3)中。下面给出用 Excel 计算这些数据描述统计量的具体步骤。

①选择“工具”下拉菜单。

②选择“数据分析”选项(需要从 Office 安装盘安装数据分析库),如下图所示。

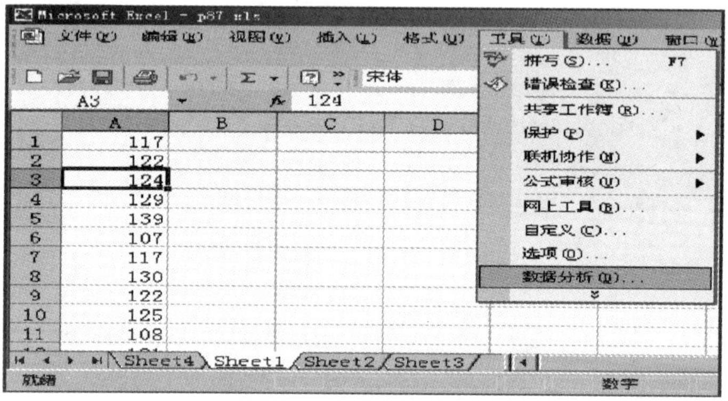

附图 14　选择“数据分析”选项

③在分析工具中选择“描述统计”,见下图。

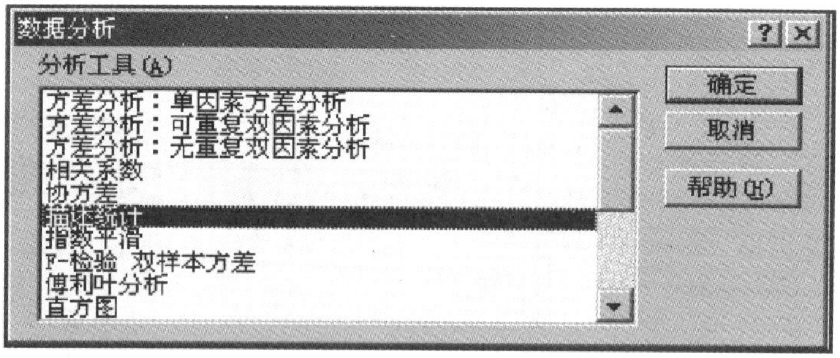

附图 15　选择“描述统计”

④当出现对话框时,在“输入区域”方框内键入 A1:A50,在“输出选项”中选择“新工作表”,然后选择“汇总统计”(该选项给出全部描述统计量),最后选择“确定”,如附图 16 所示。

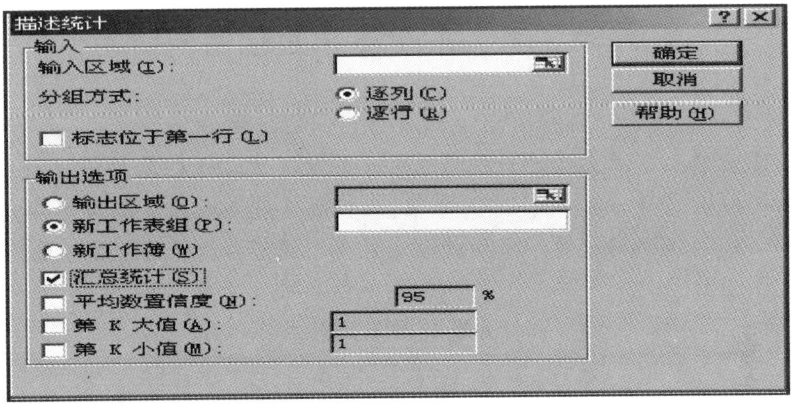

附图 16 “描述统计”选项

下面的附表 5 是 Excel 输出的描述统计量的计算结果。

附表 5 描述统计量计算结果

Excel2002 输出名称	Excel2002 输出结果	说明
平均	122.98	
标准误差	1.135 149 006	
中值	123	中位数
模式	122	众数
标准偏差	8.026 715 596	
样本方差	64.428 163 27	
峰值	-0.408 713 596	
偏斜度	9.944 68E-05	偏倚度
区域	32	级差
最小值	107	
最大值	139	
求和	6 149	
计数	50	
最大(1)	139	
最小(1)	107	
置信度(95.0%)	2.281 165 949	

附录 3.1　用 SPSS 求置信区间

下面通过一个例子说明用 SPSS 构造置信区间的过程。

例 3　某零件加工企业生产一种螺丝钉。现从某天加工的零件中每隔一定时间抽出 1 个,共抽取 12 个,测得其长度(单位:mm)数据如下表所示。假定零件长度服从正态分布,试以 95%的置信水平估计该企业生产的螺丝钉平均长度的置信区间。

附表 6　测量数据　　　　**单位:mm**

10.94	11.91	10.91	10.94	11.03	10.97
11.09	11.00	11.16	10.94	11.03	10.97

试验步骤如下。

①在数据输入区输入需要进行描述性统计分析的数据,如下图所示。

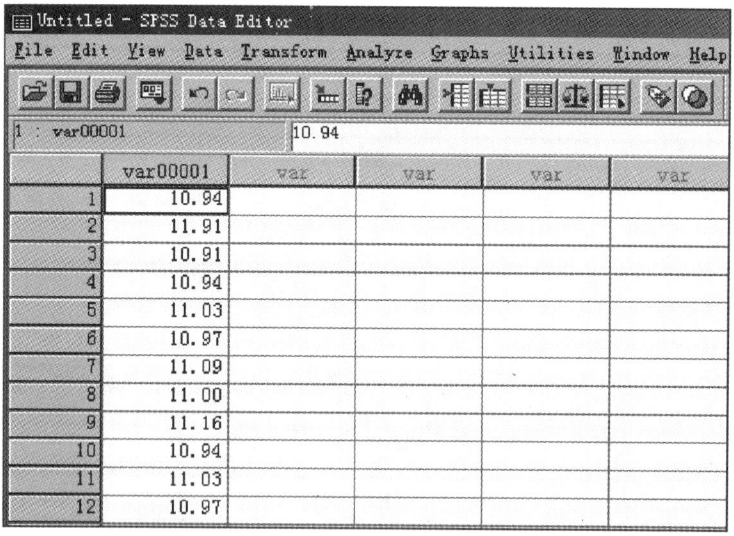

附图 17　输入数据

②选择"Analyze"下拉菜单。

③选择" Descriptive Statistics"选项。

④在子菜单中选择"Explore"选项。

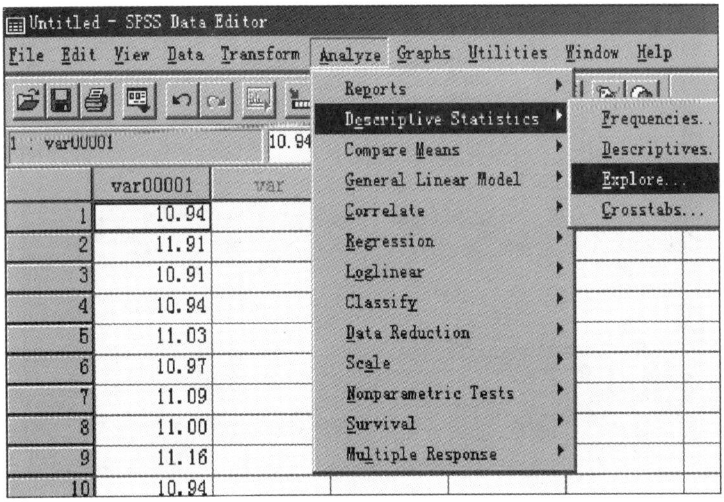

附图 18　选择“Explore”选项

⑤在左侧选择需要进行区间估计的 Var00001 参数进入右侧的“Dependent List”中。

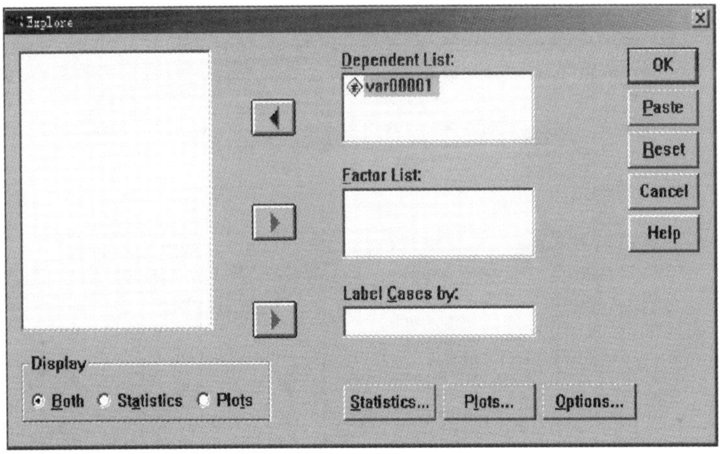

附图 19　“Explore”选项

⑥在“Statistics”选项中设定置信水平为 95%。

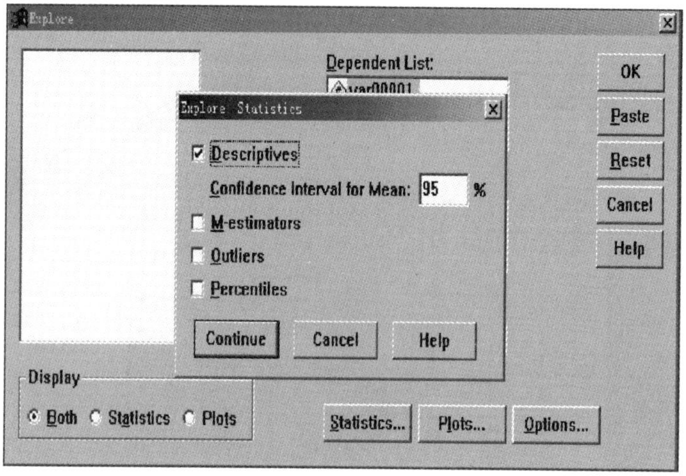

附图 20　“Explore Statistics”选项

⑦输出分析结果及结果说明如下。

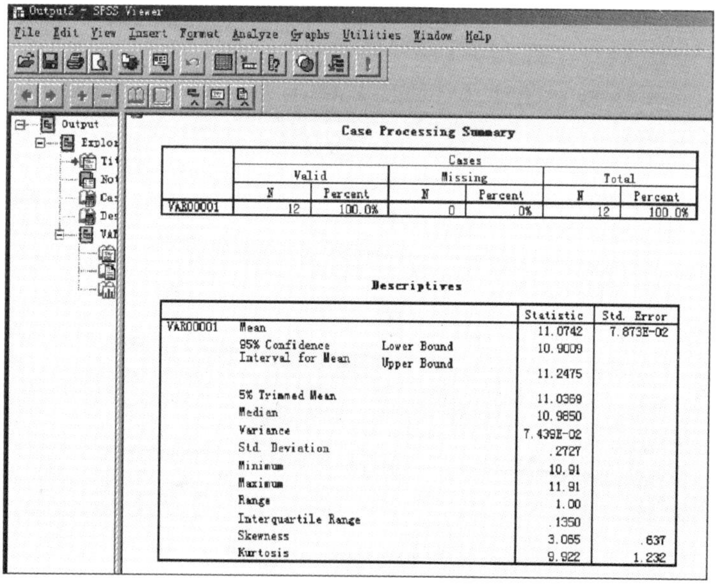

附图 21　输出分析结果

附表 7　结果说明

		Statistic	Std. Error	结果说明
Mean		11.074 2	7.873E - 02	均值、标准误差
95% Confidence Interval for Mean	Lower Bound	10.9009		置信区间下限
	Upper Bound	11.247 5		置信区间上限
5% Trimmed Mean		11.036 9		5%截尾均值
Median		10.985 0		中位数
Variance		7.439E - 02		方差
Std. Deviation		0.272 7		标准差
Minimum		10.91		最小值
Maximum		11.91		最大值
Range		1.00		级差
Interquartile Range		0.135 0		四分位数间距
Skewness		3.065	0.637	偏度
Kurtosis		9.922	1.232	峰度

我们有95%的把握认为该企业生产的螺丝钉的平均长度为10.90～11.25 mm。

附录 3.2 用 Excel 进行区间估计

用 Excel 的函数工具以及使用者自己输入公式等组合方式，可以构造出专门用于区间估计的 Excel 工作表格。下面仍以附录 3.1 中的例 3 说明具体的操作步骤。

为构造区间估计的工作表，我们应在工作表中输入下列内容：A 列输入样本数据，B 列输入变量名称，C 列输入计算公式，如附表 8 所示。

附表 8 测量数据

	A	B	C	D
1	样本数据	计算指标	计算公式	计算结果
2	10.94	样本数据个数	= COUNT(A2:A13)	12
3	11.91	样本均值	= AVERAGE(A2:A13)	11.074 167
4	10.91	样本标准差	= STDEV(A2:A13)	0.272 746
5	10.94	抽样平均误差	= C4/SQRT(C2)	0.078 735
6	11.03	置信水平	= 0.95	0.95
7	10.97	自由度	= C2 – 1	11
8	11.09	*t* 值	= TINV(1 – C6, C7)	2.200 986
9	11.00	误差范围	= C8 * C5	0.173 294
10	11.16	置信下限	= C3 – C9	10.900 872
11	10.94	置信上限	= C3 + C9	11.247 461 0
12	11.03			
13	10.97			

①本表 D 列为 C 列的计算结果，当输入完公式后，即显示 D 列结果，这里只是为了让读者看清公式，才给出 C 列的公式形式。

②对于不同的样本数据，只要输入新的样本数据，再对 C 列公式中的样本数据区域加以修改，置信区间就会自动给出。如果需要不同的置信水平，填入相应的数值即可。

我们有 95% 的把握认为该企业生产的螺丝钉的平均长度为 10.90 ~ 11.25 mm。

附录 4.1 假设检验在 SPSS 中的实现

例 4 某克山病区测得 11 例克山病患者与 13 名健康人的血磷值(mmol/L)如下表所示,问该地急性克山病患者与健康人的血磷值是否不同。

附表 9 某克山病区的血磷值 **单位**:mmol/L

患者	0.84	1.05	1.20	1.20	1.39	1.53	1.67	1.80	1.87	2.07	2.11		
健康人	0.54	0.64	0.64	0.75	0.76	0.81	1.16	1.20	1.34	1.35	1.48	1.56	1.87

在 SPSS 中实现的步骤如下。

①录入数据。将组别设为 g,可将患者组设为 1,健康人设为 2,血磷值设为 Var00001,以下简称 x,如患者组中第一个测量到的血磷值为 0.84,则 g 为 1,x 为 0.84,其他数据均仿此录入,如下图所示。

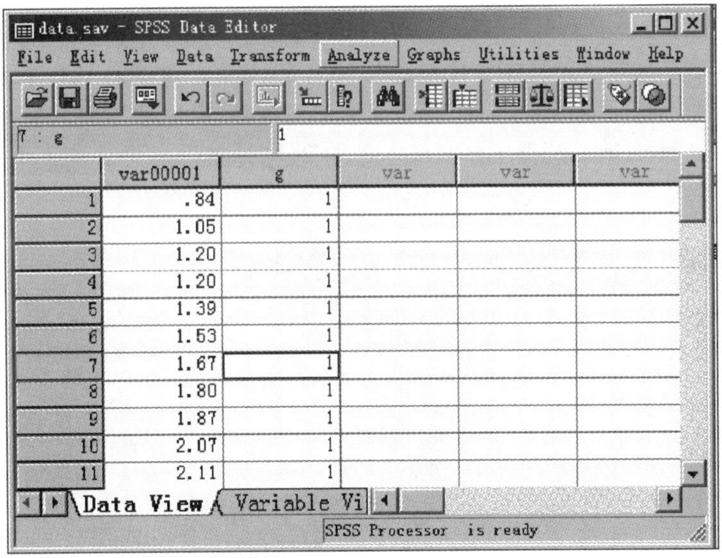

附图 22 输入数据

②统计分析依次选择“Analyze”、“Compare means”、“Independent Samples T Test”。

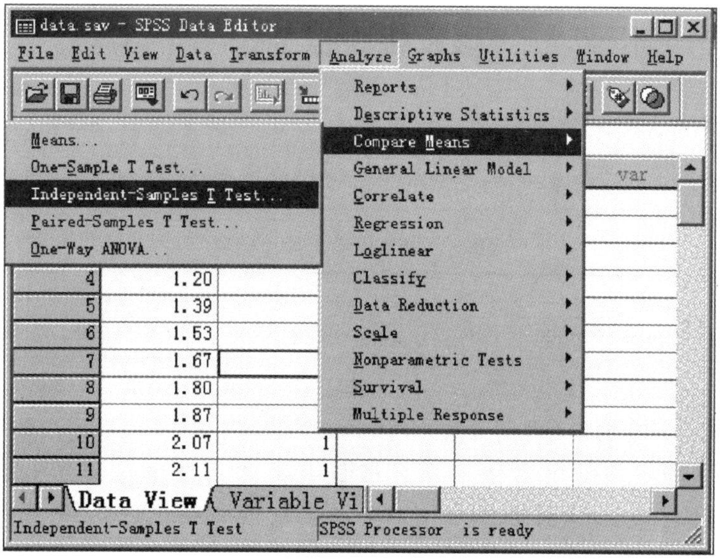

附图 23　选择“Independent Samples T Test”选项

③弹出对话框如下图所示，将 x 选入“Test Variables”、g 选入“Grouping Variable”，并单击下方的“Define Groups”按钮，弹出定义组对话框，默认选项为“Use Specified Value”，在“Group1”和“Group2”框中分别填入 1 和 2，即要对组别变量值为 1 和 2 的两个组做 t 检验。

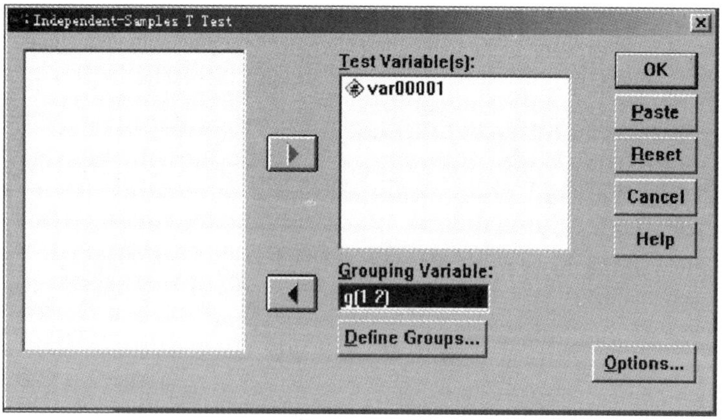

附图 24　“Independent Samples T Test”选项

④结果显示及解释如下。

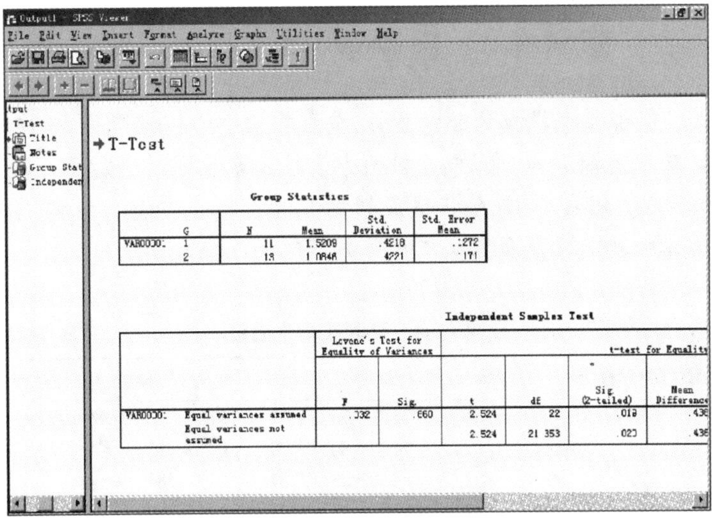

附图 25　输出结果

附表 10　结果解释

	G	N	Mean	Std. Deviation	Std. Error Mean
VAR00001	1	11	1.520 9	.421 8	.127 2
	2	13	1.084 6	.422 1	.117 1

	Levene's Test for Equality of Variances		t-test for Equality of Means						
	F	Sig.	t	df	Sig. (2 – tailed)	Mean Difference	Std. Error Difference	95% Confidence Interval of the Difference: Lower	Upper
Equal variances assumed	.032	.860	2.524	22	.019	.436 3	.172 9	7.777E – 02	.794 8
Equal variances not assumed			2.52 4	21.353	.020	.436 3	.172 9	7.716E – 02	.795 4

附表 10 的上半部分是统计描述，给出了两个组的样本数(N)、均值(Mean)、标准偏差(Std. Deviation)、标准误差(Std. Error Mean)。

下半部分又分两部分。

(a)方差齐次检验(Levene 检验)：

$F = 0.032, P(\text{Sig}) = 0.860$

(b)t 检验。因方差齐次与不齐方法不同(Equalvariances assumed 方差齐次和 Equal variances not assumed 方差不齐)，结果分两行给出。由使用者根据方差齐次检验结果来判断。本例尚不能认为方差不齐，故取方差齐次的结果 t = 2.524，df 自由度 22，双侧 t 检验概率为 0.019，即可认为两组间血磷值有差别。另外，表格中还给出了两组间差值的均值标准误差和 95%可信限。

附录 4.2 用 Excel 进行假设检验

例 5 为了评价两个学校的教学质量,分别在两个学校抽取样本,在 A 学校抽取 30 名学生,在 B 学校抽取 40 名学生,对两个学校的学生同时进行了一次英语标准化考试,成绩如下表。假设学校 A 考试成绩的方差为 64,学校 B 考试成绩的方差为 100.检验两个学校的教学质量是否有显著差异($\alpha=0.05$)。

附表 11 两学校学生成绩

学校 A						学校 B							
70	97	85	87	64	73	76	91	57	62	89	82	93	64
86	90	82	83	92	74	80	78	99	59	79	82	70	85
72	94	76	89	73	88	83	87	78	84	84	70	79	72
91	79	84	76	87	88	91	93	75	85	65	74	79	64
85	78	83	84	91	74	84	66	66	85	78	83	75	74

假定我们将上表中学校 A 的数据输入到工作表中的 A1:A30,学校 B 的数据输入到工作表的 B1:B40,检验的步骤如下。

①选择"工具"下拉菜单。

②选择"数据分析"选项(需要从 Office 安装盘安装数据分析库)。

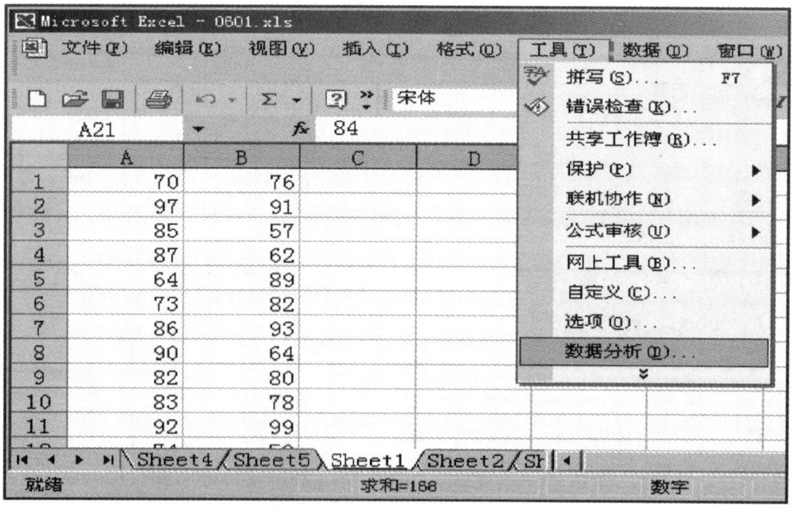

附图 26 选择"数据分析(D)"选项

③在分析工具中选择"Z 检验:双样本平均差检验"。

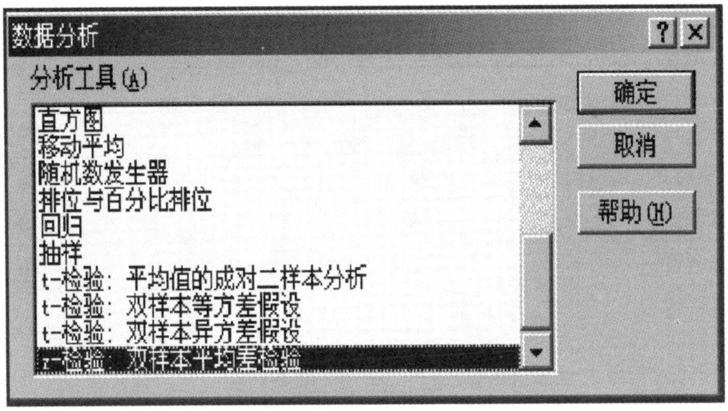

附图 27 “数据分析”选项

④当出现对话框后，在“变量 1 的区域”方框内键入 A1:A30，在“变量 2 的区域”方框内键入 B1:B40，在“假设平均差”方框内键入 0，在“变量的方差”方框内键入 64，在“变量 2 的方差”方框内键入 100，在“α”方框内键入 0.05，在“输出选项”中选择输出区域(在此选择“新工作表”)，如附图 28 所示，输出结果如附表 12。

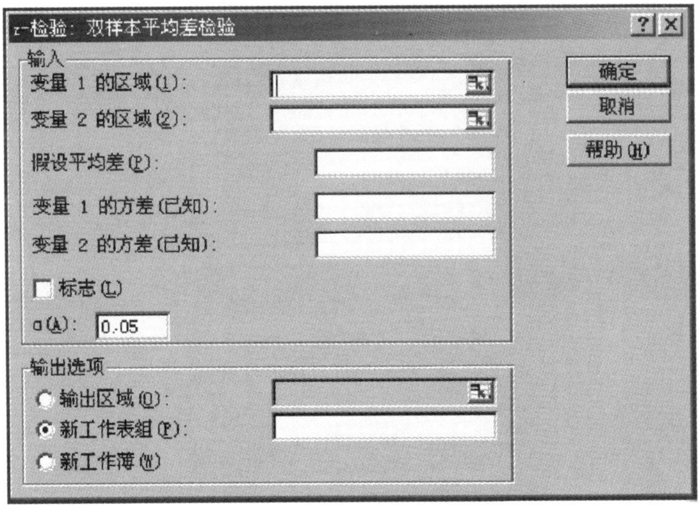

附图 28　Z－检验:双样本平均差检验

附表 12 输出结果

Z－检验：双样本均值分析		
	变量 1	变量 2
平均	82.5	78
已知协方差	64	100
观测值	30	40
假设平均差	0	
z	2.090 574 944	
P(Z< =z)单尾	0.018 283 028	
z 单尾临界	1.644 853 476	
P(Z< =z)双尾	0.036 566 055	
z 双尾临界	1.959 962 787	

由于 $Z > Z_{\alpha/2}$，所以拒绝假设，即两个学校的教学质量有差异。

附录 5.1 用 SPSS 进行方差分析

例 6 五个地区每天发生交通事故的次数如下表所示。

附表 13 五个地区每天发生交通事故的次数

东部	北部	中部	南部	西部
15	12	10	14	13
17	10	14	9	12
14	13	13	7	9
11	17	15	10	14
—	—	—	7	9

由于是随机抽样，有一些地区的样本容量较多(如南部和西部)，而有些地区样本容量较少(如东部)。试以 $\alpha=0.01$ 的显著水平检验各地区平均每天交通事故的次数是否相等。

试验步骤如下。

①数据录入。以变量 x 表示交通事故数据；g 表示组别，可设 1 为东部，2 为北部，3 为中部，4 为南部，5 为西部。比如东部数据 1 可以录入为 x = 15，g = 1。具体格式见下图。

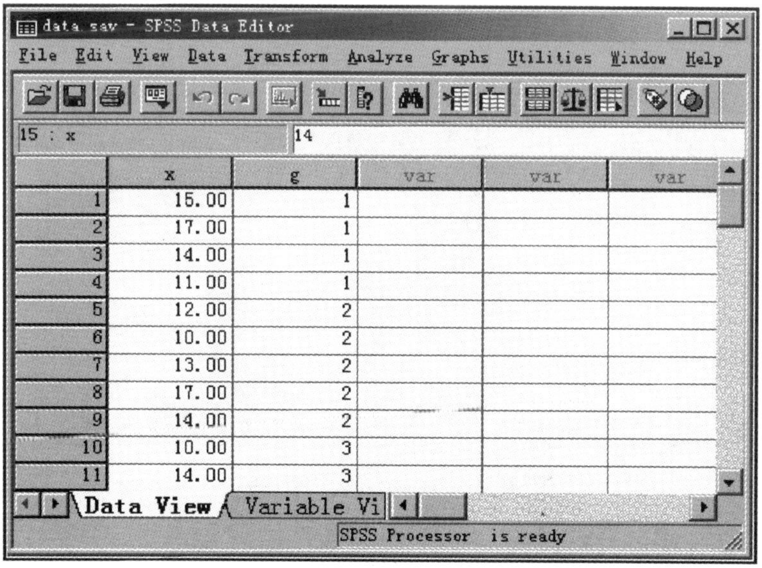

附图 29 输入数据

②统计分析。依次选取“Analyze”、“Compare Means”、“One way ANOVA”,弹出对话框如下图所示,将 x 选入“Dependent List”(因变量框),g 选入“Factor(研究因素框)”,如附图 30 所示。对话框下方还有三个按钮:“Contrast”、“Post Hoc”和“Options”,见附图 31。

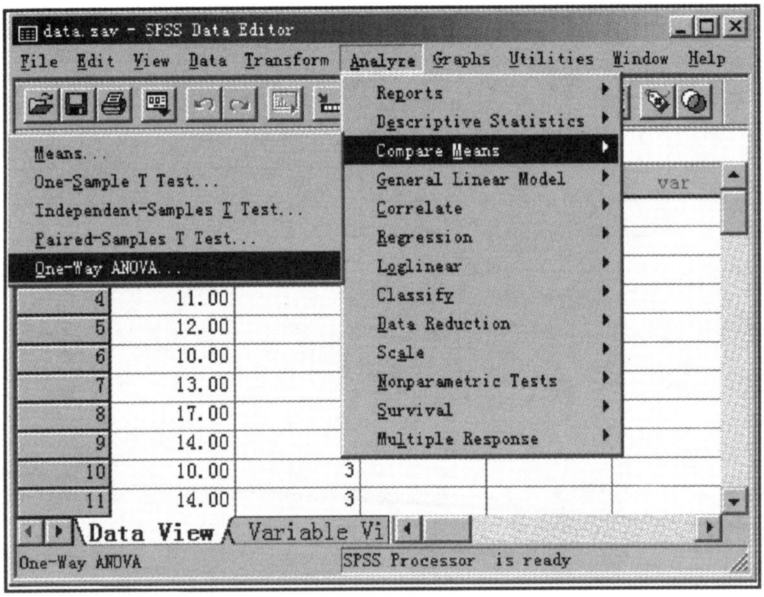

附图 30　选择“One-Way ANOVA”选项

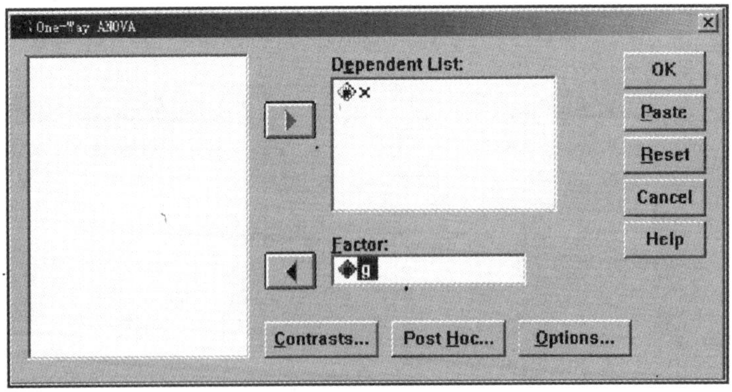

附图 31　“One-Way ANOVE”选项

下面简单介绍其子对话框。

Contrasts,指定一种要用 t 检验来检验的 priori 对比。

Post Hoc,指定一种多重比较检验方法和水准。

Options，指定要输出的统计量（方差齐性检验和统计描述结果）和处理缺失值的方法。

本例要选用一种两两比较的方法，单击 Post Hoc 弹出对话框如附图 32 所示，对话框中列出了常用的两两比较方法，其中 S-N-K 即 q 检验，LSD（least significant difference）即最小显著差法，Duncan 即新复极差法。本例选用 S-N-K 法，并设置下面的置信度 Significance Level 为 0.01，单击“Options”，展开其对话框（见附图 33）指定输出方差齐性检验结果。按“Continue”返回主对话框，单击 OK 提交执行。

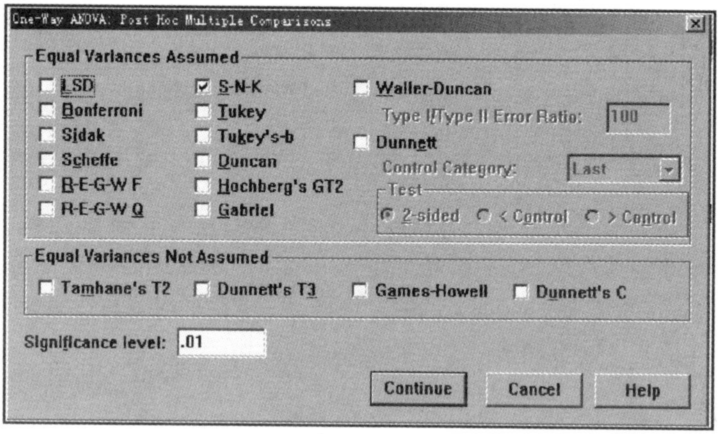

附图 32　两两比较

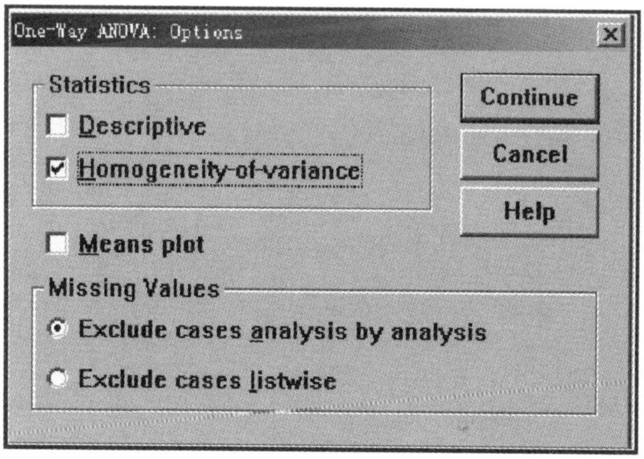

附图 33　“Options”对话框

③结果输出和解释如下。

Test of Homogeneity of Variances X(方差齐性检验)

Levene Statistic	df1	df2	Sig.
.096	4	21	.983

ANOVA X

	Sum of Squares	df	Mean Square	F	Sig.
Between Groups	82.637	4	20.659	3.676	.020
Within Groups	118.017	21	5.620		
Total	200.654	25			

第一个表格显示了方差齐性检验结果 P = 0.983,所以认为方差齐次;第二个表格给出了方差分析的内容,Sum of Squares 为平方和,Mean Square 为均方 ,df 为自由度,Between Groups 为组间,Within Group 为组内,F = 3.676,所以接受原假设,即各地区每天发生的交通事故次数相等。

附录 5.2 用 Excel 进行方差分析

仍以附录 5.1 的例 6 为例说明用 Excel 进行方差分析的方法。

试验步骤如下。

假如我们已将数据输入到工作表中的 A3:E8 单元，见附表 14。然后按下列步骤操作。

附表 14 输入数据

	A	B	C	D	E
1	五个地区每天发生的交通事故次数				
2	东部	北部	中部	南部	西部
3	15	12	10	14	13
4	17	10	14	9	12
5	14	13	13	7	9
6	11	17	15	10	14
7		14	12	8	10
8				7	9

①选择"工具"下拉菜单。

②选择"数据分析"选项。

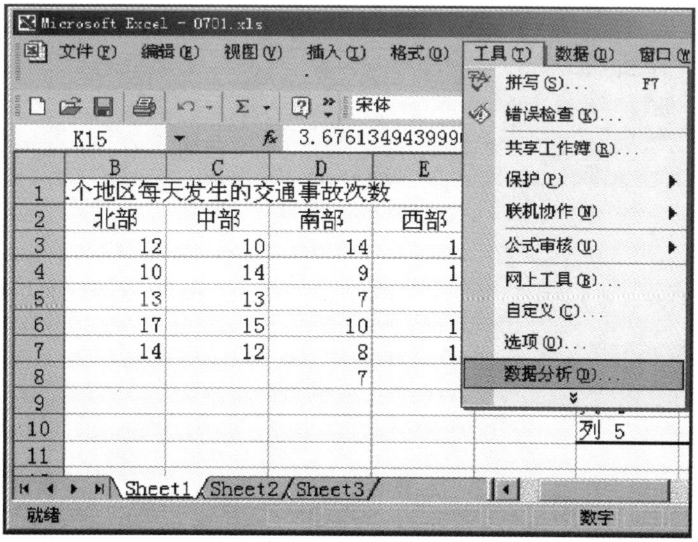

附图 34 选择"数据分析(D)"选项

③在分析工具中选择“单因素方差分析”。

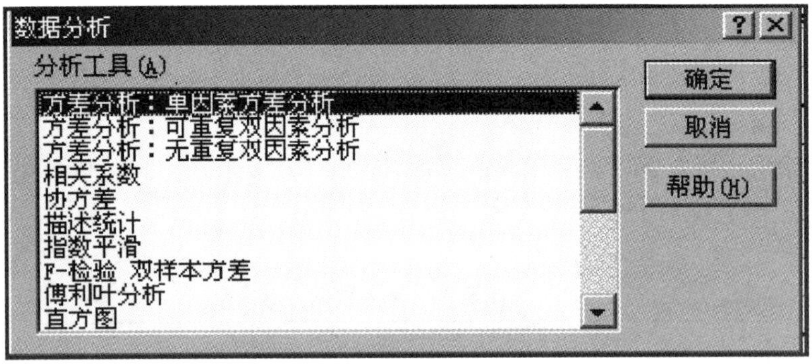

附图 35 “数据分析”选项

④当出现对话框后，在“数据区域”方框内键入 A3:E8，在 α 方框内输入 0.01，在“输出选项”中选择输出区域 G2，选择“确定”。

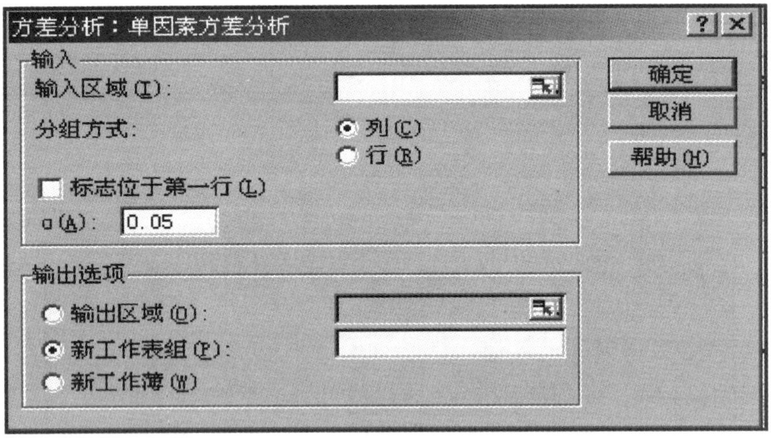

附图 36 单因素方差分析

输出结果如下表所示。

附表 15　输出结果

方差分析:单因素方差分析

SUMMARY				
组	计数	求和	平均	方差
列 1	4	57	14.25	6.25
列 2	5	66	13.2	6.7
列 3	5	64	12.8	3.7
列 4	6	55	9.166 667	6.966 667
列 5	6	67	11.166 67	4.566 667

方差分析

差异源	SS	df	MS	F	P-value	F crit
组间	82.637 18	4	20.659 29	3.676 135	0.020 229	4.368 815
组内	118.016 7	21	5.619 841			
总计	200.653 8	25				

由于 $F = 3.676\ 1 < F\alpha = 4.368\ 8$,接受原假设,即各地区每天发生的交通事故次数无显著差异。

附录 6.1 用 SPSS 进行回归分析

例 8 某农场通过试验取得早稻收获量与春季降雨和春季温度的数据如下表所示,计算回归参数和检验统计量。

附表 16 试验数据

收获量(kg/公顷) y	1 500	2 300	3 000	4 500	4 800	5 000	5 500
降雨量(mm) x_1	25	33	45	105	110	115	120
温度(℃) x_2	6	8	10	13	14	16	17

试验步骤如下。

①数据录入。将收获量作为因变量,降雨量和温度作为自变量分别输入数据区域,格式如下图。

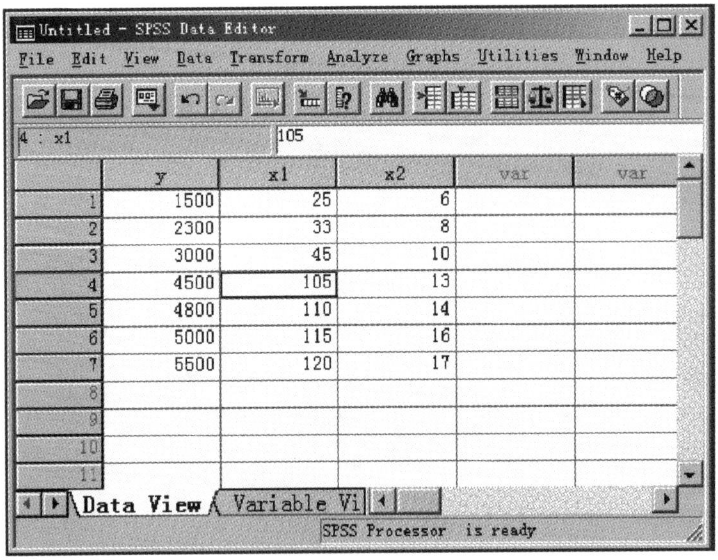

附图 37 输入数据

②统计分析。逐一选取“Statistics”、“Regression Linear”展开对话框如附图 38 所示。将 x 选入“Independent(自变量框)”,将 Y 选入“dependent(因变量框)”,见附图 39。

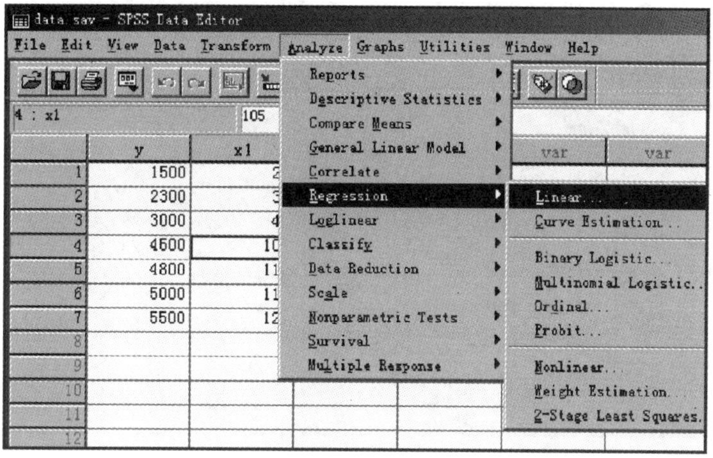

附图 38　选择“Linear Regression”选项

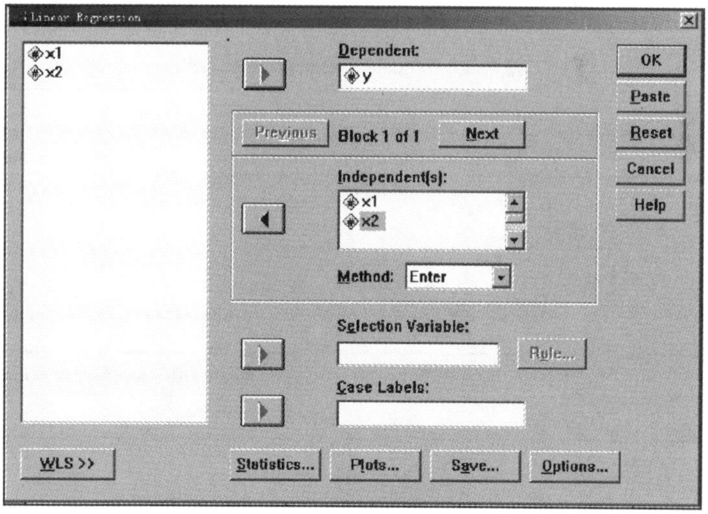

附图 39　“Linear Regression”选项

然后点击“Statistics”按钮，出现一个有关各种统计选项的对话框。点击“Plot”按钮可绘制残差分布图、直方图、极端值图或正态概率图。“Options”按钮可改变进行逐步回归时的内部数值的设定以及对缺失值的处理方式。“Method”框中可选取不同的筛选自变量的回归方法。默认项为强制进入法“Enter”。本次检验使用默认选项“Estimates”和“Model fit”，见附图 40。单击“OK”键进行统计分析。

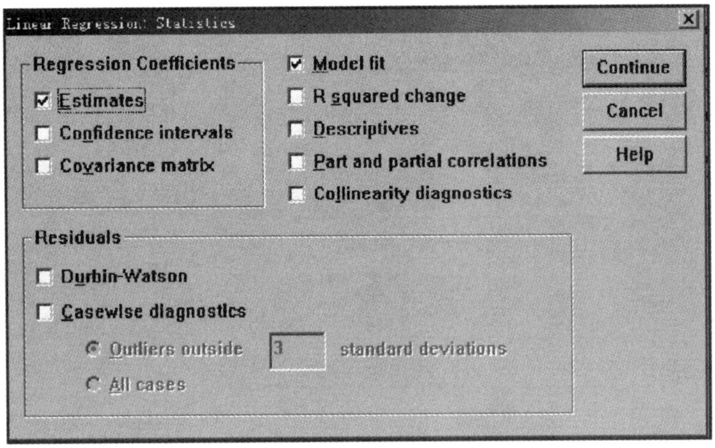

附图 40

③结果显示及解释如下。

附表 17　Variables Entered/Removed

Model	Variables Entered	Variables Removed	Method
1	X2，X1	.	Enter

a All requested variables entered.

b Dependent Variable：Y

附表 18　Model Summary

Model	R	R Square	Adjusted R Square	Std. Error of the Estimate
1	.996	.991	.987	174.29

a Predictors：(Constant)，X2，X1

附表 19　ANOVA

Model		Sum of Squares	df	Mean Square	F	Sig.
	Regression	13 878 495.670	2	6 939 247.835	228.444	.000
	Residual	121 504.330	4	30 376.083		
	Total	14 000 000.000	6			

a Predictors：(Constant)，X2，X1

b Dependent Variable：Y

附表 20　Coefficients

	Unstandardized Coefficients		Standardized Coefficients	t	Sig.
	B	Std. Error	Beta		
(Constant)	-.394	336.669		-.001	.999
X1	14.924	6.400	.415	2.332	.080
X2	218.448	65.865	.590	3.317	.029

a Dependent Variable：Y

附表 17 显示了选入或删除的变量，本例有两个自变量，x1，x2 被选入方程，无删除的变量。

附表 18 为模型总结。给出了复相关系数 R 、复相关系数平方 RSquare，调整复相关系数平方 Adjusted R Square，估计值的标准误差 Std. Errorof the Estimate，

附表 19 为方程显著性检验结果，F = 228.444，P(Sig.) = 0.0005，说明自变量和因变量之间有回归关系存在。

附表 20 给出了线性回归系数的值及偏回归系数的检验结果。Unstandardized Coefficients B 为偏回归系数，Std Error 为偏回归系数标准误差，Standardized Coefficients Beta 为标化偏回归系数。

附录 6.2　用 Excel 进行回归分析

仍以附录 6.1 的例 8 为例说明用 Excel 进行回归分析的方法。

假如我们已将数据输入到工作表中的 A8:C8,见附表 20。

附表 21　输入数据

	A	B	C
1	收获量(kg/公顷)y	降雨量(mm)X_1	温度(摄氏度)X_2
2	1 500	25	6
3	2 300	33	8
4	3 000	45	10
5	4 500	105	13
6	4 800	110	14
7	5 000	115	16
8	5 500	120	17

试验步骤如下。

①选择“工具”下拉菜单。

②选择“数据分析”选项,如下图所示。

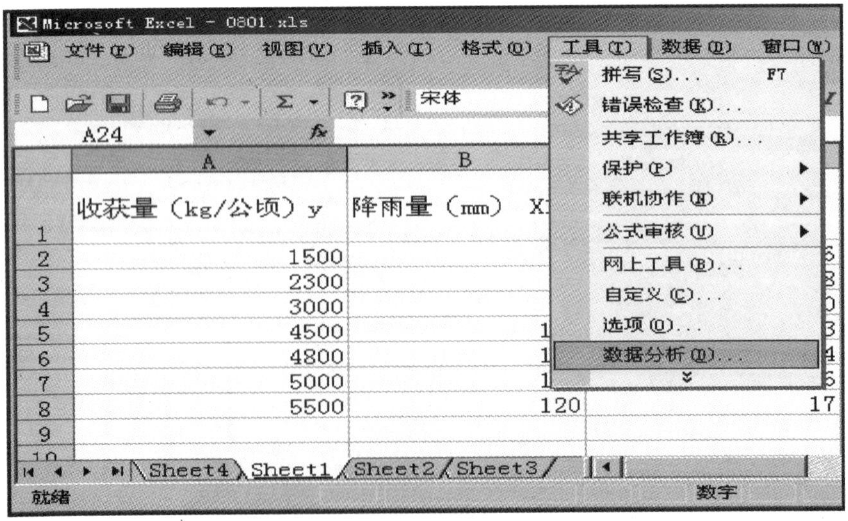

附图 41　选择“数据分析”选项

③在“数据分析”窗口中选择“回归”分析工具，如下图所示。

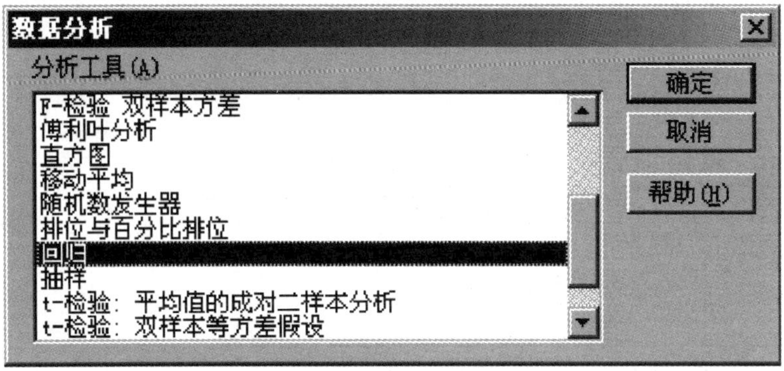

附图 42　选择“回归”分析工具

④当出现回归窗体后；在“Y 值输入区域”方框内键入 A2:A8；在“X 值输入区域”方框内键入 B2:C8；在“输出选项”中选择输出区域（这里我们选择“新工作表组”）；选择“确定”。

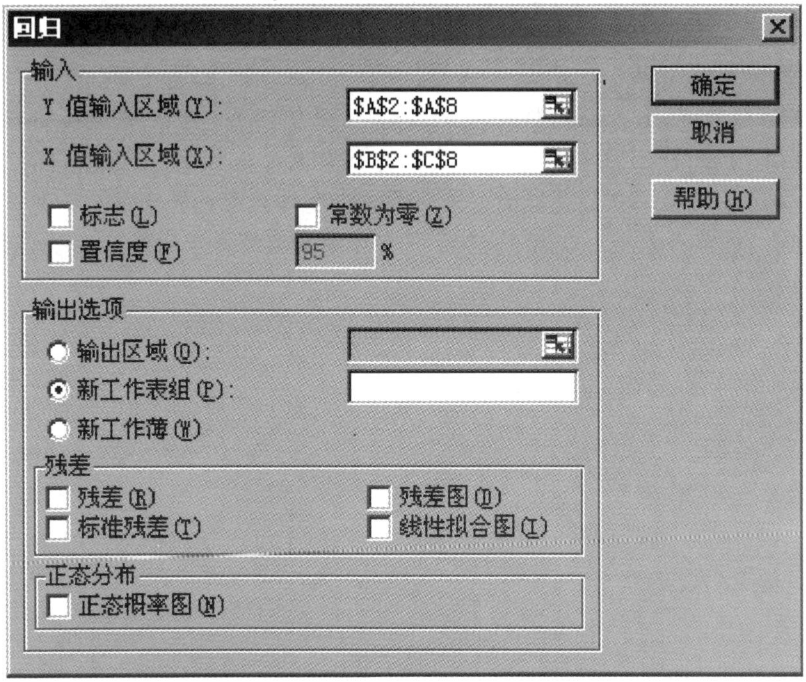

附图 43　指定 Y 值和 X 值的输入区域

根据上述步骤输出的结果如附图 44 所示。

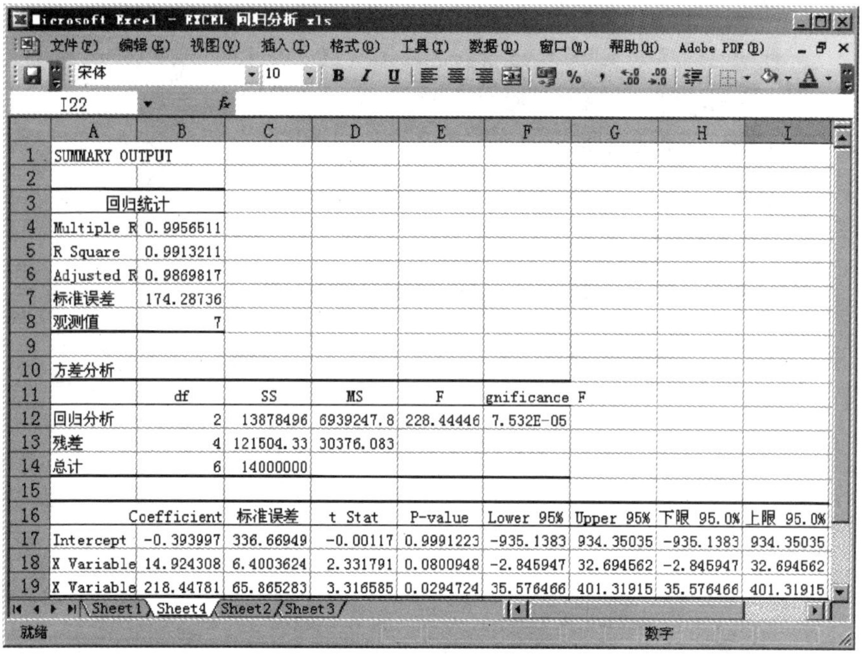

	A	B	C	D	E	F	G	H	I
1	SUMMARY OUTPUT								
2									
3	回归统计								
4	Multiple R	0.9956511							
5	R Square	0.9913211							
6	Adjusted R	0.9869817							
7	标准误差	174.28736							
8	观测值	7							
9									
10	方差分析								
11		df	SS	MS	F	gnificance F			
12	回归分析	2	13878496	6939247.8	228.44446	7.532E-05			
13	残差	4	121504.33	30376.083					
14	总计	6	14000000						
15									
16		Coefficient	标准误差	t Stat	P-value	Lower 95%	Upper 95%	下限 95.0%	上限 95.0%
17	Intercept	-0.393997	336.66949	-0.00117	0.9991223	-935.1383	934.35035	-935.1383	934.35035
18	X Variable	14.924308	6.4003624	2.331791	0.0800948	-2.845947	32.694562	-2.845947	32.694562
19	X Variable	218.44781	65.865283	3.316585	0.0294724	35.576466	401.31915	35.576466	401.31915

附图 44 "回归"分析输出结果

在输出结果中，R Square 为 0.991321、Adjusted R Square 为 0.986982，表明对于所选取的样本而言，降雨量和温度对收获量的影响很大。由于 F = 228.44446，Significance F 为 7.532E－05，所以收获量与降雨量和温度之间呈现显著线性关系。由 t 检验结果可知，在显著水平为 0.10 的情况下，降雨量和温度对于收获量的影响均显著。

附　　表

表一　标准正态分布表

$$\Phi(u)=\frac{1}{\sqrt{2\pi}}\int_{-\infty}^{u}e^{-\frac{x^2}{2}}dx \quad (u\geqslant 0)$$

u	0.00	0.01	0.02	0.03	0.04	0.05	0.06	0.07	0.08	0.09
0.0	0.500 0	0.504 0	0.508 0	0.512 0	0.516 0	0.519 9	0.523 9	0.527 9	0.531 9	0.535 9
0.1	0.539 8	0.543 8	0.547 8	0.551 7	0.555 7	0.559 6	0.563 6	0.567 5	0.571 4	0.575 3
0.2	0.579 3	0.583 2	0.587 1	0.591 0	0.594 8	0.598 7	0.602 6	0.606 4	0.610 3	0.614 1
0.3	0.617 9	0.621 7	0.625 5	0.629 3	0.633 1	0.636 8	0.640 6	0.644 3	0.648 0	0.651 0
0.4	0.655 4	0.659 1	0.662 8	0.666 4	0.670 0	0.673 6	0.677 2	0.680 8	0.684 4	0.687 9
0.5	0.691 5	0.695 0	0.698 5	0.701 9	0.705 4	0.708 8	0.712 3	0.715 7	0.719	0.722 4
0.6	0.725 7	0.729 1	0.732 4	0.735 7	0.738 9	0.742 2	0.745 4	0.748 6	0.751 7	0.754 9
0.7	0.758 0	0.761 1	0.764 2	0.767 3	0.770 3	0.773 4	0.776 4	0.779 4	0.782 3	0.785 2
0.8	0.788 1	0.791 0	0.793 9	0.796 7	0.799 5	0.802 3	0.805 1	0.807 8	0.810 6	0.813 3
0.9	0.815 9	0.818 6	0.821 2	0.823 8	0.826 4	0.828 9	0.831 5	0.834 0	0.836 5	0.838 9
1.0	0.841 3	0.843 8	0.846 1	0.848 5	0.850 8	0.853 1	0.855 4	0.857 7	0.859 9	0.862 1
1.1	0.864 3	0.866 5	0.868 6	0.870 8	0.872 9	0.874 9	0.877 0	0.879 0	0.881 0	0.883 0
1.2	0.884 9	0.886 9	0.888 8	0.890 7	0.892 5	0.894 4	0.896 2	0.898 0	0.899 7	0.901 47
1.3	0.903 2	0.904 9	0.906 58	0.908 24	0.909 90	0.911 50	0.913 09	0.914 66	0.916 21	0.917 74
1.4	0.919 24	0.920 73	0.922 2	0.923 64	0.925 1	0.926 5	0.927 85	0.929 22	0.930 56	0.931 89
1.5	0.933 19	0.934 48	0.935 74	0.936 99	0.938 2	0.939 4	0.940 62	0.941 79	0.942 95	0.944 08
1.6	0.945 2	0.946 4	0.947 38	0.948 45	0.949 5	0.950 5	0.951 54	0.952 54	0.953 52	0.954 49
1.7	0.955 43	0.956 37	0.957 28	0.958 18	0.959 1	0.959 9	0.960 8	0.961 64	0.962 46	0.963 27
1.8	0.964 07	0.964 85	0.965 62	0.966 38	0.967 1	0.967 8	0.968 56	0.969 26	0.969 95	0.970 62
1.9	0.971 28	0.971 93	0.972 57	0.973 2	0.973 8	0.974 4	0.975 00	0.975 58	0.976 15	0.976 7
2.0	0.977 25	0.977 78	0.978 31	0.978 82	0.979 32	0.979 82	0.980 30	0.980 77	0.981 24	0.981 69
2.1	0.982 14	0.982 57	0.983 00	0.983 41	0.983 80	0.984 22	0.984 61	0.985 00	0.985 37	0.985 74
2.2	0.986 10	0.986 45	0.986 79	0.987 13	0.987 50	0.987 80	0.988 09	0.988 40	0.988 70	0.988 99

续表

u	0.00	0.01	0.02	0.03	0.04	0.05	0.06	0.07	0.08	0.09
2.3	0.989 28	0.989 56	0.989 83	0.990 097	0.990 358	0.990 613	0.990 863	0.991 106	0.991 344	0.991 576
2.4	0.991 802	0.992 024	0.992 240	0.992 451	0.992 656	0.992 857	0.993 053	0.993 244	0.993 431	0.993 613
2.5	0.993 790	0.993 963	0.994 132	0.994 297	0.994 457	0.994 614	0.994 766	0.994 915	0.995 060	0.995 201
2.6	0.995 339	0.995 473	0.995 604	0.995 731	0.995 855	0.995 975	0.996 093	0.996 207	0.996 319	0.996 427
2.7	0.996 533	0.996 636	0.996 736	0.996 833	0.996 998	0.997 020	0.997 110	0.997 197	0.997 232	0.997 365
2.8	0.997 445	0.997 523	0.997 599	0.997 673	0.997 744	0.997 814	0.997 882	0.997 948	0.998 012	0.998 074
2.9	0.998 134	0.998 193	0.998 250	0.998 305	0.998 359	0.998 411	0.998 462	0.998 511	0.998 559	0.998 605
3.0	0.998 650	0.998 694	0.998 736	0.998 777	0.998 817	0.998 856	0.998 893	0.998 930	0.998 965	0.998 999

表二 F 分布临界值表

$$P\{F > F_{\alpha}\} = \alpha$$

$\alpha = 0.10$

n_2 \ n_1	1	2	3	4	5	6	7	8	9	10	15	20	30	50	100	200	500	∞
1	39.9	49.5	53.6	55.8	57.2	58.2	58.9	59.4	59.9	60.2	61.2	61.7	62.3	62.7	63.0	63.2	63.3	63.3
2	8.53	9.00	9.16	9.24	9.29	9.33	9.35	9.37	9.38	9.39	9.42	9.44	9.46	9.47	9.48	9.49	9.49	9.49
3	5.54	5.46	5.39	5.34	5.31	5.28	5.27	5.25	5.24	5.23	5.20	5.18	5.17	5.15	5.14	5.14	5.14	5.13
4	4.54	4.32	4.19	4.11	4.05	4.01	3.98	3.95	3.94	3.92	3.87	3.84	3.82	3.80	3.78	3.77	3.76	3.76
5	4.06	3.73	3.62	3.52	3.45	3.40	3.37	3.34	3.32	3.30	3.24	3.21	3.17	3.15	3.13	3.12	3.11	3.10
6	3.78	3.46	3.29	3.18	3.11	3.05	3.01	2.98	2.96	2.94	2.87	2.84	2.80	2.77	2.75	2.73	2.73	2.72
7	3.59	3.26	3.07	2.96	2.88	2.83	2.78	2.75	2.72	2.70	2.63	2.59	2.56	2.52	2.50	2.48	2.48	2.47
8	3.46	3.11	2.92	2.81	2.73	2.67	2.62	2.59	2.56	2.54	2.46	2.42	2.33	2.35	2.32	2.31	2.30	2.29
9	3.36	3.01	2.81	2.69	2.61	2.55	2.51	2.47	2.44	2.42	2.34	2.30	2.25	2.22	2.19	2.17	2.17	2.16
10	3.28	2.92	2.73	2.61	2.52	2.46	2.41	2.38	2.35	2.32	2.24	2.20	2.16	2.12	2.09	2.07	2.06	2.06
11	3.23	2.86	2.66	2.54	2.45	2.39	2.34	2.30	2.27	2.25	2.17	2.12	2.08	2.04	2.00	1.99	1.98	1.97
12	3.18	2.81	2.61	2.48	2.39	2.33	2.28	2.24	2.21	2.19	2.10	2.06	2.01	1.97	1.94	1.92	1.91	1.90
13	3.14	2.76	2.56	2.43	2.35	2.28	2.23	2.20	2.16	2.14	2.05	2.01	1.96	1.92	1.88	1.86	1.85	1.85
14	3.10	2.73	2.52	2.39	2.31	2.24	2.19	2.15	2.12	2.10	2.01	1.96	1.91	1.87	1.83	1.82	1.80	1.80
15	3.07	2.70	2.49	2.36	2.27	2.21	2.16	2.12	2.09	2.06	1.97	1.92	1.87	1.83	1.79	1.77	1.76	1.76
16	3.05	2.67	2.46	2.33	2.24	2.18	2.13	2.09	2.06	2.03	1.94	1.89	1.84	1.79	1.76	1.74	1.73	1.72
17	3.03	2.64	2.44	2.31	2.22	2.15	2.10	2.06	2.03	2.00	1.91	1.86	1.81	1.76	1.73	1.71	1.69	1.69

续表

n_2 \ n_1	1	2	3	4	5	6	7	8	9	10	15	20	30	50	100	200	500	∞
18	3.01	2.62	2.42	2.29	2.20	2.13	2.08	2.04	2.00	1.98	1.89	1.84	1.73	1.74	1.70	1.68	1.67	1.66
19	2.99	2.61	2.40	2.27	2.18	2.11	2.06	2.02	1.98	1.96	1.86	1.81	1.76	1.71	1.67	1.65	1.64	1.63
20	2.97	2.59	2.38	2.25	2.16	2.09	2.04	2.00	1.96	1.94	1.84	1.79	1.74	1.69	1.65	1.63	1.62	1.61
22	2.95	2.56	2.35	2.22	2.13	2.06	2.01	1.97	1.93	1.90	1.81	1.76	1.70	1.65	1.61	1.59	1.53	1.57
24	2.93	2.54	2.33	2.19	2.10	2.04	1.98	1.94	1.91	1.88	1.78	1.73	1.67	1.62	1.58	1.56	1.54	1.53
26	2.91	2.52	2.31	2.17	2.08	2.01	1.96	1.92	1.88	1.86	1.76	1.71	1.65	1.59	1.55	1.53	1.51	1.50
28	2.89	2.50	2.29	2.16	2.06	2.00	1.94	1.90	1.87	1.84	1.74	1.69	1.63	1.57	1.53	1.50	1.49	1.43
30	2.88	2.49	2.28	2.14	2.05	1.98	1.93	1.88	1.85	1.82	1.72	1.67	1.61	1.55	1.51	1.48	1.47	1.46
40	2.84	2.44	2.23	2.09	2.00	1.93	1.87	1.83	1.79	1.76	1.66	1.61	1.54	1.48	1.43	1.41	1.39	1.38
50	2.81	2.41	2.20	2.06	1.97	1.90	1.84	1.80	1.76	1.73	1.63	1.57	1.50	1.44	1.39	1.36	1.34	1.33
60	2.79	2.39	2.18	2.04	1.95	1.87	1.82	1.77	1.74	1.71	1.60	1.54	1.48	1.41	1.36	1.33	1.31	1.29
80	2.77	2.37	2.15	2.02	1.92	1.85	1.79	1.75	1.71	1.68	1.57	1.51	1.44	1.38	1.32	1.28	1.26	1.24
100	2.76	2.36	2.14	2.00	1.91	1.83	1.78	1.73	1.70	1.66	1.56	1.49	1.44	1.35	1.29	1.26	1.23	1.21
200	2.73	2.33	2.11	1.97	1.88	1.80	1.75	1.70	1.66	1.63	1.52	1.46	1.38	1.31	1.24	1.20	1.17	1.14
500	2.72	2.31	2.10	1.96	1.86	1.79	1.73	1.63	1.64	1.61	1.50	1.44	1.36	1.28	1.21	1.16	1.12	1.09
∞	2.71	2.30	2.03	1.94	1.85	1.77	1.72	1.67	1.63	1.60	1.49	1.42	1.34	1.26	1.18	1.13	1.08	1.00

$\alpha = 0.05$

n_2 \ n_1	1	2	3	4	5	6	7	8	9	10	12	14	16	18	20
1	161	200	216	225	230	234	237	239	241	242	244	245	246	247	248
2	18.5	19.0	19.16	19.25	19.30	19.33	19.35	19.37	19.38	19.40	19.41	19.42	19.43	19.44	19.45
3	10.13	9.55	9.28	9.12	9.01	8.94	8.89	8.85	8.81	8.79	8.74	8.71	8.69	8.67	8.66
4	7.71	6.94	6.59	6.39	6.26	6.16	6.09	6.04	6.00	5.96	5.91	5.87	5.84	5.82	5.80
5	6.61	5.79	5.41	5.19	5.05	4.95	4.88	4.82	4.77	4.74	4.68	4.64	4.60	4.58	4.56
6	5.99	5.14	4.76	4.53	4.39	4.28	4.21	4.15	4.10	4.06	4.00	3.96	3.92	3.90	3.87
7	5.59	4.74	4.35	4.12	3.97	3.87	3.79	3.73	3.68	3.64	3.57	3.53	3.49	3.47	3.44
8	5.32	4.46	4.07	3.84	3.69	3.58	3.50	3.44	3.39	3.35	3.28	3.24	3.20	3.17	3.15
9	5.12	4.26	3.86	3.63	3.48	3.37	3.29	3.23	3.18	3.14	3.07	3.03	2.99	2.96	2.94
10	4.96	4.10	3.71	3.48	3.33	3.22	3.14	3.07	3.02	2.98	2.91	2.86	2.83	2.80	2.77
11	4.84	3.98	3.59	3.36	3.20	3.08	3.01	2.95	2.90	2.85	2.79	2.74	2.70	2.67	2.65

续表

n_2 \ n_1	1	2	3	4	5	6	7	8	9	10	12	14	16	18	20
12	4.75	3.89	3.49	3.26	3.11	3.00	2.91	2.85	2.80	2.75	2.69	2.64	2.60	2.57	2.54
13	4.67	3.81	3.41	3.18	3.03	2.92	2.83	2.77	2.71	2.67	2.60	2.55	2.51	2.48	2.46
14	4.60	3.74	3.34	3.11	2.96	2.85	2.76	2.70	2.65	2.60	2.53	2.48	2.44	2.41	2.39
15	4.54	3.68	3.29	3.06	2.90	2.79	2.71	2.64	2.59	2.54	2.48	2.42	2.38	2.35	2.33
16	4.49	3.63	3.24	3.01	2.85	2.74	2.66	2.59	2.54	2.49	2.42	2.37	2.33	2.30	2.28
17	4.45	3.59	3.20	2.96	2.81	2.70	2.61	2.55	2.49	2.45	2.38	2.33	2.29	2.26	2.23
18	4.41	3.55	3.16	2.93	2.77	2.66	2.58	2.51	2.46	2.41	2.34	2.29	2.25	2.22	2.19
19	4.38	3.52	3.13	2.90	2.74	2.63	2.54	2.48	2.42	2.38	2.31	2.26	2.21	2.18	2.16
20	4.35	3.49	3.10	2.87	2.71	2.60	2.51	2.45	2.39	2.35	2.28	2.22	2.18	2.15	2.12
21	4.32	3.47	3.07	2.84	2.68	3.57	2.49	2.42	2.37	2.32	2.25	2.20	2.16	2.12	2.10
22	4.30	3.44	3.05	2.82	2.66	2.55	2.46	2.40	2.34	2.30	2.23	2.17	2.13	2.10	2.07
23	4.28	3.42	3.03	2.80	2.64	2.53	2.44	2.37	2.32	2.27	2.20	2.15	2.11	2.07	2.05
24	4.26	3.40	3.01	2.78	2.62	2.51	2.42	2.36	2.30	2.25	2.18	2.13	2.09	2.05	2.03
25	4.24	3.39	2.99	2.76	2.60	2.49	2.40	2.34	2.28	2.24	2.16	2.11	2.07	2.04	2.01
26	4.23	3.37	2.98	2.74	2.59	2.47	2.39	2.32	2.27	2.22	2.15	2.09	2.05	2.02	1.99
27	4.21	3.35	2.96	2.73	2.57	2.46	2.37	2.31	2.25	2.20	2.13	2.08	2.04	2.00	1.97
28	4.20	3.34	2.95	2.71	2.56	2.45	2.36	2.29	2.24	2.19	2.12	2.06	2.02	1.99	1.96
29	4.18	3.33	2.93	2.70	2.55	2.43	2.35	2.28	2.22	2.18	2.10	2.05	2.01	1.97	1.94
30	4.17	3.32	2.92	2.69	2.53	2.42	2.33	2.27	2.21	2.16	2.09	2.04	1.99	1.96	1.93
32	4.15	3.29	2.90	2.67	2.51	2.40	2.31	2.24	2.19	2.14	2.07	2.01	1.97	1.94	1.91
34	4.13	3.28	2.88	2.65	2.49	2.38	2.29	2.23	2.17	2.13	2.05	1.99	1.95	1.92	1.89
36	4.11	3.26	2.87	2.63	2.48	2.36	2.28	2.21	2.15	2.11	2.03	1.98	1.93	1.90	1.87
38	4.10	3.24	2.85	2.62	2.46	2.35	2.26	2.19	2.14	2.09	2.02	1.96	1.92	1.88	1.85
40	4.08	3.23	2.84	2.61	2.45	2.34	2.25	2.18	2.12	2.08	2.00	1.95	1.90	1.87	1.84
42	4.07	3.22	2.83	2.59	2.44	2.32	2.24	2.17	2.11	2.06	1.99	1.93	1.89	1.86	1.83
44	4.06	3.21	2.82	2.58	2.43	2.31	2.23	2.16	2.10	2.05	1.98	1.92	1.88	1.84	1.81
46	4.05	3.20	2.81	2.57	2.42	2.30	2.22	2.15	2.09	2.04	1.97	1.91	1.87	1.83	1.80
48	4.04	3.19	2.80	2.57	2.41	2.29	2.21	2.14	2.08	2.03	1.96	1.90	1.86	1.82	1.79
50	4.03	3.18	2.79	2.56	2.40	2.29	2.20	2.13	2.07	2.03	1.95	1.89	1.75	1.81	1.78
60	4.00	3.15	2.76	2.53	2.37	2.25	2.17	2.10	2.04	1.99	1.92	1.86	1.72	1.78	1.75
80	3.96	3.11	2.72	2.49	2.33	2.21	2.13	2.05	2.00	1.95	1.88	1.82	1.71	1.73	1.70

续表

n_2 \ n_1	1	2	3	4	5	6	7	8	9	10	12	14	16	18	20
100	3.94	3.09	2.70	2.46	2.31	2.19	2.10	2.03	1.97	1.93	1.85	1.79	1.75	1.71	1.68
125	3.92	3.07	2.68	2.44	2.29	2.17	2.08	2.01	1.96	1.91	1.83	1.77	1.72	1.69	1.65
150	3.90	3.06	2.66	2.43	2.27	2.16	2.07	2.00	1.94	1.89	1.82	1.76	1.71	1.67	1.64
200	3.89	3.04	2.65	2.42	2.26	2.14	2.06	1.98	1.93	1.88	1.80	1.74	1.69	1.66	1.62
300	3.87	3.03	2.63	2.40	2.24	2.13	2.04	1.97	1.91	1.86	1.78	1.72	1.68	1.64	1.61
500	3.86	3.01	2.62	2.39	2.23	2.12	2.03	1.96	1.90	1.85	1.77	1.71	1.66	1.62	1.59
1 000	3.85	3.00	2.61	2.38	2.22	2.11	2.02	1.95	1.89	1.84	1.76	1.70	1.65	1.61	1.58
∞	3.84	3.00	2.60	2.37	2.21	2.10	2.01	1.94	1.88	1.83	1.75	1.69	1.64	1.60	1.57

$\alpha = 0.05$

n_2 \ n_1	22	24	26	28	30	35	40	45	50	60	80	100	200	500	∞
1	249	249	249	250	250	251	251	251	252	252	252	253	254	254	254
2	19.45	19.45	19.45	19.46	19.46	19.47	19.47	19.47	19.48	19.48	19.49	19.49	19.50	19.50	19.50
3	8.65	8.64	8.63	8.62	8.62	8.60	8.59	8.59	8.58	8.57	8.56	8.55	8.54	8.53	8.53
4	5.79	5.77	5.76	5.75	5.75	5.73	5.72	5.71	5.70	5.69	5.67	5.66	5.65	5.64	5.63
5	4.54	4.53	4.52	4.50	4.50	4.48	4.46	4.45	4.44	4.43	4.41	4.41	4.39	4.37	4.37
6	3.86	3.84	3.83	3.82	3.81	3.79	3.77	3.76	3.75	3.74	3.72	3.71	3.69	3.68	3.67
7	3.43	3.41	3.40	3.39	3.38	3.36	3.34	3.33	3.32	3.30	3.29	3.27	3.25	3.24	3.23
8	3.13	3.12	3.10	3.09	3.08	3.06	3.04	3.03	3.02	3.01	2.99	2.97	2.95	2.94	2.93
9	2.92	2.90	2.89	2.87	2.86	2.84	2.83	2.81	2.80	2.79	2.77	2.76	2.73	2.72	2.71
10	2.75	2.74	2.72	2.71	2.70	2.68	2.66	2.65	2.64	2.62	2.60	2.59	2.56	2.55	2.54
11	2.63	2.61	2.59	2.58	2.57	2.55	2.53	2.52	2.51	2.49	2.47	2.46	2.43	2.42	2.40
12	2.52	2.51	2.49	2.48	2.47	2.44	2.43	2.41	2.40	2.38	2.36	2.35	2.32	2.31	2.30
13	2.44	2.42	2.41	2.39	2.38	2.36	2.34	2.33	2.31	2.30	2.27	2.26	2.23	2.22	2.21
14	2.37	2.35	2.33	2.32	2.31	2.28	2.27	2.25	2.24	2.22	2.20	2.19	2.16	2.14	2.13
15	2.31	2.29	2.27	2.26	2.25	2.22	2.20	2.19	2.13	2.16	2.14	2.12	2.10	2.08	2.07
16	2.25	2.24	2.22	2.21	2.19	2.17	2.15	2.14	2.12	2.11	2.08	2.07	2.04	2.02	2.01
17	2.21	2.19	2.17	2.16	2.15	2.12	2.10	2.09	2.08	2.06	2.03	2.02	1.99	1.97	1.96
18	2.17	2.15	2.13	2.12	2.11	2.08	2.06	2.05	2.04	2.02	1.99	1.98	1.95	1.93	1.92
19	2.13	2.11	2.10	2.08	2.07	2.05	2.03	2.01	2.00	1.98	1.96	1.94	1.91	1.89	1.88

续表

n_2 \ n_1	22	24	26	28	30	35	40	45	50	60	80	100	200	500	∞
20	2.10	2.08	2.07	2.05	2.04	2.01	1.99	1.98	1.97	1.95	1.92	1.91	1.88	1.86	1.84
21	2.07	2.05	2.04	2.02	2.01	1.98	1.96	1.95	1.94	1.92	1.89	1.88	1.84	1.82	1.81
22	2.05	2.03	2.01	2.00	1.98	1.96	1.94	1.92	1.91	1.89	1.86	1.85	1.82	1.80	1.78
23	2.02	2.00	1.99	1.97	1.96	1.93	1.91	1.90	1.88	1.86	1.84	1.82	1.79	1.77	1.76
24	2.00	1.98	1.97	1.95	1.94	1.91	1.89	1.88	1.86	1.84	1.82	1.80	1.77	1.75	1.73
25	1.98	1.96	1.95	1.93	1.92	1.89	1.87	1.86	1.84	1.82	1.80	1.78	1.75	1.73	1.71
26	1.97	1.95	1.93	1.91	1.90	1.87	1.85	1.84	1.82	1.80	1.78	1.76	1.73	1.71	1.69
27	1.95	1.93	1.91	1.90	1.88	1.86	1.84	1.82	1.81	1.79	1.76	1.74	1.71	1.69	1.67
28	1.93	1.91	1.90	1.88	1.87	1.84	1.82	1.80	1.79	1.77	1.74	1.73	1.69	1.67	1.65
29	1.92	1.90	1.88	1.87	1.85	1.83	1.81	1.79	1.77	1.75	1.73	1.71	1.67	1.65	1.64
30	1.91	1.89	1.87	1.85	1.84	1.81	1.79	1.77	1.76	1.74	1.71	1.70	1.66	1.64	1.42
32	1.88	1.86	1.85	1.83	1.82	1.79	1.77	1.75	1.74	1.71	1.69	1.67	1.63	1.61	1.59
34	1.86	1.84	1.82	1.80	1.80	1.77	1.75	1.73	1.71	1.69	1.66	1.65	1.61	1.59	1.57
36	1.85	1.82	1.81	1.79	1.78	1.75	1.73	1.71	1.69	1.67	1.64	1.62	1.59	1.56	1.55
38	1.83	1.81	1.79	1.77	1.76	1.73	1.70	1.69	1.68	1.65	1.62	1.61	1.57	1.54	1.53
40	1.81	1.77	1.76	1.76	1.74	1.72	1.69	1.67	1.66	1.64	1.61	1.59	1.55	1.53	1.51
42	1.80	1.78	1.76	1.74	1.73	1.70	1.68	1.66	1.65	1.62	1.59	1.57	1.53	1.51	1.49
44	1.79	1.77	1.75	1.73	1.72	1.69	1.67	1.65	1.63	1.61	1.58	1.56	1.52	1.49	1.48
46	1.78	1.76	1.74	1.72	1.71	1.68	1.65	1.64	1.62	1.60	1.57	1.55	1.51	1.48	1.46
48	1.77	1.75	1.73	1.71	1.70	1.67	1.64	1.62	1.61	1.59	1.56	1.54	1.49	1.47	1.45
50	1.76	1.74	1.72	1.70	1.69	1.66	1.63	1.61	1.60	1.58	1.54	1.52	1.48	1.46	1.44
60	1.72	1.70	1.68	1.66	1.65	1.62	1.59	1.57	1.56	1.53	1.50	1.48	1.44	1.41	1.39
80	1.68	1.65	1.63	1.62	1.60	1.57	1.54	1.52	1.51	1.48	1.45	1.43	1.38	1.35	1.32
100	1.65	1.63	1.61	1.59	1.57	1.54	1.52	1.49	1.48	1.45	1.41	1.39	1.34	1.31	1.28
125	1.63	1.60	1.58	1.57	1.55	1.52	1.49	1.47	1.45	1.42	1.39	1.36	1.31	1.27	1.25
150	1.61	1.59	1.57	1.55	1.53	1.49	1.48	1.45	1.44	1.41	1.37	1.34	1.29	1.25	1.22
200	1.60	1.57	1.55	1.53	1.52	1.48	1.46	1.43	1.41	1.39	1.35	1.32	1.26	1.22	1.19
300	1.58	1.55	1.53	1.51	1.50	1.46	1.43	1.41	1.39	1.36	1.32	1.30	1.23	1.19	1.15
500	1.56	1.54	1.52	1.50	1.48	1.45	1.42	1.40	1.38	1.34	1.30	1.28	1.21	1.16	1.11
1 000	1.55	1.53	1.51	1.49	1.47	1.44	1.41	1.38	1.36	1.33	1.29	1.26	1.19	1.13	1.08
∞	1.54	1.52	1.50	1.48	1.46	1.42	1.39	1.37	1.35	1.32	1.27	1.24	1.17	1.11	1.00

表三　t 分布

$$P\{t(n) > t_{\alpha}(n)\} = \alpha$$

n \ α	0.25	0.10	0.05	0.025	0.01	0.005
1	1.000 0	3.077 7	6.313 8	12.706 2	31.821 0	63.657 0
2	0.816 5	1.885 6	2.920 0	4.302 7	6.964 6	9.924 8
3	0.764 9	1.637 7	2.353 4	3.182 4	4.540 7	5.840 9
4	0.740 7	1.533 2	2.131 8	2.776 4	3.746 9	4.604 1
5	0.726 7	1.475 9	2.015 0	2.570 6	3.364 9	4.032 2
6	0.717 6	1.439 8	1.943 2	2.446 9	3.142 7	3.707 4
7	0.711 1	1.414 9	1.894 6	2.364 6	2.998 0	3.499 5
8	0.706 4	1.396 8	1.859 5	2.306 0	2.896 5	3.355 4
9	0.702 7	1.383 9	1.833 1	2.262 2	2.821 4	3.249 8
10	0.699 8	1.372 2	1.812 5	2.228 1	2.763 8	3.169 3
11	0.697 4	1.363 4	1.795 9	2.201 0	2.718 1	3.105 8
12	0.695 5	1.356 2	1.782 3	2.178 8	2.681 0	3.054 5
13	0.693 8	1.350 2	1.770 9	2.160 4	2.650 3	3.012 3
14	0.692 4	1.345 0	1.761 3	2.144 8	2.624 5	2.976 8
15	0.691 2	1.340 6	1.753 1	2.131 5	2.602 5	2.946 7
16	0.690 1	1.336 8	1.745 9	2.119 9	2.558 4	2.920 8
17	0.689 2	1.333 4	1.739 6	2.109 8	2.566 9	2.898 2
18	0.688 4	1.330 4	1.734 1	2.100 9	2.553 4	2.878 4
19	0.687 6	1.327 7	1.729 1	2.093 3	2.539 5	2.860 9
20	0.687 0	1.325 3	1.724 7	2.086 0	2.528 0	2.845 3
21	0.686 4	1.323 2	1.720 7	2.079 6	2.517 7	2.831 4
22	0.685 8	1.321 2	1.717 1	2.073 9	2.508 3	2.818 8
23	0.685 3	1.319 5	1.713 9	2.068 7	2.499 9	2.807 3
24	0.684 8	1.317 8	1.710 9	2.063 9	2.492 2	2.796 9
25	0.684 4	1.316 3	1.708 1	2.059 5	2.485 1	2.787 4
26	0.684 0	1.315 0	1.705 6	2.055 5	2.478 6	2.778 7
27	0.683 7	1.313 7	1.703 3	2.051 8	2.472 7	2.770 7

续表

α / n	0.25	0.10	0.05	0.025	0.01	0.005
28	0.683 4	1.312 5	1.701 1	2.048 4	2.467 1	2.763 3
29	0.683 0	1.311 4	1.699 1	2.045 2	2.462 0	2.756 4
30	0.682 8	1.310 4	1.697 3	2.042 3	2.457 3	2.750 0
31	0.682 5	1.309 5	1.695 5	2.039 5	2.452 8	2.744 0
32	0.682 2	1.308 6	1.693 9	2.036 9	2.448 7	2.738 5
33	0.682 0	1.307 7	1.692 4	2.034 5	2.444 8	2.733 3
34	0.681 8	1.307 0	1.690 9	2.032 2	2.441 1	2.728 4
35	0.681 6	1.306 2	1.689 6	2.030 1	2.437 7	2.723 8
36	0.681 4	1.305 5	1.688 3	2.028 1	2.434 5	2.719 5
37	0.681 2	1.304 9	1.687 1	2.026 2	2.431 4	2.715 4
38	0.681 0	1.304 2	1.686 0	2.024 4	2.428 6	2.711 6
39	0.680 8	1.303 6	1.684 9	2.022 7	2.425 8	2.707 9
40	0.680 7	1.303 1	1.683 9	2.021 1	2.423 3	2.704 5
41	0.680 5	1.302 5	1.682 9	2.019 5	2.420 8	2.701 2
42	0.680 4	1.302 0	1.682 0	2.018 1	2.418 5	2.698 1
43	0.680 2	1.301 6	1.681 1	2.016 7	2.416 3	2.695 1
44	0.680 1	1.301 1	1.680 2	2.015 4	2.414 1	2.692 3
45	0.680 0	1.300 6	1.679 4	2.014 1	2.412 1	2.689 6

表四　χ^2 分布分位数表

$$P\{x^2 > \chi^2_{\alpha}(n)\} = \alpha$$

n \ α	0.995	0.99	0.975	0.95	0.90	0.75
1	—	—	0.001	0.004	0.016	0.102
2	0.010	0.020	0.051	0.103	0.211	0.575
3	0.072	0.115	0.216	0.352	0.584	1.213
4	0.207	0.297	0.484	0.711	1.064	1.923
5	0.412	0.554	0.831	1.145	1.610	2.675
6	0.676	0.872	1.237	1.635	2.204	3.455
7	0.989	1.239	1.690	2.167	2.833	4.255
8	1.344	1.646	2.180	2.733	3.490	5.071
9	1.735	2.088	2.700	3.325	4.168	5.899
10	2.156	2.558	3.247	3.940	4.865	6.737
11	2.603	3.053	3.816	4.575	5.578	7.584
12	3.047	3.571	4.404	5.226	6.304	8.438
13	3.565	4.107	5.009	5.892	7.042	9.299
14	4.075	4.660	5.629	6.571	7.790	10.165
15	4.601	5.229	6.262	7.261	8.547	11.037
16	5.142	5.812	6.908	7.962	9.312	11.912
17	5.697	6.408	7.564	8.672	10.085	12.792
18	6.265	7.015	8.231	9.390	10.865	13.675
19	6.844	7.633	8.907	10.117	11.651	14.562
20	7.434	8.260	9.591	10.851	12.443	15.452
21	8.034	8.897	10.283	11.591	13.240	16.344
22	8.643	9.542	10.982	12.338	14.042	17.240
23	9.260	10.196	11.689	13.091	14.848	18.137
24	9.886	10.856	12.401	13.848	15.659	19.037
25	10.520	11.524	13.120	14.611	16.473	19.939
26	11.160	12.198	13.844	15.379	17.292	20.843
27	11.808	12.879	14.573	16.151	18.114	21.749
28	12.461	13.565	15.308	16.928	18.939	22.657

续表

α / n	0.995	0.99	0.975	0.95	0.90	0.75
29	13.121	14.257	16.047	17.708	19.768	23.567
30	13.787	14.954	16.791	18.493	20.599	24.478
31	14.458	15.655	17.539	19.281	21.434	25.390
32	15.134	16.362	18.291	20.072	22.271	26.304
33	15.815	17.074	19.047	20.867	23.110	27.219
34	16.501	17.789	19.806	21.664	23.952	28.136
35	17.192	18.509	20.569	22.465	24.797	29.054
36	17.887	19.233	21.336	23.269	25.643	29.973
37	18.586	19.960	22.106	24.075	26.492	30.893
38	19.289	20.691	22.878	24.884	27.343	31.815
39	19.996	21.426	23.654	25.695	28.196	32.737
40	20.707	22.164	24.433	26.509	29.051	33.660
41	21.421	22.960	25.215	27.326	29.907	34.585
42	22.138	23.650	25.999	28.144	30.765	35.510
43	22.859	24.398	26.785	28.965	31.625	36.436
44	23.584	25.148	27.575	29.787	32.487	37.363
45	24.311	25.901	28.366	30.621	33.350	38.291

α / n	0.25	0.10	0.05	0.025	0.01	0.005
1	1.323	2.706	3.841	5.024	6.635	7.879
2	2.773	4.605	5.991	7.378	9.210	10.597
3	4.108	6.251	7.815	9.348	11.345	12.838
4	5.385	7.779	9.448	11.143	13.277	14.806
5	6.626	9.236	11.071	12.833	15.086	16.750
6	7.841	10.645	12.592	14.449	16.812	18.548
7	9.037	12.017	14.067	16.013	18.475	20.278
8	10.219	13.362	15.507	17.535	20.090	21.955
9	11.389	14.684	16.919	19.023	21.666	23.589
10	12.549	15.987	18.307	20.483	23.209	25.188
11	13.701	17.275	19.675	21.920	24.725	26.757

续表

n \ α	0.25	0.10	0.05	0.025	0.01	0.005
12	14.845	18.549	21.026	23.337	26.217	28.299
13	15.984	19.812	22.362	24.736	27.688	29.819
14	17.117	21.064	23.685	26.119	29.141	31.319
15	18.245	22.307	24.996	27.488	30.578	32.801
16	19.369	23.542	26.296	28.845	32.000	34.267
17	20.489	24.769	27.587	30.191	33.409	35.718
18	21.605	25.989	28.869	31.526	34.805	37.156
19	22.718	27.204	30.144	32.852	36.191	38.532
20	23.828	28.412	31.41	34.17	37.566	39.997
21	24.935	29.615	32.671	35.479	38.932	41.401
22	26.039	30.813	33.924	36.718	40.289	42.796
23	27.141	32.007	35.172	38.076	41.638	44.181
24	28.241	33.196	36.415	39.364	42.980	45.559
25	29.339	34.382	37.652	40.646	44.314	46.928
26	30.435	35.563	38.885	41.923	45.642	48.290
27	31.528	36.741	40.113	43.194	46.963	49.645
28	32.620	37.916	41.337	44.461	48.278	50.993
29	33.711	39.087	42.557	45.722	49.588	52.336
30	34.800	40.256	43.773	46.949	50.892	53.672
31	35.887	41.422	44.985	48.232	52.191	55.003
32	36.973	42.585	46.194	49.48	53.486	56.328
33	38.058	43.745	47.400	50.725	50.776	57.648
34	39.141	44.903	48.602	51.966	56.061	58.964
35	40.223	46.059	49.802	53.203	57.342	60.275
36	41.304	47.212	50.998	54.437	58.619	61.581
37	42.383	48.363	52.192	55.668	59.892	62.883
38	43.462	49.513	53.384	56.896	61.162	64.181
39	44.539	50.66	54.572	58.120	62.428	65.476
40	45.616	51.805	55.758	59.342	63.691	66.766
41	46.692	52.949	56.942	60.561	64.950	68.053
42	47.766	54.090	58.124	61.777	66.206	69.336

续表

α / n	0.25	0.10	0.05	0.025	0.01	0.005
43	48.840	55.230	59.354	62.990	67.459	70.616
44	49.913	56.369	60.481	64.201	68.710	71.893
45	50.985	57.505	61.656	65.410	69.957	73.166

表五　符号检验表

$$P(S \leqslant S_\alpha) = \alpha$$

n \ α	0.01	0.05	0.10	0.25	n \ α	0.01	0.05	0.10	0.25
1					47	14	16	17	19
2					48	14	16	17	19
3				0	49	15	17	18	19
4				0	50	15	17	18	20
5			0	0	51	15	18	19	20
6		0	0	1	52	16	18	19	21
7		0	0	1	23	16	18	20	21
8	0	0	1	1	54	17	19	20	22
9	0	1	1	2	55	17	19	20	22
10	0	1	1	2	56	17	20	21	23
11	0	1	2	3	57	18	20	21	23
12	1	2	2	3	58	18	21	22	24
13	1	2	3	3	59	19	21	22	24
14	1	2	3	4	60	19	21	23	25
15	2	3	3	4	61	20	22	23	25
16	2	3	4	5	62	20	22	24	25
17	2	4	4	5	63	20	23	24	26
18	3	4	5	6	64	21	23	24	26
19	3	4	5	6	65	21	24	25	27
20	3	5	5	6	66	22	24	25	27
21	4	5	6	7	67	22	25	26	28
22	4	5	6	7	68	22	25	26	28
23	4	6	7	8					
24	5	6	7	8	69	23	25	27	29
25	5	7	7	9	70	23	26	27	29
26	6	7	8	9	71	24	26	28	30
27	6	7	8	10	72	24	27	28	30
28	6	8	9	10	73	25	27	28	31
29	7	8	9	10	74	25	28	29	31
30	7	9	10	11	75	25	28	29	32
31	7	9	10	11	76	26	28	30	32
32	8	9	10	12	77	26	29	30	32
33	8	10	11	12	78	27	29	31	33
34	9	10	11	13	79	27	30	31	33

续表

n \ α	0.01	0.05	0.10	0.25	n \ α	0.01	0.05	0.10	0.25
35	9	11	12	13	80	28	30	32	34
36	9	11	12	14	81	28	31	32	34
37	10	12	13	14	82	28	31	33	35
38	10	12	13	14	83	29	32	33	35
39	11	12	13	15	84	29	32	33	36
40	11	13	14	15	85	30	32	34	36
41	11	13	14	16	86	30	33	34	37
42	12	14	15	16	87	31	33	35	37
43	12	14	15	17	88	31	34	35	38
44	13	15	16	17	89	31	34	36	38
45	13	15	16	18	90	32	35	36	39
46	13	15	16	18					

表六　秩和检验表

$$P(T_1 < T < T_2) = 1 - \alpha$$

n_1	n_2	$\alpha=0.025$ T_1	$\alpha=0.025$ T_2	$\alpha=0.05$ T_1	$\alpha=0.05$ T_2	n_1	n_2	$\alpha=0.025$ T_1	$\alpha=0.025$ T_2	$\alpha=0.05$ T_1	$\alpha=0.05$ T_2
2	4			3	11	5	5	18	37	19	36
	5			3	13		6	19	41	20	40
	6	3	15	4	14		7	20	45	22	43
	7	3	17	4	16		8	21	49	23	47
	8	3	19	4	18		9	22	53	25	50
	9	3	21	4	20		10	24	56	26	54
	10	4	22	5	21	6	6	26	52	28	50
3	3			6	15		7	28	56	30	54
	4	6	18	7	17		8	29	61	32	58
	5	6	21	7	20		9	31	65	33	63
	6	7	23	8	22		10	33	69	35	67
	7	8	25	9	24	7	7	37	68	39	66
	8	8	28	9	27		8	39	73	41	71
	9	9	30	10	29		9	41	78	43	76
	10	9	33	11	31		10	43	83	46	80
4	4	11	25	12	24	8	8	49	87	52	84
	5	12	28	13	27		9	51	93	54	90
	6	12	32	14	30		10	54	98	57	95
	7	13	35	15	33	9	9	63	108	66	105
	8	14	38	16	36		10	66	114	69	111
	9	15	41	17	39	10	10	79	131	83	127
	10	16	44	18	42						

表七 检验相关系数 $\rho=0$ 的临界值($r\alpha$)表

$$P(|r|>r_{\alpha})=\alpha$$

f \ α	0.10	0.05	0.02	0.01	0.001	f \ α
1	0.987 69	0.996 92	0.999 507	0.999 877	0.999 998 8	1
2	0.900 00	0.950 00	0.980 00	0.990 00	0.999 00	2
3	0.805 4	0.878 3	0.934 33	0.958 73	0.991 16	3
4	0.729 3	0.811 4	0.882 2	0.917 20	0.974 06	4
5	0.669 4	0.754 5	0.832 9	0.874 5	0.950 74	5
6	0.621 5	0.706 7	0.788 7	0.834 3	0.924 93	6
7	0.582 2	0.666 4	0.749 8	0.797 7	0.898 2	7
8	0.549 4	0.631 9	0.715 5	0.764 6	0.872 1	8
9	0.521 4	0.602 1	0.685 1	0.734 8	0.847 1	9
10	0.497 3	0.576 0	0.658 1	0.707 9	0.823 3	10
11	0.476 2	0.552 9	0.633 9	0.683 5	0.801 0	11
12	0.457 5	0.532 4	0.612 0	0.661 4	0.780 0	12
13	0.440 9	0.513 9	0.592 3	0.641 1	0.760 3	13
14	0.425 9	0.497 3	0.574 2	0.622 6	0.742 0	14
15	0.412 4	0.482 1	0.557 7	0.605 5	0.724 6	15
16	0.400 0	0.468 3	0.542 5	0.589 7	0.708 4	16
17	0.388 7	0.455 5	0.528 5	0.575 1	0.693 2	17
18	0.378 3	0.443 8	0.515 5	0.561 4	0.678 7	18
19	0.368 7	0.432 9	0.503 4	0.548 7	0.665 2	19
20	0.359 8	0.422 7	0.492 1	0.536 8	0.652 4	20
25	0.323 3	0.380 9	0.445 1	0.486 9	0.597 4	25
30	0.296 0	0.349 4	0.409 3	0.448 7	0.554 1	30
35	0.274 6	0.324 6	0.381 0	0.418 2	0.518 9	35
40	0.257 3	0.304 4	0.357 8	0.393 2	0.489 6	40
45	0.242 8	0.287 5	0.338 4	0.372 1	0.464 8	45
50	0.230 6	0.273 2	0.321 8	0.354 1	0.443 3	50
60	0.210 8	0.250 0	0.294 8	0.324 8	0.407 8	60
70	0.195 4	0.231 9	0.273 7	0.301 7	0.379 9	70
80	0.182 9	0.217 2	0.256 5	0.283 0	0.356 8	80
90	0.172 6	0.205 0	0.242 2	0.267 3	0.337 5	90
100	0.163 8	0.194 6	0.230 1	0.254 0	0.321 1	100

表八　多重比较中的 q 表

$\alpha = 0.01$

f \ k	2	3	4	5	6	7	8	9	10	11	12	13	14	15	16	17	18	19	20	k / f
1	90.03	135.0	164.3	185.6	202.2	215.8	227.2	237.0	245.6	253.2	260.0	266.2	271.8	277.0	281.8	286.3	290.4	294.3	298.0	1
2	14.04	19.02	22.29	24.72	26.63	28.20	29.53	30.68	31.69	32.59	33.40	34.13	34.81	35.43	36.00	36.53	37.03	37.50	37.95	2
3	8.26	10.62	12.17	13.33	14.24	15.00	15.64	16.20	16.69	17.13	17.53	17.89	18.22	18.52	18.81	19.07	19.32	19.55	19.77	3
4	6.51	8.12	9.17	9.96	10.58	11.10	11.66	11.93	12.27	12.57	12.84	13.09	13.32	13.53	13.73	13.91	14.08	14.24	14.40	4
5	5.70	6.98	7.80	8.42	8..91	9.32	9.67	9.97	10.24	10.48	10.70	10.89	11.08	11.24	11.40	11.55	11.68	11.81	11.93	5
6	5.24	6.33	7.02	7.56	7.97	8.32	8.61	8.87	9.10	9.30	9.48	9.65	9.81	9.95	10.08	10.21	10.32	10.43	10.54	6
7	4.95	5.92	6.54	7.01	7.37	7.68	7.94	8.17	8.37	8.55	8.71	8.86	9.00	9.12	9.24	9.35	9.46	9.55	9.65	7
8	4.75	5.64	6.20	6.62	6.96	7.24	7.47	7.68	7.36	8.03	8.18	8.31	8.44	8.55	8.66	8.76	8.85	8.94	9.03	8
9	4.60	5.43	5.96	6.35	6.66	6.91	7.13	7.33	7.49	7.65	7.78	7.91	8.03	8.13	8.23	8.33	8.41	8.49	8.57	9
10	4.48	5.27	5.77	6.14	6.43	6.67	6.87	7.05	7.21	7.36	7.49	7.60	7.71	7.81	7.91	7.99	8.08	8.15	8.23	10
11	4.39	5.15	5.62	5.97	6.25	6.48	6.67	6.84	6.99	7.13	7.25	7.36	7.46	7.56	7.65	7.73	7.81	7.88	7.95	11
12	4.32	5.05	5.50	5.84	6.10	6.32	6.51	6.67	6.81	6.94	7.06	7.17	7.26	7.36	7.44	7.52	7.59	7.66	7.73	12
13	4.26	4.96	5.40	5.73	5.98	6.19	6.37	6.53	6.67	6.79	6.90	7.01	7.10	7.19	7.27	7.35	7.42	7.48	7.55	13
14	4.21	4.89	5.32	5.63	5.88	6.08	6.26	6.41	6.54	6.66	6.77	6.87	6.96	7.05	7.13	7.20	7.27	7.33	7.39	14
15	4.17	4.84	5.25	5.56	5.80	5.99	6.16	6.31	6.44	6.55	6.66	6.76	6.84	6.93	7.00	7.07	7.14	7.20	7.26	15
16	4.13	4.79	5.19	5.49	5.72	5.92	6.08	6.22	6.35	6.46	6.56	6.66	6.74	6.82	6.90	6.97	7.03	7.09	7.15	16
17	4.10	4.74	5.14	5.43	5.66	5.85	6.01	6.15	6.27	6.38	6.48	6.57	6.66	6.73	6.81	6.87	6.94	7.00	7.05	17
18	4.07	4.70	5.09	5.38	5.60	5.79	5.94	6.08	6.20	6.31	6.41	6.50	6.53	6.65	6.73	6.79	6.85	6.91	6.97	18
19	4.05	4.67	5.05	5.33	5.55	5.73	5.89	6.02	6.14	6.25	6.34	6.43	6.51	6.58	6.65	6.72	6.78	6.84	6.89	19
20	4.02	4.64	5.02	5.29	5.51	5.69	5.84	5.97	6.09	6.19	6.23	6.37	6.45	6.52	6.59	6.65	6.71	6.77	6.82	20
24	3.96	4.55	4.91	5.17	5.37	5.54	5.69	5.81	5.92	6.02	6.11	6.19	6.26	6.33	6.39	6.45	6.51	6.56	6.61	24
30	3.89	4.45	4.80	5.05	5.24	5.40	5.54	5.65	5.76	5.85	5.93	6.01	6.08	6.14	6.20	6.26	6.31	6.36	6.41	30
40	3.82	4.37	4.70	4.93	5.11	5.26	5.39	5.50	5.60	5.69	5.76	5.83	5.90	5.96	6.02	6.07	6.12	6.16	6.21	40
60	3.76	4.28	4.59	4.82	4.99	5.13	5.25	5.36	5.45	5.53	5.60	5.67	5.73	5.78	5.84	5.89	5.93	5.97	6.01	60
120	3.70	4.20	4.50	4.71	4.87	5.01	5.12	5.21	5.30	5.37	5.41	5.50	5.56	5.61	5.66	5.71	5.75	5.79	5.83	120
∞	3.64	4.12	4.40	4.60	4.76	4.88	4.99	5.08	5.16	5.23	5.29	5.35	5.40	5.45	5.49	5.54	5.57	5.61	5.65	∞

$\alpha = 0.05$

f \ k	2	3	4	5	6	7	8	9	10	11	12	13	14	15	16	17	18	19	20	k / f
1	17.97	26.98	32.82	37.08	40.41	43.12	45.40	47.36	49.07	50.59	51.96	53.20	54.33	55.36	56.32	57.22	58.04	58.83	59.56	1
2	6.08	8.33	9.80	10.38	11.74	12.44	13.03	13.54	13.99	14.39	14.75	15.08	15.33	15.65	15.91	16.14	16.37	16.57	16.77	2
3	4.50	5.91	6.82	7.50	8.04	8.48	8.85	9.18	9.46	9.72	9.95	10.15	10.35	10.52	10.69	10.84	10.98	11.11	11.24	3
4	3.93	5.04	5.76	6.29	6.71	7.05	7.35	7.60	7.83	8.03	8.21	8.37	8.52	8.66	8.79	8.91	9.03	9.13	9.23	4
5	3.64	4.60	5.22	5.67	6.03	6.33	6.58	6.80	6.99	7.17	7.32	7.47	7.60	7.72	7.83	7.93	8.03	8.12	8.21	5
6	3.46	4.34	4.90	5.30	5.63	5.90	6.12	6.30	6.49	6.65	6.79	6.92	7.03	7.14	7.24	7.34	7.43	7.51	7.59	6
7	3.34	4.16	4.68	5.06	5.36	5.61	5.82	6.00	6.16	6.30	6.43	6.55	6.66	6.76	6.85	6.94	7.02	7.10	7.17	7
8	3.26	4.04	4.53	4.89	5.17	5.40	5.60	5.77	5.92	6.05	6.18	6.29	6.39	6.48	6.57	6.65	6.73	6.80	6.87	8
9	3.20	3.95	4.41	4.76	5.02	5.24	5.43	5.59	5.74	5.87	5.98	6.09	6.19	6.28	6.36	6.44	6.51	6.58	6.64	9
10	3.15	3.88	4.33	4.65	4.91	5.12	5.30	5.46	5.60	5.72	5.83	5.93	6.03	6.11	6.19	6.27	6.34	6.40	6.47	10
11	3.11	3.82	4.26	4.57	4.82	5.03	5.22	5.35	5.49	5.61	5.71	5.81	5.90	5.93	6.06	6.13	6.20	6.27	6.33	11
12	3.08	3.77	4.20	4.51	4.75	4.95	5.12	5.27	5.39	5.51	5.61	5.71	5.80	5.88	5.95	6.02	6.09	6.15	6.21	12
13	3.06	3.73	4.15	4.45	4.69	4.88	5.05	5.19	5.32	5.43	5.53	5.63	5.71	5.79	5.86	5.93	5.99	6.05	6.11	13
14	3.03	3.70	4.11	4.41	4.64	4.83	4.99	5.13	5.25	5.36	5.46	5.55	5.64	5.71	5.79	5.85	5.01	5.97	6.03	14
15	3.01	3.67	4.08	4.37	4.59	4.78	4.94	5.08	5.20	5.31	5.40	5.49	5.57	5.65	5.72	5.78	5.85	5.90	5.96	15
16	3.00	3.65	4.05	4.33	4.56	4.74	4.90	5.03	5.15	5.26	5.35	5.44	5.52	5.59	5.66	5.73	5.79	5.84	5.90	16
17	2.98	3.63	4.02	4.30	4.52	4.70	4.86	4.99	5.11	5.21	5.31	5.39	5.47	5.54	5.61	5.67	5.73	5.79	5.84	17
18	2.97	3.61	4.00	4.28	4.49	4.67	4.82	4.96	5.07	5.17	5.27	5.35	5.43	5.50	5.57	5.63	5.69	5.74	5.79	18
19	2.96	3.59	3.98	4.25	4.47	4.65	4.79	4.92	5.04	5.14	5.23	5.31	5.39	5.46	5.53	5.59	5.65	5.70	5.75	19
20	2.95	3.58	3.96	4.23	4.45	4.62	4.77	4.90	5.01	5.11	5.20	5.23	5.36	5.43	5.49	5.55	5.61	5.66	5.71	20
24	2.94	3.53	3.90	4.17	4.37	4.54	4.68	4.81	4.92	5.01	5.10	5.18	5.25	5.32	5.33	5.44	5.49	5.55	5.59	24
30	2.89	3.49	3.85	4.10	4.30	4.46	4.60	4.72	4.82	4.92	5.00	5.08	5.15	5.21	5.27	5.33	5.38	5.43	5.47	30
40	2.86	3.44	3.79	4.04	4.23	4.39	4.52	4.63	4.73	4.82	4.90	4.98	5.04	5.11	5.16	5.22	5.27	5.31	5.30	40
60	2.83	3.40	3.74	3.98	4.16	4.31	4.44	4.55	4.65	4.73	4.81	4.88	4.94	5.00	5.06	5.11	5.15	5.20	5.24	60
120	2.80	3.36	3.68	3.92	4.10	4.24	4.36	4.47	4.56	4.64	4.71	4.78	4.84	4.90	4.95	5.00	5.04	5.09	5.13	120
∞	2.77	3.31	3.63	3.86	4.03	4.17	4.29	4.39	4.47	4.55	4.62	4.68	4.74	4.80	4.85	4.89	4.93	4.97	5.01	∞

表九 正交表

$L_4(2^3)$

列号 试验号	1	2	3
1	1	1	1
2	1	2	2
3	2	1	2
4	2	2	1

$L_8(2^7)$

列号 试验号	1	2	3	4	5	6	7
1	1	1	1	1	1	1	1
2	1	1	1	2	2	2	2
3	1	2	2	1	1	2	2
4	1	2	2	2	2	1	1
5	2	1	2	1	2	1	2
6	2	1	2	2	1	2	1
7	2	2	1	1	2	2	1
8	2	2	1	2	1	1	2

$L_9(3^4)$

列号 试验号	1	2	3	4
1	1	1	1	1
2	1	2	2	2
3	1	3	3	3
4	2	1	2	3
5	2	2	3	1
6	2	3	1	2
7	3	1	3	2
8	3	2	1	3
9	3	3	2	1

$L_{16}(4^5)$

试验号 \ 列号	1	2	3	4	5
1	1	1	1	1	1
2	1	2	2	2	2
3	1	3	3	3	3
4	1	4	4	4	4
5	2	1	2	3	4
6	2	2	1	4	3
7	2	3	4	1	2
8	2	4	3	2	1
9	3	1	3	4	2
10	3	2	4	3	1
11	3	3	1	2	4
12	3	4	2	1	3
13	4	1	4	2	3
14	4	2	3	1	4
15	4	3	2	4	1
16	4	4	1	3	2

参考文献

[1] 李维铮,于九如,杨靖春.应用统计学.北京:高等教育出版社,1987.

[2] 贾俊平,何晓群,金勇进.统计学.北京:中国人民大学出版社,2000.

[3] 马庆国.管理统计——数据获取、统计原理、SPSS 工具与应用研究.北京:科学出版社,2002.

[4] 阮桂海,蔡建平,苏红.SPSS 实用教程.北京:电子工业出版社,2000.

[5] Neter J, Wasserman W and Whitmore G A. Applied statistics. Boston: Allyn and Bacon Inc.,1991.

[6] David R Anderson, Dennis J Sweeney and Thomas A Williams. Statistics for business and economics. 7th edition. Cincinnati, Ohio: South-Western College Publishing, 1999.

[7] David R Anderson, Dennis J Sweeney and Thomas A Williams. Essentials of statistics for business and economics. 2th edition. Cincinnati, Ohio South-Western College Publishing,2000.